AF382713

FSC
www.fsc.org
MIX
Papier aus ver-
antwortungsvollen
Quellen
Paper from
responsible sources
FSC® C105338

COVER
Die Fotos auf dem Buchcover zeigen einige Stationen der
Reisen. Das Ortsverzeichnis befindet sich am Ende des
Buches.

Weitere Fotos auch zu den einzelnen Reisen befinden sich
auf der Homepage.
www.facettenderliebe.ch

DIE AUTORIN
Die Schweizer Autorin Sofia Velin, geb. 1953, wuchs in
einer multinationalen Familie auf. Als junge Frau lebte sie,
trotz Widerständen von Familie und Gesellschaft, in wilder
Ehe. Sie heirateten später um eine sechsmonatige Weltreise
anzutreten.
Sofia Velin arbeitete 11 Jahre lang, bis zur Geburt ihrer
Tochter, in Zürich, als Sekretärin und als Sachbearbeiterin,
in Dienstleistungsbetrieben und im Kunsthandel.
Eine fundierte, ganzheitlich orientierte Ausbildung zur Therapeutin und zur Yoga-Übungsleiterin eröffneten ihr neue
Möglichkeiten und veränderten ihre Sicht auf das Leben. Sie
entwickelte ein neues Bewusstsein und lehrte andere Menschen, auf die innere Stimme und den Körper zu hören.
Unausweichlich war dann die Scheidung, die ihr erlaubte
neue Facetten der Liebe zu entdecken. Was die großen Reisen und sich tief auf andere Kulturen einzulassen bewirkten,
erfahren Leser und Leserinnen in diesem Buch.

*Ich widme dieses Buch den Menschen,
die mein Herz berührt oder erschüttert
und dadurch meine Liebesfähigkeit
erweitert haben.*

In Dankbarkeit

Sofia Velin

Wenn fremdsein sich auflöst
Autobiografie Band 2

Sofia Velin

Autobiografie Band 2

WENN FREMDSEIN SICH AUFLÖST
2020, mit optimiertem, leicht gekürztem Inhalt.
(alter Titel »Reisen und Lieben mit Spirit«)

Coverfotos © Sofia Velin

© 2020 Velin, Sofia, alle Rechte vorbehalten
ISBN: 9783752897012

Herstellung und Verlag:
BoD – Books on Demand, Norderstedt

Bibliografische Information der Deutschen
Nationalbibliothek:
Die Deutsche Nationalbibliothek verzeichnet diese
Publikation in der
Deutschen Nationalbibliografie; detaillierte bibliografische
Daten sind im Internet über http://dnb.dnb.de abrufbar.

INHALTSVERZEICHNIS

WENN DIE FERNE RUFT

Liebe Leserin und lieber Leser,
Wie im ersten Buch werde ich mir erlauben, Dich mit dem DU anzusprechen, denn es wird wieder ganz schön privat werden.

Meine Reisen wurden zu einer Erweiterung meines Bewusstseins von nicht vorhersehbarem Ausmaß. Die Erfahrungen gingen tief bis ins Zellbewusstsein hinein. Sie erschütterten mich, weckten Schlummerndes auf oder löschten Ausgedientes.

In meinem Umfeld beneideten mich Leute, andere hinterfragten vieles. Oft lobten sie meinen Mut. Und ich? Ich fühlte, dass es auch einen inneren Auftrag geben kann, wenn man in fernen Ländern unterwegs ist. Manches Mal war mir ganz klar, warum mich ein Land rief, andere Male war es vorher ein Kampf mit den Umständen, den Gegebenheiten, und immer hat es sich gelohnt, der Intuition zu folgen.

Die Intuition kontaktierte den Verstand und sagte: »Hey du, es wird Zeit für uns, neue Erfahrungen zu machen, und zwar genau dort!«

Er meckerte laut: »Nicht genügend Geld, Geburtstag von XY, Neujahr, du beginnst doch einen neuen Job, der Partner kann nicht mit. « Also sprichwörtlich, ein ungünstiger Zeitpunkt.

Wenn sich etwas richtig und wichtig anfühlte, lernte ich auf den inneren Ruf zu hören. Tatsache ist, dass die innere Stimme genau weiß, was sinnvoll wäre, und manchmal wählt das Leben Hammermethoden, um uns den Weg zu weisen.

Ich fand mich in Ländern wieder, die sich wie Heimat anfühlten, deren Natur plötzlich in mir pulsierte. Ich traf Menschen, die mir der Himmel geschickt hatte, und ich erlebte vieles nicht nur mit den Augen, sondern mit allen

Sinnen. Mein Energiefeld verband sich mit Gemäuern, Gewässern, Pflanzen, Tieren und natürlich auch anderen Menschen – oft wurde ich für eine Weile eins mit ihnen und fühlte mich reich beschenkt.

Viel Neues war oder wurde zu meiner Realität, und unsere Freiheit besteht darin, unser Leben und weitere Realitäten zu erschaffen. Ich freue mich, wenn du mich begleitest.

Herzlichst
Sofia Velin

1 Ausgerechnet Hawaii

Meine Tochter hatte mir schon als Neunjährige erklärt, sie wolle nach Hawaii reisen. Es war damals für mich unerklärlich, warum sie ausgerechnet auf Hawaii gekommen war, und sie konnte es auch nicht plausibel begründen. Doch der Wunsch blieb. Zu ihrem achtzehnten Geburtstag schenkte ich ihr eine Reise nach Hawaii, die wir gemeinsam mit der spirituellen Gruppe antraten. So konnte ich meine spirituelle Arbeit mit einer schönen Ferienreise für meine große Tochter kombinieren.

DIE GRUPPE

Wir trafen uns in der Regel einmal monatlich, von Freitag- bis Sonntagabend. Nachdem es in meinem ersten Jahr noch ein Konzept gab, zu welchem schriftliche Skripts verteilt wurden, gestalteten sich die Themen bei den späteren Treffen immer freier und aus dem Moment heraus. Meditationen waren ein wichtiger Bestandteil davon. Es gab Wochenenden, da meditierten wir bis zu sechs Mal. Wenn es mehrere pro Tag waren, wurde die wichtigste auf CD an uns weitergegeben, sodass wir sie zu Hause noch einmal erleben durften. Manche schlaflose Nacht nutzte ich, um einzutauchen in die Welten, die sich mir neu eröffneten, manche sehr fern und doch so vertraut.

In den großen Meditationen, die in der Regel bis zu einer Stunde dauerten, zeigten sich innere Bilder, und es flossen uns Informationen zu. Wir verbanden uns mit multidimensionalen Wirkungsweisen, wenn wir mit der göttlichen Geometrie arbeiteten. Es waren bekannte Strukturen wie die Merkaba, die Lemiskate (liegende Acht), Tetraeder und pulsierende Sphären. Es gibt all diese Formen in unserem physischen Körper, in der Knochen-, Muskel- oder Zellstruktur und ebenso außerhalb von uns.

Oft gingen wir bereits in den Meditationen auf Reisen in die innere Heimat und in Länder, die äußere Heimat bedeuteten. Unsere Möglichkeiten waren grenzenlos. Wir waren auf unserem Planeten oder reisten zu anderen Planeten, um deren Qualitäten zu erforschen und so auch in andere Realitäten. Im Grunde das, was die Raumfahrt heute macht, jedoch mit viel weniger Aufwand. Wenn wir etwas sahen, wurde es oft wissenschaftlich später genauso entdeckt. Das war das Faszinierende an der Arbeit. Wir holten Wissen, das im Äther schwingt, oder nährten den Äther mit unseren Erfahrungen, Energien und Gedanken.

Jede und jeder in der Gruppe hatte so seine Spezialitäten, und beim Austausch nach den Meditationen bereicherten wir uns gegenseitig mit den gemachten Erfahrungen. So kamen neue und alte Erkenntnisse aufs Tapet. Die erkenntnisreiche Arbeit zeigte auch Beziehungsmuster auf. Wir lernten zu erkennen, welche uns dienten und welche nicht. Althergebrachte begannen wir aufzulösen, damit die Neuen greifen konnten, und das floss langsam in den Alltag ein.
Als ich in die Gruppe von Elfriede eintrat, eröffnete sich mir durch den Ausdruck »Göttliche Sexualität« nochmals eine weitere Perspektive, die es zu erforschen galt.

Es gab mehrere Gruppen unter der Leitung von Elfriede. Die eine Gruppe nannte sich 12x12+1. Sie bestand aus Leuten, die jedes Mal dabei waren, also einem festen Kern, welchem ich angehörte. Es gab Leute aus diesem Kern, die nahezu alle angebotenen Reisen, das waren mehrere pro Jahr, mitmachten. Da mich diese Form von Reisen faszinierte, ging ich ebenfalls, nach dieser ersten Reise, oft mit. Es schlossen sich andere Gruppenteilnehmer oder Gleichgesinnte an, manche mit ihren Kindern, die das Ganze lebendig machten. Kinder und Jugendliche reagieren noch intensiver auf die unausgesprochenen Energien. Sie waren für uns eine Art zusätzlicher Sensor, was unbewusst und gerade unterschwellig ablief.

Hawaii ist meine erste Reise mit einem spirituellen Kontext gewesen.

HAWAII

Wenn man bedenkt, dass die Hawaiianischen Inseln in 100 Millionen Jahren nur durch die Ausschüttung von Magma eines einzigen Vulkans entstanden sind … Es ist überwältigend zu erkennen, wie ausdauernd die Erde aus ihrem Innern heraus Leben erschafft. Pele, die Göttin dieses Vulkans, wird als Schöpferin verehrt. Auf Bildern wird sie mit wunderschönen, langen schwarzen Haaren, die Lavaströmen gleich geformt sind, abgebildet. Meine Vorfreude war groß.

Big Island

Wir begannen unsere Reise in Hawaii am 21. Dezember 2002 auf Big Island. Obwohl Big Island die größte Insel der Inselgruppen ist, landeten wir auf einem verhältnismäßig kleinen Provinzflughafen. Warme, feuchte Luft und Palmen begrüßten uns bei der Ankunft am Flughafen. Wir mieteten mehrere Autos, und los ging eine Fahrt durch eine bizarre Landschaft, entlang eines herrlich strahlenden, von der Sonne beleuchteten Meeres. Es ist eine karge, mondähnliche Landschaft, eine Insel mit einem noch ständig tätigen Vulkan.

Ein unbedeutender kleiner Ort mit nur einem winzigen Laden und einem einzigen Restaurant war unser Ziel. Unsere Villa hingegen mutete riesig an; man könnte es ein Anwesen nennen. Wir hatten 12 Zimmer, 5 Bäder, eine riesige Küche und eine große Aufenthaltshalle, in welcher uns ein 4 Meter hoher Christbaum begrüßte. Das Haus war umgeben von einem sehr schönen Garten und vielen alten Bäumen. Diese Großzügigkeit erinnerte mich an Häuser aus früheren

Zeiten, als man noch in Großfamilien lebte. Meine Tochter sagte mir später, sie habe auf so einer Veranda schon einmal gesessen. Das erstaunte mich, weil sie noch nie etwas in diese Richtung erwähnt hatte. Von der Physiognomie her könnte sie ohne Zweifel hawaiianische Wurzeln haben.

Schon am nächsten Tag gingen wir auf Erkundungsfahrt zum Volcanic Nationalpark des Mauna Loa. Ein wahrlich tolles Erlebnis. Der 1916 gegründete Park umfasst 1'335 Quadratkilometer Land und erstreckt sich vom Gipfel des Mauna Loa bis zum Meer. Insgesamt sind es 241 Kilometer Wanderwege. 17 Kilometer sind befahrbare Straße, die um den Krater und bis zum Meer hinunterführt.

Unsere Gruppe besuchte zuerst das Visitor Center mit generellen Informationen. Das gab uns einen Überblick über den gesamten Park. Danach ging es zu mehr schlechtem als rechtem Kaffee in das gegenüberliegende Restaurant, von wo man bereits einen ersten, herrlichen Blick in einen kleinen Krater genießen konnte, wo es aus den Ritzen qualmte. Wenig später fuhren wir auf relativ breiten Straßen hinter anderen Besuchern her. Wir hielten an den bezeichneten Aussichtspunkten an. Da waren welche, die eine besonders starke Wirkung auf mich ausübten und wo ich mich sehr gut mit dem Fluss und der Wirkung von Magma verbinden konnte. Urkräfte aus dem Schoss der Erde sprechen von Feuer und Kraft. Hier roch es nach Schwefel, und es war nicht nur von der Sonne heiß, sondern auch das schwarze Magma strahlte Hitze aus. Thema dieser Reise war, die Transformation der Sexualität und eine neue Form von Beziehung zum Geldfluss zu bekommen. Wir saßen auf kleinen Falthockern oder meditierten stehend, manche schützten sich mit einem kleinen Schirm vor der Sonne, die erbarmungslos brannte. Die schwarze Farbe des Magmas strahlte die Wärme wie in einem Backofen zurück. Es war, als ob sich ein Feuer- oder Erddrache unter uns mischte, denn plötzlich stieß eine der Frauen Töne aus, die von solchen Wesen zu kommen schienen. Wir kontaktierten die Erdwesen, die sich bei einigen von uns meldeten. Es waren Energien aus dem Inneren der Erde, die sehr bildhaft auftauchten und uns alle berührten. Wir vertieften uns dann in die Energie des Geldes. Jeder bekam ein Gefühl oder Bild dafür, was der Gedanke daran für Gefühle oder Bilder auslöste. Gleichzeitig stimmten wir uns auf die Strukturen der göttlichen Geometrie ein und arbeiteten so an einem Bewusstsein für Geldenergie. Ich sah mich während der Meditation umgeben von Dunkelheit und fließender Lava, und plötzlich floss golden ein Geldstrom vor meinen Augen herunter, der immer breiter wurde. Geld ist Energie, das wussten wir. Ich spürte diese Fülle körperlich und atmete dieses goldene Licht bewusst ein.

Später fuhren wir vorbei an Lavafeldern, die in der Sonne flimmerten und fluoreszierend schimmerten. Wir saßen noch im Auto und ich verspürte bereits eine seltsame Energie um mich herum. Als ich dann direkt beim Lavafeld stand, erblickte ich zum ersten Mal riesengroße, feinstoffliche Echsen, die darüber wanderten. Von den langen Hälsen zu schließen waren es wohl Abkömmlinge der Dinosaurier. Sie schimmerten durchsichtig in der flirrenden Luft und zogen leichtfüßig, bedächtig vorbei, ohne mich zu beachten. Die Szene war sehr friedlich und es war, als würde ich in Urzeiten zurückschauen. Ich blieb ganz still und wartete, bis sich das Ganze auflöste. Ein Staunen breitete sich in mir aus und ich freute mich über diese erweiterte Sicht, ohne sie mit dem Verstand abzuwürgen. Ich habe eine Freundin, die solche Wahrnehmungen sofort gedanklich zerstört oder infrage stellt. Ich betrachte mich auch als ziemlich realistischen Menschen, doch ich weiß, es gibt sie, diese unsichtbare Welt, die sich in bestimmten Momenten zeigt. Es ist keine Traumwelt, es ist eine zusätzliche Realität.

Der Besuch bei Tag bot immer wieder die Sicht auf dampfende Böden, und je näher wir dem ständig fließenden

Strom von Lava kamen, desto intensiver wurde in mir das Gefühl der Verbindung zum Feuer. Wir sahen auch, wie die glühende Lava den Hang hinunterglitt. Dort, wo sie sich mit dem Meer verband, ließ sie riesige Dampfwolken entstehen, die natürliche und doch giftige Dämpfe enthielten. Im Meer fügte sich Schicht um Schicht aufeinander, um zusätzliches Land zu bilden. Die Lava übte bereits während des Tages eine eigenartige Faszination auf mich aus. Nicht nur der Übergang ins Meer, wo diese große Dampfwolke sich ständig neu formierte und zwischendurch Funken aufleuchteten; ich fühlte mich magisch vom Lavastrom, der ca. einen Kilometer entfernt von uns floss, angezogen.

Wir hatten die Autos geparkt und begaben uns an diverse Aussichtspunkte. Ein Teil der Gruppe lief entlang der Absperrung zum Meer hinunter, um so nahe wie möglich zu sehen, wo die brodelnde Lava ins Meer rann. Ich stand plötzlich alleine auf der Anhöhe, und einem Impuls folgend stieg ich über die Absperrung, die nur aus einem schmalen Plastikband bestand und je nachdem, wie weit die Lava sich schon gebildet hat, laufend versetzt wird. Große Teile der Straße waren bereits verschluckt. Ich wanderte nun mutterseelenallein auf der bereits hart gewordenen Lava weiter. Manchmal brach die oberste Schicht unter meinen Füßen ein. Manchmal war sie schon vom Wind zerklüftet, dann wieder war sie glatt und stark, trug mich. Die Spalten wurden größer, je weiter ich ging. Eine nie gekannte Einsamkeit umgab mich, plötzliche, greifbare Stille. Kein Mensch war mehr zu sehen noch zu hören. Der Wind wehte in starken Böen, und es roch immer stärker nach Schwefel. Ich wusste, wenn ich mitten in eine starke Schwefelwolke geriet, würde ich Probleme mit der Atmung bekommen. Als frühere Asthmatikerin habe ich sehr empfindliche Lungen und Bronchien. Sehr kurz streifte mich der Gedanke daran. Es folgte plötzlich auch Angst, fast Panik, die ich wieder überwand …

Elfriede hatte uns beigebracht, dass gewisse kleinere und größere Panikattacken, die wie aus dem Nichts entstehen, Erleuchtungszustände sind. Daran dachte ich in diesem Moment nicht.

Ich ging etwas langsamer, blieb stehen, fühlte in die pulsierende Erde, schloss die Augen. Ich fühlte mich verbunden mit der Umgebung, und ging achtsam einige Schritte weiter. War ich vorher noch fast von Lavabrocken zu Lavabrocken gehüpft, ließ ich das jetzt sein; nur wenn ich einen Spalt überqueren musste, war es besser, nicht direkt auf den Rand zu treten, sondern mit einer gewissen Distanz dazu. Zu gern wäre ich ewig so weitergegangen, getragen vom Gefühl, dass unter mir ein Vulkan brodelte. Ich liebe die Kraft dieses ausdauernden Vulkans und die Schönheit der Lavalandschaft. Ich fühlte die Energien der Lava durch meine Adern fließen. Die schwarze Farbe, die in der Sonne silbern, golden, dann perlmuttern schimmerte, war traumhaft schön. Ich ging weiter wie in Trance. Wieder brach an manchen Stellen die Schicht unter meinen Sohlen ein, doch nie so, dass mein Fuß richtig eingeklemmt wurde, nur fast. Es zog mich immer noch weiter, weiter weg von der Absperrung, weiter weg von den anderen. Gedanken kamen plötzlich hoch: Was ist, wenn ich den Fuß verstauche in dem wilden Gelände oder in eine tiefe Spalte trete? Ich entschied: Gedanken loslassen, weitergehen. Der Schwefelnebel begann mich einzuhüllen, nur ein leichter Dunst, sodass ich den Boden noch sah. Zum Glück blies der Wind immer noch. Ich hörte in meinem Innern Nena nach mir rufen. Ich hielt inne und verstand, dass es Zeit war zurückzugehen. Ich war in eine Art Zeitlosigkeit geraten und hatte keine Ahnung, wie lange ich unterwegs gewesen war. Daher eilte ich nun, so schnell es die spitzen, zerklüfteten und zerbrechlichen Lavabrocken erlaubten, zurück. Als ich meine Gruppenfreundin Gerda und neben ihr Nena sah, verspürte ich eine große Erleichterung. Die Spannung in mir ließ nach und ebenso in meiner Tochter. Ja, es war wie ein Sog, dem ich jetzt wieder entronnen war. Gerda, die mir, ohne dass ich sie wahrgenommen hatte, dauernd nachgeschaut hatte, mich sogar fotografierte und in Gedanken begleitete, auch als sie mich nicht mehr sah, verstand, wie ich neue Räume eröffnete, indem ich sie durchschritt. Als Nena mich vermisste, wurde sie von Gerda mit den Worten beruhigt, man könne mich mit dem Herzen herrufen, und so warteten beide gemeinsam auf mich.

Es gab in der Gruppe diese Aussage, die wir immer wieder aktiv nutzten. Wenn wir jemanden vermissten, uns verloren hatten, *riefen wir einander mit dem Herzen.* Es ist ein Sich-Öffnen für Hilfe, ein Zustand des Vertrauens, der als Energie ankommen kann, und es funktioniert in den allermeisten Fällen. Es waren, wie ich nun bemerkte, höchstens 20 Minuten gewesen, die ich auf dem verbotenen Gelände verbracht hatte. Nena beschimpfte mich, um so ihrer Angst Luft zu machen. Sie ist und bleibt vorsichtig und kritisch und versteht mich nicht. Ihre Angst um mich ist auch Liebe. Es gibt auch viele gesicherte Gebiete im Gelände, die man betreten darf, nur sind diese nicht direkt neben dem Hauptstrom, sondern in sicherer Entfernung davon.
Wir warteten auf die hereinbrechende um zu meditieren. Bald sahen wir das faszinierende Schauspiel der glühenden Lava, die den Hang hinunterkroch. Manchmal zuckten Flammen hoch, dann wieder verlöschte oder verschwand der glühende Strom, um weiter unten wieder sichtbar zu werden. Müde und voller Eindrücke kehrten wir heim.

An einem der folgenden Tage besuchten wir den Park nochmals und gingen in eine der tiefen, nicht beleuchteten, schlauchartigen Höhlen des Vulkans. Ein 400 Meter langer, dunkler Arm, stockdunkel war es, und meine Taschenlampe ging nicht an. Der elfjährige Sohn von Conny sagte, er werde mich beschützen und nahm mich bei der Hand. Langsam wanderten wir ins Innere der Höhle. Ganz hinten setzten wir uns, machten alle Taschenlampen aus, und es wurde still, sehr still. Wir nahmen Verbindung zum Magma auf.

Nun fühlte sich mein kleiner Begleiter unsicher und suchte Halt, den ich ihm gerne gab. Beruhigend drückte ich seine Hand. Als er wieder ruhiger war und losließ, umgab uns alle totale Dunkelheit und Stille. Wir meditierten ungefähr eine halbe Stunde, oder war es länger? Die Zeit ging wieder über in Zeitlosigkeit. Plötzlich spürte ich ein tiefes Lachen in mir hochsteigen, und es schüttelte meinen ganzen Körper, als ob die Kraft des Vulkans durch mich hindurchfließen wollte. Diesem kraftvollen Lachen ließ ich nun seinen Lauf. Elfriede stimmte ein und einige andere auch. Plötzlich waren wir mitten in einer Lachmeditation, und dann sagte Elfriede zu mir: »Dein Höheres Selbst ist ganz nah, genieße es.« Wie sich das anfühlte? Ein Vibrieren im ganzen Körper, ein orgastisches Gefühl – unbeschreiblich stark und schön, als ob eine Energie mit den Wänden interagieren würde und Geborgenheit vermittelte, die sich im Inneren des Vulkans aufbaute und mich durchdrang. »To feel one with earth.« Sich mit der Erde eins fühlen. Das war's.

Bald danach begaben wir uns wieder ins Freie. Außerhalb waren wir umgeben von üppiger, urwaldähnlicher Landschaft, riesigen Farnen, die uns überragten, und kleineren, die aus Bäumen wuchsen. Kleine und große Bäume, tote Baumstrünke und solche, die ein Eigenleben zu haben schienen, wild durcheinander gewachsen und voller Naturwesen. Unsere Drachenfrau explodierte schreiend, wie in einem riesigen Wutanfall: Feuer pur! Wir kannten es ja schon von ihr. Hochgradig sensibilisiert und verbunden mit anderen Dimensionen und doch verbunden mit der Natur, der Erde und uns selbst fühlten wir uns.

Die spirituelle Arbeit verlangt ein ständiges Aufnehmen, Aufbauen, Einatmen, Visualisieren der harmonischen Strukturen, und gleichzeitig gilt es, wieder alles loszulassen. Manchmal kostete das viel Energie und war sehr anstrengend, besonders wenn es sich als Gruppenenergie aufgebaut hatte.

Am folgenden Tag fuhren wir zum Mauna Loa, einem Teil des Schildvulkans der sich außerhalb des Nationalparkgebiets befindet. Das Weltraumobservatorium, das dort auf 2'500 m ü. M. steht, war unser Ziel. Nach einer sehr holprigen Fahrt über eine schmale Straße aus reiner Lava waren wir ganz alleine. Weit und breit nichts als Lava, Himmel und Straße. Kein Auto, kein Mensch kam uns mehr entgegen. Wir stiegen aus und gingen zu Fuß Richtung Observatorium weiter, das aussieht wie ein Ufo. Weiß und strahlend in einer dunklen Landschaft. Wir setzten uns gemeinsam hin. um zu meditieren, gemeinsam und doch jeder für sich. Ich setzte mich ein wenig abseits der Gruppe auf einen Lavavorsprung und verspürte einen starken Impuls, dem Vulkan etwas zu schenken. Zu Hause hatte ich meinen Ehering eingepackt, weil ich dachte, es würde sich bestimmt ein passender Moment ergeben, endlich alles, was mich noch an Titus, den Vater von Nena band, loszulassen. Loszulassen, um mich neu zu öffnen. Dafür war ich jetzt bereit. Ich holte meinen goldenen Ehering aus der Tasche und hielt ihn eine Weile auf der Handfläche.

Ich flüsterte: »Ich löse damit die letzte eheliche Bindung auf. Ich lasse los, lasse alles los, ja, ich lasse in Liebe los.«

Ich erlöste in mir, was mich noch an meinen Mann gebunden hatte, indem ich den Ring weit, weit weg in einen Lavaspalt warf und ihn so der Erde übergab. Eine Welle der Traurigkeit erfasste mich, die ich nun ausatmete. Nein, keine Tränen, kein Bedauern, nur Traurigkeit darüber, dass diese wichtige Beziehung so leer geworden war. Unsere Tochter war nun volljährig, und dies bedeutete eine zusätzliche Abnabelung. Die Energien waren so stark, dass ich mich sehr erschöpft fühlte. Ich erkundigte mich, ob jemand bereit war, mit mir zurückzufahren, da es mich nach Hause zog, in eine lieblichere Umgebung. Glücklicherweise waren wir mit mehreren Autos angereist, und die anwesende Jungmannschaft und zwei der Frauen fuhren mit uns zurück. Der Rest der Gruppe überlegte sich, auf dem Mauna

Loa draußen zu übernachten. Doch auch sie kamen gegen Abend zurück.

Auf Big Island gibt es einen schwarzen Strand, an dem wir am letzten Tag weilten. Er ist nicht sehr groß, der Sand ist feinkörnig und wirklich tiefschwarz. Wenige Menschen tummelten sich da. Das Wasser war klar und warm, ohne Wellengang und lud zum Baden ein. Wir entdeckten zwei Riesenschildkröten, deren Panzer fast einen Meter Durchmesser hatte. Sie lagen total erschöpft im warmen Sand und schienen auf den ersten Blick tot zu sein. Als wir uns vorsichtig näherten, bemerkten wir das Flattern der Augenlider und am Hals das Pochen der Schlagader. Ein faszinierender Anblick, wilde Tiere so entspannt zu sehen. Wir wussten, dass es verboten war, sie zu berühren oder zu stören. Also begnügten wir uns damit, ein paar Schnappschüsse zu machen und plantschten im Wasser, bis es Zeit war zurückzufahren.

Vier Tage später flogen wir weiter nach Kauai.

Kauai

Kauai ist lemurischen Ursprungs. Sie ist die grünste der hawaiianischen Inseln und wirklich traumhaft schön. Ich verliebte mich sofort in diese Landschaft, nahm sie mit jeder Pore auf. Endlich wohnten wir mit Blick aufs Meer. Ich blühte richtiggehend auf. Satte grüne, sehr steile Berghänge, die wie gemalt wirkten, so knallig leuchteten sie; pyramidenförmig, mächtig, aber weicher und niedriger als unsere in der Schweiz, reichen sie mit den vielen Wasserfällen bis ins weite Meer.

Wir gönnten uns am Sonntag einen Brunch im 5-Sterne-Hotel Princeville, welches sich auf einer vorgelagerten Klippe befindet. Die Auffahrt zum Eingang ist großzügig und elegant, ideal für eine Filmszene; das Innere des Hotels überzeugt ebenso mit Luxus, wohin das Auge reicht. Ein echter Palast. Die Eingangshalle mit einem riesigen Marmorbecken, über dessen Rand Wasser plätschert. Dann die überdimensionierten Blumenarrangements, riesige Spiegel, schönste Treppenbalustraden, große Fensterfronten mit Blick auf Palmen und auf das tiefer liegende Meer hinunter.

Einige Stufen führen in das Restaurant mit dem reichhaltigen Buffet. Wirklich bestückt mit allem, was das Herz begehrt: Champagner, Meeresfrüchte, herrliche Fleischgerichte, ein Dessertwagen, alles vom Feinsten und alles *à discrétion*! Nach dem Essen betraten wir einen der Nebensäle. Dort waren riesige Leuchter aus echtem Rosenquarz und Kristall zu bewundern. Wir spürten eine starke Energiekraftlinie auf, die durch diesen Raum ging. Natürlich war diese Energie ein Genuss für unser eigenes Feld, weil sie uns einen Moment lang auf eine höhere Ebene einstimmte.

Ein beglückender Tag endete mit einer schönen Meditation, die uns mit den Delfinenergien verband.

Am darauffolgenden Tag ging es auf eine Wanderung in den unwegsamen Waymea Canyon. Ein Erlebnis voller eindrücklicher Bilder: Naturwege, Pflanzen in Hülle und Fülle und dann wieder Felsen, Weitsicht, Farbenspiele in Sand und Gestein. Es lassen sich viele pyramidenförmige Bergflanken ausmachen. Auch hier war die Luft erfüllt von mystischen Gebilden; ich sah immer wieder Tempel und Pyramiden in den Steinwänden. Wie wir erfuhren, befindet sich hier der große, feinstoffliche Aksha-Kristall. Der Name tut wenig zur Sache. Er hat die Bedeutung, die wir ihm geben, und für mich bietet er eine Verbindung zu anderen Welten, weil er diese Energien zu uns transportiert. Mit jedem Schritt tauchten wir tiefer in die Vielschichtigkeit dieses Canyons ein. Die Steine leuchteten in allen Farben: rostrot, hellbraun, gelb, orange. Der Naturpfad wurde immer wieder von grünen Stauden umsäumt oder unterbrochen. Nach etwa eineinhalb Stunden Marsch standen wir an einem kleinen Abgrund. Es gab nur zwei Möglichkeiten: Entweder man rannte so schnell wie möglich oder rutschte wie auf Schnee, am besten auf dem Allerwertesten, hinunter. Bremsen ging gar nicht mehr, bis man unten angekommen war. Nach dieser eher aufregenden Rutschpartie auf Sand folgte ein sehr schmaler Pfad um einige Felsen herum. Wir quetschten uns zuletzt noch durch einen engen Felsenspalt hindurch und waren am Ziel, bei einem großen Teich, der von einem Wasserfall genährt wurde. Wir setzten uns am Ufer hin und badeten die Füße darin. Einige wagten sich bald ganz ins Wasser. Hinter dem Wasserfall war es möglich, auf einen Felsen hochzuklettern, was die Jungs natürlich sofort in Angriff nahmen, um sich von oben hinunter zu stürzen. Zum Baden lud mich das Wasser nicht wirklich ein. Andere wiederum genossen wonniglich die Erfrischung. Ich fand wilden Ingwer, der am Rande des Wassers wuchs. Erdgnome zeigten sich, die sogar meine sonst eher skeptische Tochter sofort sah. Es sind Wesen, die sich um die Pflanzen oder in deren Nähe bilden. Wir befanden uns einmal mehr in einer wahrhaft mystischen Welt.

Es war der 31. Dezember. Zu Hause feierten sie schon bald Silvester, und wir waren eben erst aufgestanden. Ich erhielt ein erstes SMS zum Neuen Jahr von Alexander, was mich total überraschte, ja überwältigte, hatte ich doch am Vorabend noch an die Buben von Alexander gedacht, mit denen ich voriges Jahr Weihnachten gefeiert hatte. Seltsam, was hier für Energien fließen konnten, die zu Hause blockiert schienen. Es folgten weitere SMS von Freunden und Bekannten. Es machte mich sehr glücklich, dass ich dank Nena ein in den USA funktionstüchtiges Handy hatte. Ursprünglich hatte ich geplant, eine handyfreie Zeit zu verbringen, weil meines in den USA nicht funktionieren würde. Dann hatten wir uns entschieden, meine SIM-Karte in Nenas Handy zu integrieren, das ich mir für die Ferienzeit ausleihen durfte. So hatten wir auch anderen in der Gruppe Kontakte in die Schweiz ermöglicht. Es war noch nicht üblich, dass jeder ein eigenes Handy besaß. Ich wurde also zur Überbringerin von Nachrichten. Dadurch fühlte ich mich ein wenig wie Hermes, der Götterbote, wie der auf dem Bild in meinem Wohnzimmer.

Nach einer sehr schönen Morgenmeditation mit der Gruppe stießen wir mit Champagner an und gedachten der Daheimgebliebenen, die bereits Mitternacht hatten. Bei uns war es erst elf Uhr morgens.

Es war ein idealer Tag, um das Meer zu genießen, den kleinen Strand der Siedlung zu nutzen. Also gingen einige von uns schwimmen. Eine Zeit lang widmete ich mich unserer Drachenfrau, die eine unglaublich starke Verbindung zur Erde und zu Feuer hatte, und gab ihr eine Watsu-Session (Wasser-Shiatsu), wo das Meer ganz ruhig war. Entspannt ließ sie sich bewegen und eintauchen. Eine starke Energie baute sich auf. Besonders, wenn ich sie in der Embryostellung im Wasser drehte, verlor sie die Orientierung und tauchte in vorgeburtliche Stadien ein, was emotional einiges auslöste. Loslassen kann mit ziemlich viel Energie verbunden sein. Nach einer Viertelstunde legte sie sich an den Strand, um sich zu erholen. Ich war nun frei und wollte auch mich befreien von allem, was mich das ganze Jahr belastet hatte. Es war so herrlich, diese Weite des Ozeans vor mir zu haben. Endlosigkeit und Ewigkeit. Gedankenverloren schwamm ich los, träumte vor mich hin und war unverhofft ganz plötzlich in tiefer Liebe mit meiner Zwillingsseele Emanuel über den Kosmos verbunden. Ich fühlte das Wasser, das mich trug, sah das Blau des Wassers, das sich mit dem Blau des Himmels vermählte. Ich wäre gerne stundenlang so weiter geschwommen. Als ich wie aus einem Traum erwachte, bemerkte ich große Wellen um mich herum. Ich kam gar nicht mehr vorwärts, war gefangen zwischen den Wassermassen und fühlte mich ausgeliefert. Der Strand schien sehr weit weg zu sein. Die starke Strömung hatte mich weggetrieben, in Bereiche, wo es schon recht gefährlich war, und ich hatte es nicht bemerkt. Ich kämpfte, schluckte Wasser, keuchte und dachte: »Das könnte mein Ende sein.« Weit weg erkannte ich zwischen zwei Wellen, dass eine einzelne Person am Strand stand, und überlegte, ob ich wohl je wieder dorthin kommen würde. Den Tod durch Ertrinken stellte ich mir nicht besonders angenehm vor. Langsam ließen meine Kräfte nach. Vermutlich wusste niemand, wo ich war, keiner vermisste mich – so dachte ich.

Plötzlich hörte ich innerlich die Stimme von Elfriede: »Du kannst es schaffen.«

Die Wellen, die mich umgaben, über mir zusammenschwappten, waren mindestens einen Meter hoch, was nicht viel war, doch sie schienen mich festzuhalten und gleichzeitig hinauszuziehen. Sie hatten eine unglaubliche Kraft, und ich spürte einen Sog nach unten. Ich hatte vergessen, dass seit Tagen die Touristenboote deswegen nicht mehr auf Delfinbeobachtung gingen. Es hieß jeden Tag, das Meer sei zu unruhig. Ich weiß nicht, was mich geritten hatte, so unvorsichtig zu werden. Vermutlich ließ ich mich durch das stille Wasser beim Strand täuschen – ich war schon ganz erschöpft und mochte nicht mehr schwimmen. Ja, ich hörte auf zu kämpfen und legte mich auf das Wasser, das immer wieder wild an mir zog, über mich schwappte. Es ging hoch und runter – ich fühlte mich total hilflos und entschied, mich dem Höheren Selbst zu übergeben, zu ertrinken, wenn es denn sein sollte. Es war wirklich so, dass ich nun mit allem rechnete, eben auch damit, nicht mehr zurückkehren zu können. Dieses Gefühl, dass ich vielleicht auf dieser Reise sterben könnte, war schon vor der Abreise präsent. Es hatte mich veranlasst, ein Testament zu schreiben. Erfüllte sich diese Vorsehung jetzt? Ich hatte es gegenüber der Gruppe erwähnt, und Elfriede hatte laut aufgelacht. Sie sah mich wohl schon wieder zu Hause. Es war damals eine Ahnung, die nicht an Angst gekoppelt war.

Jetzt ließ ich die Angst, die mich erfasst hatte, los und wartete. Auf dem Rücken liegend, entspannte ich mich vollständig. Wofür sollte ich kämpfen? Ich war zufrieden mit meinem Leben und war bereit für das, was kommen würde. Es dauerte ungefähr 20 Sekunden, und plötzlich streifte meine Hand einen Felsvorsprung. Direkt unter mir befand sich ein Riff. Ich konnte es kaum glauben. Es konnte meine Rettung sein. Tatsächlich, es war ein Felsenriff, das knapp unter der Wasseroberfläche lag, mitten im Wasser, das von Wellen umspült wurde und daher fast unsichtbar war. Es gelang mir, mich daran festhalten und war so dankbar für diese Verbindung zur Erde. Ich zog mich langsam daran hoch und schaute in Richtung Strand. Gleichzeitig musste ich mich gut festhalten, denn mit jeder Welle riskierte ich, umgeworfen zu werden. Die Wellen rissen immer wieder an mir, wollten mich, wie es schien, zurückhaben; sie konnten mich auch unterstützen. Mit deren Rhythmus tastete ich mich langsam weiter, griff nach der nächsten Unebenheit, die sich anbot, mal kroch ich auf allen Vieren, oder ich robbte bäuchlings weiter. So ging es von einer griffigen Kante zur nächsten. Natürlich schürfte ich mir die Haut an den Beinen, Knien, Armen dabei auf. Das kümmerte mich wenig. Als ich den höchsten Punkt erreicht hatte, stand ich leicht geduckt, mich festhaltend, auf und sah hinüber zum Strand. Immer noch stand da jemand, wie eine Säule, jemand, der Verbindung mit mir aufzunehmen schien. Ich entschied, mich danach auszurichten und darauf zuzuschwimmen. Hinter dem Riff wurde das Meer merklich ruhiger, normales Schwimmen war wieder möglich. Tatsächlich schaffte ich es und kroch zuletzt auf allen Vieren aus dem Wasser. Total erschöpft küsste ich den Boden und sah die Freundin Gerda dastehen. Zum zweiten Mal war sie mein Engel, der mich unterstützt hatte. Sie nahm mich in die Arme und erzählte, sie sei intuitiv zum Strand gekommen, als die anderen diesen verließen und hatte mich beobachtet.

Sie sagte: »Du bist wieder daran, alte Grenzen zu sprengen. Dein persönliches Spiel mit den Grenzen!«

»Ja, es scheint tatsächlich so zu sein«, sagte ich, immer noch ein wenig atemlos und glücklich.

Gerda: »Ich habe die anderen hier beruhigen müssen. Die meisten haben deine verzweifelten Versuche mitbekommen und steigerten sich in Ängste hinein. Jemand ging in die Siedlung, um Hilfe zu holen. Ich weiß ja, dass du eine gute Schwimmerin bist, und ganz klar wusste ich, dass du es schaffen wirst.«

Kaum hatte sie das gesagt, kam der Hawaiianer auf mich zu, der geglaubt hatte, mich retten zu müssen. Er herrschte mich an: »Was fällt Ihnen bloß ein, ohne Flossen rauszuschwimmen, der Sog hier ist unglaublich gefährlich! Besonders die letzten Tage war das Meer ungewöhnlich bewegt«, fauchte er mich weiter an, »das weiß man doch«.

Schuldbewusst nickte ich: »Sorry, ich habe es nur am Rande mitbekommen und vergessen. Plötzlich hat es mich abgetrieben. Flossen habe ich gar keine, aber ich bin ja jetzt wieder da«.

Er schimpfte noch eine Weile und sagte dann: »Das nächste Mal leihen Sie sich an der Rezeption Flossen aus. Zum Glück haben Sie das Riff erreicht. Es kann manchmal sehr schnell gehen. Sie wären nicht die Erste, die hier ertrunken ist.«

Ich erwiderte: »Ja, ich weiß, ich habe großes Glück und einen Schutzengel gehabt.«

Mit Gerda begab ich mich zurück in unsere Wohnung. Das war ein wahrlich fulminantes Jahresende. Meiner Tochter erzählte ich nichts von dem Vorkommnis. In der Gruppe erwähnte ich es während der nächsten Zusammenkunft. Es schien mir bezeichnend zu sein, diese wichtige Erfahrung von Sterben und Neugeburt vor dem Jahresende zu erleben. Das geschieht, wenn man loslassen kann, man im Vertrauen ist und man sich dem, was kommt, überlassen kann, auch wenn es den Tod bedeutet hätte. In diesem Moment kann das Schicksal über alles Weitere bestimmen, und genau dann ist oft unerwartete Rettung am nächsten. Alle waren sich einig, dass es für mich eine Neugeburt darstellte. Elfriede erzählte uns von einem Erlebnis, das eine andere Gruppenteilnehmerin vor Jahren hatte, die wie ich dem Wasser ausgeliefert schien. Wie durch ein Wunder seien zwei Männer aufgetaucht und hätten sie an Land gebracht. Sie habe nie herausgefunden, woher diese kamen und wohin sie danach gingen. Es sei gewesen, als wären sie danach wie vom Erdboden verschluckt gewesen.

Ich muss am Abend richtiggehend gestrahlt haben, denn obwohl ich sonst die Blicke der Männer nicht auf mich zog, wirkte etwas in mir wie ein Magnet. Dieses Leuchten ist auf dem einen Foto von mir gut erkennbar. Wir begaben uns auf die Tanzfläche, bewegten uns zur Musik, und spontan tanzten fremde Männer mit mir, die mit ihren Partnerinnen da waren und sich doch von mir angezogen fühlten.

Ich habe danach zu Hause einige Zeichnungen von meinem Erlebnis gemalt. Es sind intensive Farben, als Ausdruck dessen, was in mir vorgegangen ist, und auf einem Bild sieht man ein Tor. Ja, es war das Tor eines Übergangs. Tod und Neugeburt, loslassen, um neu geboren zu werden.

Am 1. Januar 2003 folgte die Wanderung auf dem Naturpfad nach Napali Beach. Uns begrüßte ein rutschiger, schlammiger Boden, weil es die Tage zuvor heftig geregnet hatte. Es ging auf und ab, und bald waren Schuhe und Füße schlammbedeckt. Nicht alle wollten den ganzen Weg auf sich nehmen und verabschiedeten sich, um frühzeitig zurückzugehen. Teilweise durchquerten wir richtige Bäche, die aus den Hängen sprudelten. Die Landschaft war atemberaubend schön. Entfernt unter uns sahen wir das türkisfarbene Meer, das sich in Schaumkronen kräuselte, und wir konnten auch Delfine ausmachen, die Luftsprünge machten. Wir sahen sogar einen Wal in der Ferne auftauchen. Die Bäume sind uralt mit herrlichen Luftwurzeln und mit einem über die Hänge hinabfließenden Wurzelwerk, das wie dicke Haarsträhnen aussieht. Manche der hohen Bäume wirkten wie Kapellen oder Kirchen und die filigranen, grünen Formationen glitzerten in der Sonne. Heilige Orte ließen sich erahnen.

Es blieb keine Zeit, sich niederzulassen. Ein Teil der Gruppe, diejenigen die das Gelände kannten, kam zügig voran. Bald sah ich sie nicht mehr, merkte aber auch nicht, dass zwei aus der Gruppe langsamer waren als ich. In mir breitete sich ein Szenario von Ärger und Angst aus, weil man mich einfach mir selbst überlassen hatte. Ich kannte den Weg ja nicht. Was sollte ich tun, wenn er sich verzweigte, was, wenn ich plötzlich ausrutschte? Ich vergaß, dass normalerweise bei einer Verzweigung jemand von uns auf die Hinteren wartet. Bald traf eine junge Kanadierin auf mich, und eine Weile gingen wir zusammen. Das tröstete mich. Ganz interessiert hörte sie zu, was ich ihr von den Lightworkers erzählte. Sie fragte und fragte, und lenkte mich so von meinem Stress ab. Da sie bessere Schuhe trug, verließ sie mich jedoch bald wieder, dem Ziel entgegen. Warum hatte mir niemand gesagt, ich solle meine festen Schuhe anziehen? Warum war keiner mehr da? Ich wurde jetzt richtig wütend und hätte am liebsten kehrtgemacht, doch aufgeben ist nicht meine Art. Ich wanderte also ganz alleine weiter und durchlebte starke Emotionen wie Wut,

Angst, Ärger, Hilflosigkeit. Trotzdem ging ich weiter und weiter und hoffte, den Weg nicht zu verfehlen. Nach zwei Stunden fühlte ich mich am Rande meiner Kräfte. Es war trotz vieler Bäume, die den Weg säumten sehr heiß, der Boden nach wie vor rutschig, und ich quälte mich vorwärts und musste gleichzeitig die unvergleichlich schöne Landschaft bewundern. Ich erlebte ein pures Paradox von Innen und Außen, von Genuss und Qual. Bald stieß ich wieder zu einer langsamer gehenden Gruppe von Menschen, die mir sagen konnten, dass wir bald ankommen würden. Das letzte Stück führte noch über einen steilen Serpentinenweg, doch nun war der Felsenstrand nah. Ich konnte die Wellen hören.

Nach der Durchquerung des letzten Baches, von Stein zu Stein hüpfend, gelangte ich, total erledigt, ans Ziel. Bevor ich mich bei den anderen niederlassen konnte, um meinen Frust loszuwerden, entschied ich, den Badeanzug anzuziehen, und lief die paar Schritte zurück zum Bach. Hier entspannte ich mich in einem der kleinen natürlichen Becken, die von Steinen gebildet worden waren, wo das Wasser gluckste. Das Wasser sprudelte angenehm kühl. Ans Schwimmen im Meer war hier nicht zu denken. Mehrere Warntafeln wiesen auf die Gefährlichkeit der Strömung hin. Ich lag bequem zwischen den Steinen, verband mich mit dem Wasser. Das von hinten herunterströmende Quellwasser nahm alle Schwere von mir.

Nun war ich bereit, mich der Gruppe zu stellen. Nicht, ohne kurz meinen Unmut zu äußern. Da erklärte mir Elfriede, dass dieser Weg oft latente Emotionen hochholt und dass alles perfekt gelaufen sei.

Das Credo unserer Leiterin: »Alles ist immer perfekt, wie es ist.«

In unserer nachfolgenden Meditation verbanden wir uns mit dem Wissen der Wale. Wir stimmten uns ein und wurden selbst zu Walen. Welch majestätische Kraft wurde da fühlbar, und es entwickelte sich eine telepathische Kommunikation über das Walbewusstsein. Ich erlebte den Unterschied zwischen der Delfin- und der Walenergie, und wir erfuhren, dass diese Tiere mit ihren Sonaren am Magnetgitter arbeiten, das bald vollendet sein wird. Diese hochintelligenten Wesen hielten Verbindungen zu anderen Welten und waren uns doch so nah. Je mehr wir ihre Qualitäten aufnahmen, desto häufiger verabschiedeten sie sich. Deshalb sind gestrandete Wale oft ein Zeichen dafür, dass sie die Ebenen gewechselt haben. Eine solche Meldung erreichte uns kurz nach unserem Aufenthalt wieder. In den Zeitungen wurde es dramatisiert, im spirituellen Verständnis einesteils bedauert, aber andernteils auch freudvoll zur Kenntnis genommen. Sie waren heimgegangen.

Wir genossen nun gemütlich den mitgebrachten Lunch und machten uns dann auf den Rückweg. Elfriede, die ursprünglich geplant hatte, bis zum Wasserfall hochzugehen, was nochmals eineinhalb Stunden Wanderung bedeutet hätte, ließ es dann doch sein. Wegen des vielen Regens war der Weg vielerorts einfach zu schlammig.

Der Rückweg verlief problemlos, doch müde war ich trotzdem. Alsbald waren die Beine, Hände und Arme wieder mit Schlamm bedeckt, weil man ausrutschte, sich festhalten musste und manchmal auch hinfiel. Als wir unsere Autos erreichten, lockte uns der schöne Sandstrand, der nur ein paar Schritte entfernt war und in einer ruhigen Bucht lag. Mit vielen anderen tummelten wir uns im Wasser. Als der letzte Schlamm zwischen den Zehen aufgelöst war, die Hände wieder sauber waren, erst dann konnte ich mich zufrieden und erschöpft in den Sand sinken lassen und rührte mich nicht mehr von der Stelle, bis wir nach Hause fuhren.

Schon am nächsten Tag hieß es Koffer packen. Die Gruppe inklusive meiner Tochter flog heim. Ich hatte beschlossen, meine Zeit in Hawaii zu verlängern, und sehr kurzfristig hatte sich unsere Drachenfrau entschieden, mit mir weiter nach Maui zu fliegen.

Maui

Maui hat vier Klimazonen, was für so eine kleine Insel beeindruckend ist. Wir blieben fünf Tage dort. Auf Kauai waren wir den Delfinen sehr nahe gewesen, hier auf Maui war es einfacher, Wale zu Gesicht zu bekommen. Ich wünschte mir, ihnen so nah wie möglich zu sein, und so buchten wir einen Ausflug auf einem der kleineren Boote, auf welchem zwölf Personen Platz fanden. Tatsächlich kamen die Wale ganz nahe an unser Schiff heran. Ich fühlte eine ekstatische Freude in mir – unbeschreiblich orgastisch, begeisternd. Spannend war es obendrein nie zu wissen, was sie als Nächstes tun würden.

Die Orcas wirkten riesig und doch gutmütig, kommunikativ und spielerisch. Sie schienen wirklich mit uns zu kommunizieren, winkten uns mit der Seitenflosse zu, führten Kapriolen vor uns auf, sodass riesige Wellen entstanden und Fontänen aufspritzten. Ihre Schwanzflosse hätte mit unserem Boot Tennis spielen können. Wir hörten, dass sie noch nie Menschen böswillig attackiert hatten oder Boote in die Tiefe gezogen worden waren. Gesetzlich waren wir verpflichtet, einen relativ großen Sicherheitsabstand zu wahren, doch das schien die Wale nicht zu interessieren. Von selbst kamen sie sehr nahe an unser Boot heran.

Wir beendeten den Tag in einem Strandrestaurant und sahen unsere Freunde noch auf- und abtauchen. Meistens waren es nur die Fontänen, die von weitem grüßten, doch an diesem Tag schienen die Tiere richtig übermütig zu sein.

Ein Erlebnis, das ich als einmalig bezeichnen kann. Ich war einer Urenergie, einer Intelligenz des Meeres so nah gewesen, wurde von derselben wahrgenommen und habe wahrgenommen, wie wir interagierten. Es ist schon wunderbar, Wale, wie wir sie oft in Meditationen feinstofflich wahrnahmen, nun leibhaftig zu sehen und zu erleben. Darin liegt eine andere Dynamik, die nur schwer in Worte zu fassen ist. Nicht nur damit erfreute uns Maui. Wir besuchten ein Musical, das seit vielen Jahren aufgeführt wird und die

Entstehung der hawaiianischen Inseln erzählt. Die Musik, die Tänze, die ganze Aufführung, alles wirkte so authentisch und doch wie ein Traum. Das Ulalena Musical habe ich bei jedem der späteren Besuche auf Maui mit derselben Begeisterung wiedergesehen. Der Trommler, der eine eigene Instrumenten-Loge mit unzähligen Trommeln und Schlaginstrumenten hat, die er mit Inbrunst spielt, ist ein Phänomen. Seine Rhythmen bringen den ganzen Saal in eine besondere Schwingung.

Hawaii besteht hauptsächlich aus Vulkanen, und der mächtigste und wohl vielschichtigste ist der Haleakala mit einem riesigen, begehbaren Krater. Ich habe mich geweigert, ihn aufzusuchen. Warum, konnte ich nicht erklären. Es waren noch zwei weitere Besuche auf Maui notwendig, bis ich unwiderstehlich seiner Anziehungskraft erlag.

Oahu

Der nächste Flug führte uns nach Oahu/Honolulu, wo wir beabsichtigten, noch zwei Tage zu verbringen, bevor unser Heimflug nach Europa folgte.

Der Diamond Head auf Oahu, das Wahrzeichen von Honolulu, ist ein langgezogener, eiförmiger Krater. Schon bevor wir den Aufstieg begannen, drehte sich unser Gespräch um Sexualität. Es schien hier eine stark erotisierende Energie zu geben, die uns veranlasste zu ergründen, was es mit uns zu tun hatte. Wir saßen auf warmen Steinen und vertrauten einander ein paar Erlebnisse an, die unterschiedlicher nicht hätten sein können, und vieles basierte auf den Erfahrungen, wie wir zur Frau wurden. Im Gegensatz zu mir war die Drachenfrau sehr gezielt und entschieden auf einen Mann zugegangen, um die erste sexuelle Erfahrung zu machen. So wie sie es beschrieb, hatte es sehr wenig mit Romantik zu tun. Ich bemerkte, dass sie viele ihrer männlichen Anteile lebte, im Gegensatz zu mir. Außerdem war sie noch mit demselben Mann zusammen, den sie später geheiratet hatte, und entwickelte eine ganz eigene Dynamik der

Sinnlichkeit, die sie viel stärker mit der Erde als mit einem Mann verband. Wir konnten noch voneinander lernen, stellten wir fest. Der Aufstieg auf den Diamond Head erfolgte dann in einer schönen Leichtigkeit, die Hitze war erträglich. Oben angekommen bot sich uns eine atemberaubende Sicht auf die Küste... dort, wo die Freiheit wohl grenzenlos ist... wie es in der Liedzeile von Reinhard Mey so schön heißt.

Oahu lebt wohl am stärksten vom amerikanischen Tourismus und hat ein für meinen Geschmack allzu amerikanisches Flair. Doch es gibt sie auch hier, die Ur-Hawaiianer, die sich teilweise von den Amerikanern haben verdrängen lassen. Auf einem Ausflug per Bus machten wir Bekanntschaft mit einer älteren Frau, die uns zu sich nach Hause einlud. Wir lernten alle Familienmitglieder kennen, und es wurde uns Tee und Gebäck offeriert, doch irgendwie wurden wir nicht warm miteinander. Bald fragte uns die Frau, ob wir mit ihr zum nahegelegenen Strand gehen möchten. Ein leerer, sehr schöner Sandstrand begrüßte uns. Ganz plötzlich brach die Frau wie ohnmächtig zusammen. Uns schwante nichts Gutes, obwohl wir ihr nichts Böses unterstellen wollten. War das echt oder gespielt? Sie schien richtig verwirrt und orientierungslos zu sein und ließ sich brabbelnd auf den Boden sinken. Wir flößten ihr ein wenig Wasser ein und bewegten sie dazu, wieder aufzustehen. Dann begleiteten wir sie zurück und merkten aufgrund von Aussagen eines Nachbarn, dass sie orientierungslose, bis demente Schübe hatte. Wir wunderten uns darüber, dass man sie alleine hatte mit dem Bus reisen lassen. Sehr erleichtert lieferten wir sie zu Hause ab. Wir hörten im Nachhinein Geschichten, dass es auch schon geschehen war, dass man Touristen für Unfälle verantwortlich gemacht hatte, um dann Geld zu erpressen. Es hätte also durchaus sein können, dass die Familie uns für ihren Zusammenbruch verantwortlich gemacht hätte, um uns dann erpressen zu können. Nichts dergleichen war zum Glück geschehen, doch bis wir wieder sicher im Bus saßen, war mir sehr mulmig zumute. Das hätte in einen Krimi ausarten können. Aufatmend beschlossen wir, keine Ausflüge mehr zu machen. Die Drachenfrau war erschöpft und wollte sich ausruhen. Da es sehr kurz vor Sonnenuntergang war, entschied ich, den allerletzten Abend an der Waikiki Beach zu verbringen, die fast vor unserer Haustüre lag. Ich war umgeben von Hunderten von Menschen, die den einmalig schönen Sonnenuntergang mit mir betrachteten.

Der Mann, der neben mir stand, sagte aus heiterem Himmel: »Hätte ich jetzt eine Frau, ich würde sie in die Arme nehmen und küssen … Es ist so romantisch.«

Was war das für ein verrückter Tag! So voller Überraschungen, wie ich sie nicht mag. Ich blieb gelassen und tat, als hätte ich nichts verstanden. Es blieb bei seiner reinen Phantasie. Die Sterne sind wirklich nah auf Hawaii, und es sind derer so viele, dass sie wie Flockengebilde wirken, die schwebend den Himmel erleuchten. Es herrschte eine leichte, sehr friedliche Schwingung. Beglückt von dem Schauspiel kehrte ich in unser Hotel zurück.

Nach dem gemeinsamen Abendessen spazierten wir den Strand entlang, und es folgte eine weitere ungewöhnliche Begegnung mit einem Hawaiianer, den man für einen Landstreicher hätte halten können. Er war damit beschäftigt, seine Kleider bei einer Stranddusche auszuwaschen und hatte einige auch schon aufgehängt. Wir blieben stehen und begrüßten ihn freundlich. Er schien sich über unsere Annäherung zu freuen und begann zu erzählen, dass er früher Reiseleiter gewesen sei, doch irgendwann fand er das zu oberflächlich, und hatte es vorgezogen, einfacher und mehr in der Verbindung mit der Natur zu leben. Er teilte tiefste Gedanken und Weisheiten mit uns über die Bedeutung der hawaiianischen Seele, erzählte uns, dass diese im Grunde verspielt und einfach sei. Handwerkliches und künstlerisches Können läge vielen im Blut, doch immer mehr davon ginge verloren. Er selbst kommuniziere mit dem Meer, den Tieren und lebe nun hauptsächlich draußen. Wenn er unter freiem Himmel schlafe, spüre er die Reinheit der Liebe, die noch nicht verloren sei, und wenn es jemanden interessiere, dann erzähle er denjenigen Menschen davon. Er kam uns vor wie ein großer Weiser, der wahre Lichtarbeit im Stillen leistet.

Die Koffer waren gepackt, und in der Hotelhalle wartend langweilten wir uns. Also beschloss ich, meiner Bekannten am Computer zu zeigen, wie man online chattet. Wir erwischten online einen deutschsprechenden Mann in Europa und erzählten ihm, wo wir uns befanden, was er fast nicht glauben konnte. Wir amüsierten uns, flirteten ein wenig, und da wir noch eine Menge Zeit hatten, vergaßen wir, aufmerksam zu bleiben und verpassten das bestellte Taxi. Der Chauffeur hatte den Namen falsch notiert, und so konnte man uns nicht ausfindig machen. Als wir es bemerkten und verstanden hatten, was geschehen war, ergriff uns kurz die Panik. Würde die Zeit noch reichen? Alsbald ging es dann doch mit einem anderen Taxi zum Flughafen, wo der Rest der Reise ohne Zwischenfälle erfolgte.

HARTER SCHWEIZER BODEN

Kaum eine Stunde zu Hause, nach dreißig absolut problemlosen Reisestunden, davon siebzehn Flugstunden und rund 15'000 zurückgelegten Kilometern, landete ich doch hart auf der Erde. Oder soll ich sagen, in unserer Realität? Ich wollte ein Mitbringsel aufhängen und stieg auf einen Hocker, der dann kippte und ich mit ihm. Da lag ich nun, und mir war übel vor Schmerzen. Meine Tochter war noch eine Lernfahrerin und gerade daran, eine Probestunde zu absolvieren. Mit Müh und Not gelang es mir, sie anzurufen und nach Hause zu bitten. Sie brachte mich ins nahegelegene Krankenhaus, und mir wurde klar gemacht, dass mein Arm gebrochen war. Zum ersten Mal in meinem Leben, nach Hunderten von Skiabfahrten, brach ich mir etwas – im Wohnzimmer.

Ich konnte mit dem Arm im Gips nicht Auto fahren, was für mich eine sehr ungewohnte und zum Glück zeitlich absehbare Einschränkung war. Zu allem Elend begannen starke Auseinandersetzungen mit meiner Tochter. Sie kritisierte vieles, eigentlich fast alles. Es waren weitere Folgen der Abnabelung. Es zeichnete sich ab, dass sie sobald wie möglich ausziehen würde. Das machte mir Angst, und ihre Wut auf mich schien ihr Flügel zu verleihen. Sie freute sich auf ihr neues Leben, fand auch sehr bald eine eigene Wohnung, die sie sich mit einer Kollegin teilte. Ich unterstützte den Umzug, gab ihr ihre sämtlichen Möbel mit, die ich entbehren konnte, das alte Geschirr, das wir noch als Familie benützt hatten und vieles mehr.

Ich war 48 Jahre lang eingebunden in gemeinsames Wohnen gewesen. Irgendwie graute mir davor, nun so alleine zu wohnen. Nach ihrem Auszug, mit der notwendigen Distanz, kehrte wieder Frieden zwischen uns ein. Das Verhältnis wurde besser denn je. Ich tat mich noch ein wenig schwer so alleine im Haus. Mir fehlten unser gemeinsames, ausgiebiges Sonntagmorgen-Frühstück und anderes mehr. Es war arg still im Haus und plötzlich so ordentlich. Wären da nicht die zwei Wellensittiche gewesen, die munter plauderten und mit mir schwatzten, natürlich am lautesten, wenn ich gerade telefonierte, ich hätte mich sehr einsam gefühlt.

2 SEELENFAMILIE von ÜBERSEE

MEIN SCHAMANE

Ich saß viel und oft an meinem iMac. Das brachte auch mein Auftrag für Öffentlichkeitswesen des Polarity-Verbandes mit sich. Ich war auch immer noch in Foren zugange und tauschte mich gerne per Mail aus. Eine Rundmail eines spirituellen Freundes, auf welche ich *allen* geantwortet hatte, veranlasste einen Amerikaner, John, interessiert nachzufragen. Wir begannen, täglich per E-Mail zu korrespondieren, und das, obwohl er beruflich sehr ausgelastet war. Er quetschte mich nach Strich und Faden über mein spirituelles Wissen aus.
Sein Kommentar dazu war jedoch regelmäßig: »Ich bin halt prosaischer Natur. Ich verstehe das nicht und möchte es so gerne kapieren.«

Manchmal verlor ich die Geduld, wegen der stets wiederkehrenden Antwort. Trotzdem schrieben wir uns weiterhin. Es gab eine Verbindung zwischen uns, die er, der sich als Nichtspiritueller bezeichnet, »Seelenfamilie« nannte.

Wir kommunizierten über alle möglichen Themen, die Natur, unsere Arbeit, Familie, und manchmal wurde es sehr persönlich. Er sprach davon, die USA verlassen zu wollen und in Europa sesshaft zu werden. Unser Kontakt wurde inniger, vertrauter, sehr liebevoll, und ich lud ihn ein, mich in der Schweiz zu besuchen.

In der Zwischenzeit war mir klar geworden, dass dieser Mann auf eine ihm eigene Art und Weise hochspirituell ist und Energien sehr gut wahrnehmen kann. So wusste er, wie er mir schrieb, immer schon aufgrund der Betreffzeile meiner Mail, in welcher Stimmung ich mich gerade befand, weil er sie farbig sah! Er sah sie meistens rot oder orange, sagte er mir. Die Betreffzeile war ja immer schwarz, nur den Text schrieb ich violettfarben und wäre nie auf orange oder rot gekommen. Nicht klar ausgesprochen, doch für mich immer deutlicher wurde, dass er homosexuell sein konnte, dies jedoch in einer wohltuenden Männlichkeit und dann wieder in einer Eitelkeit, die mich amüsierte, wenn es um die ersten grauen Haare ging, auch auf seiner Brust. Er meinte, am Anfang hätte er sie ja noch ausreißen können, aber nun sei das nicht mehr so einfach, und darum färbe er seine Haare rötlich, um das zu überdecken. Ich färbte blonde Strähnen in meine braunen Haare, was er wiederum nicht einsah. Ich wusste, dass er oft Judokollegen aus dem Ausland zu Besuch hatte, aber sonst alleine lebte, einen Flügel besaß und viel Freizeit in seinem Garten verbrachte.

Über siebenhundert Mails gingen innerhalb eines halben Jahres hin und her. Die Freundschaft vertiefte sich weiter, das Vertrauen wuchs. Ganz konkret bot ich ihm nun an, mich zu besuchen, und er kam für zwei Wochen in die Schweiz. Wir verbrachten eine sehr harmonische Zeit mit Sightseeing, und er liebte es, mich zu bekochen, was er ausgezeichnet beherrschte. Wir tranken beide gerne Wein, mochten klassische Musik, und wir liebten die Natur. Darum genoss er meinen Garten sehr und entdeckte immer wieder Neues, da dieser sich von seinem in Arizona, wo Wüstenklima herrscht, stark unterschied.

Nun bemerkte ich, dass er in sich das Urwissen eines Schamanen trug. Er verstand und erfühlte das Wesen der Pflanzen. Er sah den Samen an, woher sie kamen und was für Blüten daraus entstehen würden. Er hörte die Pflanzen rufen, wenn ihnen etwas fehlte. Wie ich vernahm, hatte er in Arizona, der Wüstengegend, den einzigen Rosengarten, den Leute von weit her besichtigen kamen. Seine Villa war weitläufig, und ich hoffte, ihn einmal dort besuchen zu können, da er oft Besuch aus Europa hatte. Vielleicht ist es das, was eine unkomplizierte Seelenfreundschaft fördert, wenn keine Spiele von Anziehung und Abstoßung entstehen können?

Als Sohn eines Diplomaten war er überall auf der Welt heimisch, und Europa gefiel ihm, doch fasziniert war er von Island. Also dachte er daran, nach Europa oder Island auszuwandern. Sein Job als Planer von Sicherheitsanlagen, speziell für die Flugsicherung, verlangte viele Reisen, wenn er diese in Firmen einführen musste. Er hatte viele Jahre in Japan gelebt, sprach und schrieb Japanisch, doch sein nächster Job führte ihn in die USA.

Er war als Judomeister viel auf Turnieren in Europa gewesen und begann auch, junge Menschen zu schulen. Als er Interesse an meinen Kursen zeigte, lud ich ihn ein, an einer meiner Yogalektionen teilzunehmen. Er saß ganz still in einer Ecke und beobachtete genau. In einem interessanten Austausch über die diversen Qualitäten der Bewegungen bemerkten wir auch unsere unterschiedlichen Ansätze, mit Energien umzugehen. Vor allen fand er Yoga um einiges knieschonender als seine Sportart, aber sonst befürwortete er die Technik von Angriff und Kontrolle eines Gegners.

Die zwei Wochen vergingen wie im Fluge. Wir hatten uns blendend verstanden und kommunizierten, als er wieder zu Hause war, täglich weiter per Mail.

ZUSAMMEN WOHNEN

Wie aus heiterem Himmel kündigte John mir eines Tages an, er habe seine Villa verkauft. Es sei viel schneller gegangen als erwartet. Die Käufer wären am liebsten bereits eingezogen, doch er brauchte noch mindestens einen Monat, um das Haus zu räumen, seinen Job zu kündigen und würde spätestens dann die USA verlassen. Wohin er gehen solle, wisse er noch nicht genau, plane jedoch, in England oder Dänemark zu Freunden zu gehen und dort auf sein Visum für Island zu warten. Da ich genügend Platz im Haus hatte, fand ich es ideal, wenn er zu mir ziehen würde, um sich von da aus neu zu orientieren. Ich muss gestehen, dass ich eine kleine Hoffnung hatte, dass er sich in der Schweiz wohlfühlen und bleiben würde. Ich freute mich darauf, nicht mehr alleine zu wohnen, denn es waren bereits sechs Monate ins Land gegangen, seit meine Tochter ausgezogen war, und das Haus schien mir manchmal unglaublich leer.

Nachdem er seine Freunde in London besucht hatte, reiste er mit einem großen und einem mittleren Koffer an und erklärte mir, das sei nun sein gesamter Besitz, alles andere habe er verkauft oder weitergegeben. Das bewunderte ich.

Meine Tochter und ich verstanden uns besser denn je, was ich erfreut und glücklich zur Kenntnis nahm. Ich war bei ihr willkommen, und sie tauchte auch des Öfteren bei mir auf. Sie lernte John kennen, und die beiden verstanden sich auf Anhieb. Meine Tochter belächelte meine spirituelle Ader, was mich nicht störte, und ich hörte, wie die beiden rege Diskussionen darüber führten, was man wirklich glauben könne und was nicht. In punkto Verständnis ihrer Realität waren sie einander nah.

Bald nahm ich John zu einem Treffen der spirituellen Gruppe mit. Wir trafen uns auch einmal im Monat an einem Nachmittag in Solothurn, um gemeinsam zu meditieren, was wir als Arbeit mit der politischen Lichtsäule Solothurn bezeichneten. Bei den Meditationen ging es nicht um die lokale oder Weltpolitik, sondern um ein ganzheitliches Bewusstsein.

Solothurn ist eine hochenergetische Stadt, in welcher die Zahl 11 eine wichtige Rolle spielt. Die Stadt hat 11 Räte, die St. Ursen Kathedrale 11 Altäre, 11 Glocken, 11 Stufenabschnitte und anderes mehr. Die nicht wirklich klare Bedeutung reicht bis ins Mittelalter zurück. Wir haben oft mit der schwarzen Sonne als der Kraft des Unsichtbaren, worin alles enthalten ist, gearbeitet und hatten so auch einen speziellen Bezug zur Schwarzen Madonna, der in Solothurn eine Kapelle gewidmet ist. Einmal im Jahr besuchten wir die

Verenaschlucht, in welcher in der Regel ein Eremit haust. Eine Zeitlang bewohnte eine Nonne diese Klause. Während dieses Spaziergangs verbanden wir uns mit den dortigen Naturwesen und genossen die Stille. Zurück Richtung Stadt, ließen wir uns im angrenzenden romantisch-schönen Gasthaus verwöhnen. Kulinarische Genüsse gehörten bei uns dazu. Wer viel meditiert, kann dies auch nutzen, um sich wieder zu erden.

John kannte jemanden in Solothurn, den er besuchen wollte, nahm jedoch auch an einer unserer Meditationen teil. Ich war sehr erstaunt, als er mir erzählte, er habe während der Meditation Delfin-Energien wahrgenommen, er, der ja wie er sagte, nichts von der Materie verstehe, und ich wusste sofort, was er damit meinte. Elfriede verkörpert mit ihrem manchmal übersprudelnden Wesen Delfin-Energien. Wenn wir mit dem feinstofflichen Gitternetz arbeiteten, webten manchmal Delfine, mittels Sonaren, mit uns an diesem Netz oder schwammen spielerisch hindurch.

Meine Freunde fanden, unsere Seelenverwandtschaft sei gut sichtbar und auch spürbar, und Elfriede sagte, John verkörpere ein stark androgynes Wesen. Er sei nicht von Grund auf schwul, sondern könnte gut heterosexuell leben, sofern er es wolle.

Tatsächlich verbrachten wir die Tage zusammen, als wären wir ein altbewährtes Ehepaar. Wir gingen zusammen einkaufen, wechselten uns beim Kochen ab, führten lange Gespräche und machten schöne Spaziergänge. Wir hörten dieselbe Musik, wir arbeiteten zusammen im Garten. Das einzige, was er hasste, waren mein lärmender Staubsauger und der Hochdruckreiniger. Solche Arbeiten überließ er gerne mir, half aber sonst überall mit. Es gab keine sexuelle Anziehungskraft zwischen uns, es war eher eine große Sympathie. Manchmal, wenn er meine intensiven Energien spürte, wirkte das für ihn bedrohlich, und er schien zu flüchten. Er meinte dann, meine Energie sei zu rot. Ich bemerkte, dass meine emotionale Art und meine Weiblichkeit ihm zu schaffen machten, teilweise schien sie ihn zu überfordern. Ich verstand das, wunderte mich jedoch darüber, weil ich ihn als starke Persönlichkeit wahrnahm. Wenn ihm etwas zu viel wurde, ging er in den Garten und verbrachte Stunden draußen oder übte japanisch auf seinem Handy. Da verhielt er sich doch sehr typisch wie ein Mann. Ich ließ ihn meinen iMac benutzen, wo er in seinen Foren kommunizierte, und hatte später als Resultat ziemlich viel Spam von homosexuellen Angeboten in meiner Mailbox.

Er hatte zu seinen 6 Schwestern ein eher distanziertes Verhältnis und pflegte doch Freundschaften mit Frauen. Seine Eltern hatten ihn wegen seiner Homosexualität verstoßen und ihn später enterbt. Als er in Japan lebte, fühlte er sich sehr stark mit einem Mann verbunden, der jedoch, als seine Eltern davon Wind bekamen, von diesen zur Heirat gezwungen wurde. Als dieser Mann John anbot, das Verhältnis weiterzuleben, fand John das gegenüber der Ehefrau nicht fair und verließ schwer enttäuscht das Land. In Amerika durfte er seine Homosexualität nicht offen leben, was ein Grund mehr war, dass er europäische Freunde besuchte. Es widerte ihn jedoch an, die Homosexualität auszuleben, wie die Männer das allgemein gewohnt waren und sagte mir, er verzichte lieber. Er lenkte die sexuelle Energie um, indem er trainierte oder im Garten arbeitete. Was von mir zu ihm floss, war eine sehr liebevolle, uneingeschränkte Zuneigung. Nach meinen vielen Erfahrungen mit Männern war ich ruhiger und gelassener geworden. Ich hatte kein Bedürfnis nach Sex. Manchmal berührten wir uns freundschaftlich, ab und zu umarmten wir uns spontan. Er bot mir an, mich zu massieren und tat das mit der Zeit immer weniger technisch und sehr einfühlsam. Auch ich massierte ihn, und so taten wir einander Gutes.

Einmal legte er sich auf den Rebounder, ein kleines Trampolin, mit welchem ich Kurse und Therapien gab. Ich stand mit den Füssen links und rechts seines Körpers, bildete also mit den Beinen ein Dreieck über ihm und begann, auf und ab zu schwingen. Er ließ sich gehen und konnte sich vollends entspannen. Wir entspannten uns beide immer mehr, und ich fühlte das Pulsieren der Energie von Kopf bis Fuß, blieb locker und sah, wie durch die Bewegung des Gerätes Wellen durch seinen Körper flossen und sich durch meinen Körper fortsetzten. Nach einer Weile, als die Schwingung nur noch ganz kurz oder ruhig ablief, hatte ich das Bedürfnis, mich niederzuknien. In einer therapeutischen Sitzung würde ich normalerweise vom Rebounder steigen, alleine nachspüren, und die Person würde sich langsam wieder erden und sich aufsetzen. Jetzt konnte ich mich nicht lösen, hockte also fast auf ihm und legte dann meinen Oberkörper auf seinen. So lagen wir eine Weile sehr friedlich beieinander, und das verschaffte uns eine neue Art von Nähe. Als wir uns voneinander lösten, fielen keine Worte. Erst viele Monate später erfuhr ich von ihm, dass er selten etwas so genossen habe. Es war absichtslos und natürlich geschehen, und die Atmosphäre, die sich aufbaute, war liebevoll. Ich wusste von anderen Klienten, dass sie bei diesen Behandlungen echte Erleuchtungserlebnisse gehabt hatten, weil jede Zelle mitvibrierte. Sie fühlten sich wie im Himmel in einer unglaublichen Geborgenheit, erklärten sie mir.

Ich hatte damals noch meine Arbeit als Vorstandsmitglied im Polarity Verband und war immer wieder dadurch absorbiert. Währenddessen arbeitete John gerne im Garten. An einem Abend, nach einer längeren Vorstandssitzung, kam ich spät nach Hause. Er war bereits zu Bett gegangen. Um ihm Gutenacht zu sagen und da er noch nicht schlief, kroch ich für einige Minuten zu ihm unter die Decke. Seine Wärme, seine männliche Ausstrahlung taten mir unglaublich gut. Innerhalb von wenigen Minuten waren meine eiskalten Füße warm, und ich fühlte mich rundum wohl. Mit einem kleinen Gutenachtkuss verschwand ich in mein Zimmer. Ein anderes Mal, als ich dasselbe tat, wurde er plötzlich abweisend und unterstellte mir Absichten, mit der Aussage, er fühle die Energie. Da ich nichts anderes gemacht hatte als beim letzten Mal, verstand ich seine Verstörtheit nicht. Ich wusste damals nicht, dass er plötzlich Angst vor etwas bekommen hatte, sondern fühlte mich total missverstanden. Wie oft deutet man Ablehnung als Abneigung, anstelle der Erkenntnis, dass Männer die Liebe oder die Energie plötzlich so stark spüren, dass sie diese deshalb zurückweisen. Das gilt, wie ich mehrfach bemerkte, für viele Männer, egal ob schwul oder heterosexuell.

Es gab Abende, wo er sich an den Computer zurückzog. Das wäre in Ordnung gewesen, wäre es nicht auffällig gewesen, dass er mehr als einmal, als es gemütlich wurde, vor mir zu flüchten schien. Das häufte sich und machte mich traurig. Hätte ich nachgefragt, er hätte wohl Ausflüchte gefunden. Jedes Mal, wenn wir uns auf dem Sofa niederließen und Nähe spürbar wurde, schien ihm das ein wenig unheimlich zu werden. Er war es scheinbar doch nicht gewohnt, einer Frau unbeschwert nahe zu sein.

Eines Abends nahm ich ihn zu einer Feier mit, die zu Ehren eines berühmten Choreographen stattfand. Es waren viele schwule Männer anwesend, und es wurde getanzt. Ich genoss die Atmosphäre und die Begleitung meines Freundes. Er wollte nicht tanzen, weder mit Männern, noch locker und offen mit mir. Warum er sich nicht frei fühlte, mit anderen Männern zu tanzen, verstand ich erst Jahre später. Eine Annäherung zwischen Homosexuellen wird sehr oft als Zeichen gedeutet, dass man sich auch mal schnell zurückziehen könnte für schnellen Sex. Ich war damals noch recht naiv diesbezüglich. Es wurde trotzdem ein schöner Abend. Meine Ausstrahlung, meine Liebe zu ihm, die ganze Atmosphäre an diesem Abend war dazu angetan, dass wir uns wie ein Liebespaar hätten fühlen können. Immer öfters sagten mir Freunde, wenn man uns zusammen sah, dass wir als Paar sehr harmonisch wirkten. John würde ich nicht als Dualseele betrachten, er gehört zu mir wie ein Bruder auf Seelenebene.

John ist ein männlicher, sportlicher Mann. Hätte er seine Haare nicht so künstlich rötlich gefärbt, hätte man nicht vermutet, dass er schwul ist. Er verkörpert sehr viele weibliche Anteile wie Einfühlsamkeit, Fürsorglichkeit, Verständnis, Rücksichtnahme, die ich als Frau sehr genießen konnte. Ich liebte ihn auf eine sehr unkonventionelle und natürliche Weise.

An einem der darauffolgenden Abende saßen wir gemeinsam auf dem Sofa, und er legte plötzlich eine Hand auf meinen Oberschenkel. Er fuhr sanft und leicht darüber. Ohne viel zu überlegen, ergriff ich seine Hand ebenso sanft, aber mit leichtem Druck und führte sie hoch zu meinem Schoss. Ich schloss die Augen, und die Energie war so stark, dass ich sofort einen Orgasmus hatte. Es war so plötzlich geschehen, dass ich selbst erstaunt war und es doch sehr genoss und danach einfach bewegungslos an ihn gelehnt sitzen blieb. Er wünschte mir gute Nacht und zog sich rasch in sein Zimmer zurück. Wir sprachen auch später nicht darüber.

Danach folgte eine noch stärkere Stufe des Rückzugs seinerseits. Alles schien so natürlich und stimmig gewesen zu sein. Für mich wurde es immer schwieriger, die sich neu bildende Distanz, die wir trotz aller Nähe hatten, zu ertragen. Eine gewisse Spannung wuchs in mir und in ihm. Er konnte sie gut verdrängen oder neutralisieren und verhielt sich zurückhaltend, freundlich. Mir gelang es schon lange nicht mehr, Gefühle, die da waren, unnötig zu unterdrücken. Ich wurde grantig und erst recht unnahbar. Ich musste etwas unternehmen.

Ich nahm Kontakt zu Alexander auf, von dem ich längere Zeit nichts gehört hatte. Wir waren als sehr gute Freunde auseinandergegangen und freuten uns jedes Mal, uns wiederzusehen und auszutauschen, wenn es dazu kam. Wir hatten in der Zwischenzeit auch schon ab und zu einen gemeinsamen Spaziergang unternommen. Das Aufeinandertreffen war auch diesmal so liebevoll, und er spürte meinen

Wunsch nach mehr Nähe, dem er ohne zu zögern nachgab, sodass ich die Nacht mit ihm verbrachte.

Leicht belustigt meinte er dann: »Du bist so leidenschaftlich wie eh und je.«

»Und mit dir ist es so schön wie eh und je! Du hast mir sehr viel gegeben.«

Seine Einfühlsamkeit, seine Nähe und die Vertrautheit machten es mir leicht. Es gab keinen Grund mehr für uns, eine partnerschaftliche Beziehung aufzunehmen. Diesmal sah auch ich das ganz klar. Als er später wieder eine Partnerin fand, konnte ich feststellen, dass weder er noch ich es uns leicht machten mit unseren Beziehungen. So blieb der Austausch vertraut und ab dann distanziert. Die gegenseitige Wertschätzung war spürbar, doch ebenso die Unverbindlichkeit, wie ich sie später bei anderen Waage-Menschen erlebt habe, die mir Schwierigkeiten bereitete. Ich kann mich bis heute nicht an sie gewöhnen, und doch scheint mich viel mit Waage-Geborenen zu verbinden.

John empfing mich ausgeglichen und entspannt. Er war glücklich, dass ich mir eine Nacht auswärts und Sex gegönnt hatte. Eifersucht kannte er offensichtlich nicht. Ich war in jeder Hinsicht frei, das fühlte ich. Trotzdem lag etwas in der Luft, das mir nicht guttat. Es blieb unausgesprochen. John war schriftlich kommunikativer als im direkten Kontakt. Nicht im Traum ahnte ich, was der Ursprung sein könnte. Solche zur Schau gestellte Gleichgültigkeit ertrage ich nur schwer, besonders, wenn man im gleichen Haushalt lebt und sich gerne hat. Dann sind mir Reibereien und Auseinandersetzungen lieber, weil sie auf die Dauer klärend sind. Ich erklärte ihm, ich könne nicht weiterhin wie ein Ehepaar mit ihm den Alltag verbringen, denn es fühle sich überhaupt nicht gut an. Irgendetwas stimme nicht zwischen uns, aber ich wisse nicht, was das sei. Er schwieg weiter dazu. Ich bot ihm an, weiterhin bei mir zu wohnen und sagte:

»Ich werde ab jetzt nicht mehr so oft mit dir etwas unternehmen und weniger mit dir zusammen sein. Uns wie ein

Paar zu verhalten und doch zu wissen, dass du mich, sobald sich die Möglichkeit ergibt, verlässt, das passt mir nicht mehr. Ich will mich nicht zu sehr an dich gewöhnen.«

Er war gekränkt und meinte: »Dann kann ich ebenso gut woanders wohnen.«

Daraufhin buchte er kurzentschlossen einen Flug nach Dänemark zu seinen Freunden. Ich brachte ihn schweren Herzens zum Flughafen. Der Abschied war karg an Worten, doch nicht unfreundlich. Inzwischen weiß ich, dass er Abschiede hasst und sie möglichst schnell hinter sich bringen will, es könnte ja emotional werden. Ich fuhr heim und fühlte eine unendliche Traurigkeit in mir. Ich weinte auf der ganzen Fahrt zurück nach Hause und fühlte gleichzeitig, wie eine Spannung von mir abfiel.

Die zwei Monate mit ihm hatten mich sehr erschöpft. Ein so enges und dauerndes Zusammenleben war neu für mich gewesen, denn wenn wir etwas unternahmen, dann immer zu zweit, nur die Nacht trennte uns. Nach seiner Abreise versiegte unser Kontakt vollständig, und ich las monatelang nichts von ihm. Ich wusste nicht, ob er beleidigt war oder traurig. Vielleicht war er sogar froh, mich los zu sein? Es war ein nicht ganz einfacher Zustand von Ungewissheit. Doch ich war zu stolz, um das zu klären und er wohl auch.

3 MUTTER'S ERBE

VERBINDUNG MIT DER AHNENREIHE

Ich hatte kaum Zeit, um mich von der emotionalen Erschöpfung zu erholen, stand wieder eine Reise an. Zu meinem 50. Geburtstag schien mir die angebotene spirituelle Reise mit der Gruppe in das Geburtsland meiner Mutter passend. Diese führte nach Usbekistan, einem Teil des früheren Russlands. Also begann ich, mich mit Reisevorbereitungen zu beschäftigen und abzulenken.

Es sollte eine Reise auf den Spuren meiner Ahnen werden, deren Mentalität ich auch in Form von Melancholie oft verspürte. Obwohl meine Mutter nur drei Jahre dort gelebt hatte, pulsierte das alte Russland in ihr. Ihre Mutter, die eine typische Russin war, lebte viele Jahre mit uns zusammen, nachdem ihr Mann gestorben war. Außerdem wurde nach der Machtübernahme von General Nasser ihre damalige Wohnung in Kairo besetzt und sie musste wieder fliehen, konnte also nicht zurück. Später kaufte ihre Schwiegertochter, die aus Griechenland stammt, diese zurück. Inzwischen war Usbekistan ein friedliches, recht fortschrittliches Land geworden, das man unbesorgt als Tourist bereisen konnte. Es waren neue Luxushotels gebaut worden, und wir wurden freudig erwartet.

Ich fühlte mich nicht richtig bei mir. Innerlich war ich noch sehr aufgewühlt, fühlte mich verletzlich und verlassen von einem sehr liebgewonnenen Freund. Usbekistan ist abgeschottet vom Rest der Welt, und genauso fühlte ich mich innerlich. Wer angepasst ist, lebt gut, wer anders ist, muss damit rechnen, Schwierigkeiten zu bekommen. Das galt für die Bewohner dieses Landes und schien mir bezeichnend für die Energie, die ich in der Gruppe während dieser Reise wahrnehmen würde. Solche Gruppenreisen sind eine Herausforderung, denn alles, was erlebt wird, besprechen wir. Wir meditieren mit den Energien der Kraftplätze, Lebensbereiche, die hineinwirken oder Herausforderungen, denen wir begegnen. Mehrere Menschen sind ein noch größerer Spiegel als ein einzelner Partner, zeigen uns auf, wo wir selbst stehen und womit wir mit uns selbst nicht im Reinen sind. Es waren ja nie Vergnügungsreisen, obwohl es immer wieder auch sehr vergnügliche Momente gab, wir Spaß hatten, viel lachten, staunen und genießen konnten. Unser Bewusstsein war ausgerichtet auf die Energien des Landes, auf das, was es in uns bewirkte und darüber hinaus auch universell. Während einer gemeinsamen Reise kann man einander nicht ausweichen. Gruppenenergien verstärken vieles. Wenn man zum Beispiel jemanden bewertet oder mit sich selbst nicht im Einklang ist, kommt alles, was man aussendet, wie ein Bumerang zurück.

USBEKISTAN

Mit dem Zug fuhren wir nach Frankfurt, und von dort ging es mit der Usbekischen Fluglinie gleich weiter nach Taschkent. Es waren sechseinhalb Stunden Flug mit einer ganz neuen Flugzeugflotte: topmoderne Maschinen und ein Service, der an die Swissair vor dem Grounding herankam! Ich erinnere mich an den Flug 1979 mit der Aeroflot, die damals von den Russen betrieben wurde. Damals wurden nur die Funktionäre gut bedient, nun waren auch wir wichtig.

Wir benötigten ein Visum für die Einreise. Dann mussten im Flugzeug noch zusätzliche Formulare ausgefüllt werden. Wir mussten notieren, wie viel Geld und Schmuck wir mit uns führten, dann, ob wir Waffen oder Drogen importierten. Ebenfalls wurden wir nach dem Grund der Reise gefragt und wie lange wir bleiben wollten. Beim Zoll in Taschkent wurden wir relativ zügig abgefertigt. Bald schon hörten wir erste usbekische und russische Worte. Usbekischer Gruß: Salem Aleikum. Zum Gruß legen die Menschen die Hand auf das Herz. Das Wort für Danke heißt: Rachmad.

Die Usbeken erlebten wir als sehr hilfsbereit und liebenswürdig. Ich hörte auch Russisch, die Sprache meiner Mutter. Vieles verstand ich intuitiv, und einige Worte erkannte ich wieder, weil Mutter immer mit Großmutter Russisch gesprochen hatte. Das berührte mich tief, und inzwischen bereue ich, dass ich diese Muttersprache nicht richtig von ihr gelernt habe. Die Usbeken sind mehrheitlich sehr gebildet. Viele sprechen drei bis sechs Sprachen und wenn sie Deutsch oder Englisch gelernt haben, beherrschen sie es ziemlich perfekt.

Abgeholt wurden wir am Flughafen von unserem dortigen Reiseführer Azis, dem 27-jährigen Usbeken, der uns mit viel Humor, Geduld und Liebenswürdigkeit sein Land näherbringen würde. Ursprünglich studierte er Deutsch, unterrichtete dann Deutsch und absolvierte danach ein weiteres Studium als Reiseführer.

Usbekistan hat 24 Millionen Einwohner, die auf 447'000 Quadratkilometer verteilt leben. Taschkent ist die Hauptstadt mit 4 Mio. Einwohnern.

Taschkent

Es herrschte relativ wenig Verkehr in der Hauptstadt, die Straßen schienen neu zu sein, waren breit und perfekt in Stand. Viele Prunkbauten, die noch vom russischen Regime herrührten, säumten die Straßen.

Unser Hotel war Luxusklasse und in etwa vergleichbar mit einem schönen Schweizer Mövenpick Hotel. Die große Eingangshalle, die Korridore weit und mit schönen Teppichen ausgelegt, die Zimmer und Badezimmer feudal. Nach Bezug der Zimmer und einer kleinen Ruhepause trafen wir uns im Café des Hotels, und auch hier wurden wir sehr zuvorkommend bedient. Das Gebotene war frisch zubereitet und verführte zum Ausprobieren. Wir vernahmen von den Angestellten, dass wir die erste Reisegruppe überhaupt waren, die sie beherbergten. Deswegen waren auch die Konditionen so günstig gewesen, also richtig billig für unsere Verhältnisse. Wir waren die Generalprobe vor größerem Andrang von Reisenden und konnten am Ende dem Hotel beste Noten ausstellen.

Azis holte uns am nächsten Morgen ab und erzählte uns viele Geschichten zu Gebäuden und dem Leben in der Stadt. So zum Beispiel, dass das Land immer wieder von kleineren Erdbeben erschüttert werde, und etwa alle 100 Jahre muss mit einem großen gerechnet werden. Aus diesem Grund lebten die Menschen, außer in der Hauptstadt, in ein-, höchstens zweistöckigen Häusern. Eine Gasleitung, die aus Sicherheitsgründen mehrfach überirdisch geführt, schön blau oder gelb bemalt und gut sichtbar ist, versorgt viele Haushalte. Natürlich »zieren « auch elektrische, relativ chaotisch anzusehende Masten mit vielen Drähten die Landschaft.

Wir sahen einen wunderschönen alten Bau, der das Navoi Opernhaus und Theater beherbergt. Es war damals das einzige Opernhaus in ganz Zentralasien. Die Eintrittspreise sind für unsere Verhältnisse geradezu lächerlich niedrig. Ein Besuch im Inneren war tagsüber nicht möglich, und wir hatten auch keine Karten für eine Vorstellung gebucht. Weiter ging die Stadtrundfahrt vorbei an der berühmten und häufig abgebildeten Koranschule, deren Mosaikfassaden im Sonnenlicht blau und golden strahlend in den Himmel ragten. Eine kurze Pause verbrachten wir in einem sehr schönen Park, bevor wir in einen bunten und sehr großen Lebensmittelmarkt, der uns das Alltagsleben der Usbeken näherbrachte, eintauchten. Hier waren wir mitten im pulsierenden Leben und konnten uns am riesigen Angebot nicht satt sehen. Wir wurden unsererseits bestaunt und immer wieder freundlich angelächelt.

Es folgte der Besuch der herrlichen Koranschule, die innen wie außen aufwändig verziert ist. Man hätte sich eher in einem Schloss gewähnt. Dadurch verstanden wir auch, wie viel Wert auf Bildung und Schulung gelegt wird, insbesondere, dass der Koran als wichtiges Lehrmittel dient, da er nicht nur religiöse Inhalte, sondern sehr praktische Hinweise gibt.

Am Abend, über den Dächern der Stadt genossen wir einen wundervollen Ausblick. Zwei aus der Gruppe, ein Mann und eine Frau, hatten eine sehr festliche weiße Galabeya mit goldenen Mustern angezogen und wirkten wie ein Königspaar. Das Edle, das von ihnen ausging, strahlte auf uns über, und der ganze Abend war dazu angetan, ihn festlich zu begehen. Auf der Dachterrasse wurden wir als einzige Gäste nach einem Aperitif fürstlich bedient. Zwei Männer und eine Frau in typischer Tracht hatten sich dazu gesellt und begleiteten das Essen mit Musik. Wir fühlten uns alle in eine andere Sphäre erhoben.

Hier ging es mir gut, denn ich hatte ein wunderschön großes Zimmer für mich alleine, und mich verwöhnen zu lassen, tat meiner Seele wohl.

Am nächsten Tag flogen wir weiter nach Chiwa, das von der UNESCO zum geschichtlichen Welterbe erklärt wurde und geschützt ist. Auf der Hinfahrt durch die Halbwüste sahen wir immer wieder Schaf- und Ziegenherden und Kennzeichnungen, wo die unterirdische Gaspipeline hindurchführt. Die Qualität dieser Hauptstraße ließ zu wünschen übrig, doch ich habe in anderen Ländern noch viel schlechtere erlebt. Einmal mussten wir alle aussteigen, weil die Brücke, die der Bus zu überqueren hatte, an gewissen Stellen durchgebrochen war, sodass man hinunter in den Fluss sah. Der volle Bus wäre zu schwer gewesen, konnte sie jedoch ohne Passagiere gut passieren. Die Sonne brannte, weil es schon gegen Mittag ging und wir waren froh, wieder in den bequemen, klimatisierten Bus einsteigen zu können. Die Fahrer sorgten gut für uns, und wir fühlten uns auch sicher chauffiert. Wir stellten später fest, dass wir in diesen zwei Wochen keinen einzigen Autounfall gesehen hatten, obwohl es unterwegs doch ziemlich viel Verkehr und verhältnismäßig wenige Verkehrstafeln gab. Eselskarren waren häufiger zu sehen als Motorräder. Die Landschaft war von Landwirtschaft geprägt, und es gab keine Gaststätten unterwegs. Da es auch keine öffentlichen Toiletten gab, instruierte uns Azis wie folgt: »Die Gebüsche rechts von der Straße sollten von den Frauen, diejenigen links auf der anderen Straßenseite von den Männern benützt werden!«

Wir fuhren an Reis- und Baumwollfeldern vorbei. Einige unbepflanzte Felder standen unter Wasser, und wir lernten, dass diese vor der Bepflanzung mit reinem Wasser gewaschen würden. Durch den hohen Meeresspiegel sei das Grundwasser oft versalzen. Und noch etwas sehr Wichtiges sei früher gewaschen worden. Azis erklärte uns, der Ausdruck »Geldwaschen « stamme aus Usbekistan und sei nicht in der Schweiz erfunden worden. Früher seien die Geldnoten aus Seide gewesen und mussten mangels genügender Hygiene öfter gewaschen werden. Er klärte uns auf, dass noch viel mehr aus Usbekistan stamme oder dort erfunden worden sei. Nun hieß es während der Reise nicht mehr wie der berühmte Spruch aus der Schweizer Werbung für Ricola: »Wer hat es erfunden? – Die Schweizer.«
Hier galt: »Wer hat es erfunden? – Die Usbeken.«
Ich sehe noch heute sein verschmitztes Lachen vor mir, wenn er seinen Spruch aus uns herauslockte. Ja, Humor hatte er, und wir, die auch in der Gruppe oft lachten, ließen uns von ihm anstecken. Doch er zeigte uns auch seine ernsthafte Seite.
Da wir während der Reise, wie überall üblich, meditierten und das öfters in öffentlichen Gebäuden oder an Kraftplätzen taten, ließen wir ihn wissen, dass wir nicht von ihm erwarteten, das gesamte Reiseprogramm mit uns abzuspulen, und er musste das dichte Besichtigungsprogramm kür-

zen. Das machte ihn etwas nachdenklich, doch dann erlaubte ihm das einen entspannteren Umgang mit uns. Auch die Essenszeiten verschoben sich, weil wir genügend Zeit haben wollten, unsere Einstimmungen und Visualisierungen zu machen. Es war bei uns üblich, unsere Erfahrungen miteinander zu teilen, entweder vor Ort oder beim gemeinsamen Essen, spätestens wenn wir bei der Nachspeise angelangt waren. Manchmal folgte auch noch eine Meditation, um Erlebtes zu integrieren. Zu Anfang wirkte Azis ziemlich befangen, und einige Themen verwirrten ihn, logischerweise. Doch sehr schnell erkannte er den Sinn der Sache und fragte jeweils beim Abendessen: »Teilen wir heute noch?«

Er entwickelte sich zu einem der aufmerksamsten Zuhörer und fühlte sich bald sehr wohl mit uns. Während der Busreisen wollten wir auch nicht ständig mit zu vielen Geschichten unterhalten werden, was er auch akzeptierte, und doch bereicherte er uns immer wieder mit seinem Wissen und seinen Anekdoten.

Wir erfuhren auch Privates von ihm, so wie er während unserer Gesprächsrunden auch von uns einiges erfuhr. Er erzählte uns, dass er seine Frau erst kurz vor der Hochzeit das erste Mal gesehen hatte, da seine Ehe von den Eltern arrangiert worden sei. Er erklärte uns das Hochzeitsritual. Üblicherweise haben Hochzeitspaare in der Hochzeitsnacht noch keinen Sex. Es finden erste Annäherungen statt, was vom Ritual her auch genauso vorgesehen ist. Sehr oft seien Mann und Frau noch unerfahren und jungfräulich, und so entfalle natürlich viel Druck. In der zweiten Nacht dürfe man dann aufs Ganze gehen.

Er sagte schmunzelnd: »Also in der ersten Nacht wird gesattelt, in der zweiten beritten.«

Er erzählte weiter, dass es in Usbekistan kaum Scheidungen gäbe, denn man lerne sich langsam kennen und mit der Zeit lieben. So habe es sich auch bewährt und werde weiter gehandhabt.

Er erzählte uns, dass er mit seinen zwei kleinen Mädchen, eineinhalb- und zweieinhalbjährig, noch zusammen mit seinen Eltern in deren Haus wohnte. Die kleine Familie teilte sich ein Schlafzimmer, und alle vier schliefen im selben Bett.

Seine dunklen Augen leuchteten oft wie Sterne, wenn er uns einen Witz oder etwas Besonderes erzählte. Ein Schlaumeier war er schon, unser Azis. So hat er, wie ich später erfuhr, auch eine unserer Frauen bezirzt und ein sexuelles Verhältnis mit ihr begonnen. Es war eine nicht geplante, doch zusätzliche Verbindung der Energien zwischen zwei Ländern/Kulturen und manchmal auch zweier Kontinente auf einer sehr direkten, intimen Ebene. Erstaunt vernahm ich im Nachhinein, dass sich solches auf den Reisen immer wieder mit den Reiseführern ergab, und irgendwann merkte ich, dass auch ich in fernen Ländern ein wenig auf der Hut sein musste.

Chiwa

Nach 500 Kilometern Fahrt kamen wir in Chiwa an. Als erstes fiel uns die um die Altstadt erbaute 2,2 Kilometer lange, 10 m hohe und 8 m breite Stadtmauer aus dem 5. Jahrhundert auf. Aus Lehmziegeln errichtet waren auch die meisten Häuser und ergaben dadurch ein einheitliches Stadtbild. Wir begaben uns durch eines der vier Stadttore zu unserem Hotel.

Aufgrund seiner Lage an der Seidenstraße und den Verbindungswegen zwischen Europa, Indien, und Ostasien war Chiwa von großer strategischer Bedeutung gewesen. Im Verlauf der Zeit entwickelte sich über die Seidenstraße ein ständiger Transport von Handelswaren wie Seide, Gewürze, Glas und Porzellan. Im 10. Jahrhundert war Chiwa eine bedeutende Handelsstadt. Die Geschichte reicht bis 2'500 Jahre zurück. Die Oase Choresm bildete bereits vor dem 6. Jhdt. v. Chr. eine Hochkultur und ein von Schahs geführtes Königreich. Mit den Menschen, die reisten, gelangte auch Wissen anderer Religionen, anderer Kulturen ins Land. Man fand buddhistische Einflüsse, die aus Indien kamen, aus den arabischen Ländern floss die islamische Kultur in die Region. Heute ist sie stark muslimisch geprägt, ein kleiner Anteil der Menschen ist russisch-orthodox, das Christentum hat es eher schwer.

Azis zeigte uns auch das Standbild des berühmten Mathematikers Al-Chwarizmi, der die Null aus dem indischen in das arabische Zahlensystem übertrug und somit in alle modernen Zahlensysteme einführte. Aus dem lateinischen Titel »Algorismi de …« seines Werkes. Über das Rechnen mit indischen Ziffern aus dem Jahr 825 entstand der Begriff *Algorithmus*.

Diese Lehmstadt wirkte als Ganzes wie eine Festung und versetzte uns um Jahrhunderte zurück. Sie war autofrei und von einer vorbildlichen Sauberkeit. Die Menschen waren wie fast überall auf den Tourismus angewiesen und lebten vom Verkauf schöner Seidenstoffe, Schals aus Kamelhaar, Schafwolle oder Kaschmir. Wir sahen auf Gewändern und Schals schönste Perlenstickereien und konnten uns kaum satt sehen. Mit ein wenig Handeln erwarben wir alles für unsere Verhältnisse spottbillig. Auf der Straße wurden mitten im Sommer Fellmützen angeboten. Geschäft ist Geschäft. Jeder versuchte, was er hatte, zu verkaufen, besonders wenn Touristen kamen, und jeder Verkäufer beschränkte sich auf die von ihm bevorzugten oder hergestellten Waren, egal ob Sommer oder Winter. 37°C im Sommer, waren also kein Hinderungsgrund, Winterkleider zu verkaufen. Dass gehandelt werden musste, war klar. Wir hatten Glück, einen äußerst milden Sommer erwischt zu haben. Üblicherweise ging das Thermometer bis auf 50°C. Wir erlebten also dankbar nur 38°C, was in den dicken Lehmwänden der Häuser nicht als sehr heiß empfunden wurde!
Das kleine Hotel in Chiwa war einfach und ebenfalls sehr gepflegt. Es befand sich mitten in der fast autofreien Stadt und war daher sehr ruhig gelegen. Das angebotene Essen war farbenfroh, vielseitig und wirkte auf uns fürstlich wie in

Samarkand. Es gab die verschiedensten Salate, herrliche Suppen, landesübliche Hauptspeisen, einheimisches Fleisch und Früchte. Nur das Fladenbrot war eher gummiartig. Erfreulicherweise wurde es mit jedem Ort, den wir besuchten, schmackhafter und besser. Zum Frühstück erhielten wir jeweils eine warme Mahlzeit. Es gab herrliche Omeletts mit einer Fleischfüllung oder auch Spiegeleier. Dazu gab es frische Früchte oder Saft. Der Grüntee, der uns serviert wurde, war köstlich. Das usbekische Bier fanden wir recht gut, die usbekische Cola, wie ich von den anderen vernahm, schmeckte schrecklich. Ich verzichtete von Anfang an darauf. Der Wein schmeckte unterschiedlich, je nach Region, war mehr oder weniger trinkbar. Die Usbeken trinken lieber Wodka, der für sie sehr billig zu haben ist. Eine Literflasche kostete für die Touristen etwa vier Dollar. Eine Flasche Mineralwasser kostete einen halben Dollar. Die einheimische Währung ist der Sum, und so entsprachen ungefähr 1'000 Sum einem Dollar oder einem Euro. Wir konnten immer mit Dollarnoten und meistens auch mit Euros bezahlen. Schweizer Franken wollte keiner annehmen. Diese ließen sich nicht einmal in der Hauptbank von Chiwa wechseln.

Die Kinder waren sehr geschäftstüchtig. Sie kamen mit Wasser angerannt und nannten uns manchmal doppelte bis dreifache Preise pro Flasche. Wir bezahlten dann einen Dollar anstatt eines halben. Wir drückten oft ein Auge zu, nicht ohne die Kinder wissen zu lassen, dass das schon sehr, sehr teuer sei. Außerdem boten sie uns regelmäßig von Mutter oder Großmutter handgestrickte, dicke Wollsocken oder -pantoffeln an. Wieder etwas, was man bei dieser Hitze ja unbedingt haben muss! Versteht sich. Uns wurde erklärt, dass es so schöne sonst nirgendwo zu kaufen gäbe. Drei Paar habe ich nach Hause gebracht. Ich sage ja: Wirklich gute Verkäufer, dass sie mir bei den hohen Temperaturen ihre Wollsocken und eine Fellmütze aufschwatzen konnten.

Bei der Besichtigung der Stadt begegneten wir einer Schulklasse, die mit der Englischlehrerin auf uns zukam. Die Schüler baten uns, englisch zu sprechen, damit sie Konversation üben könnten. Wir tauschten gerne ein paar Sätze oder unsere Namen aus. Zum Abschied und als Dankeschön schenkten sie uns Äpfel.

An nächsten Morgen begann mein Magen schon vor dem Frühstück zu rebellieren, und vom Ausflug aufs Land durch die Teilwüste nahm ich nur die Hälfte wahr. Ich fühlte mich schlapp, und mir war so schlecht, dass ich die meiste Zeit vor mich hindösend auf dem hintersten Sitz im Bus lag. Wir erreichten eine Gegend, wo Menschen in Jurten, einem runden Zelt, wohnen und zwei ebensolche an Touristen vermieteten. Wir wurden eingeladen, uns in einer der beiden Jurten niederzulassen und genossen herrlich frisches Brot, das über dem Feuer gebacken worden war, und wunderbaren, starken und gesüßten Tee. Dabei saßen wir auf vornehmen Teppichen am Boden und tranken aus schönen Porzellantassen. Für Touristen gab es ein Häuschen mit einer richtigen Toilette. In normalen Gaststätten hatten sie nur Stehklos, und ab und zu wäre eine Nasenklammer ganz nützlich gewesen. Hier war alles vorbildlich sauber, wie auch an vielen anderen Orten. Da dieses Toilettenhäuschen keine richtige Türe hatte, genoss man, in der inwendig schön gekachelten Kabine auf einem westlichen WC sitzend, den Blick in die Wüste! Wenn das nicht erstklassig ist! Diese Pause und der Tee hatten mir gutgetan. Langsam erholte ich mich, und es war sehr schade, dass wir weitermussten.

Wir hatten uns sofort willkommen und wohl gefühlt. Viele von uns schlugen vor, auf einer unserer nächsten Reisen wiederzukommen und mindestens zwei Tage hier zu verweilen. Ein Gewässer in der Nähe lieferte frischen Fisch, den man in Usbekistan eher selten bekommt.

Buchara

Bald fuhren wir nach Buchara, einer Stadt von fast unwirklicher Schönheit. Wir wohnten hier in einem palastähnlichen Hotel, das früher einem jüdischen Händler gehört hatte. Die Zimmer waren um einen großen, luftigen Innenhof angeordnet und hatten europäischen Standard. Im Hof wurde uns am nächsten Morgen das Essen an einem großen Esstisch serviert. Das Essen war hier geschmacklich noch besser als in Chiwa. Was einige von uns vermissten, war echter Kaffee. Es gab Tee aus einem Samowar und Nescafé.

Eines Abends waren wir andernorts von einer usbekischen Familie eingeladen, die für uns kochte und sich damit ein Zubrot verdiente. Meinen 50. Geburtstag nahm ich zum Anlass, russischen Champagner für alle zu bestellen. Als Geschenk erhielt ich eine schöne Torte und eine Darbietung von drei Musikern und Tänzerinnen, die mein Herz höher schlagen ließen und uns zum Tanzen einluden. Das ließ ich mir nicht zweimal sagen, und ich schwebte glücklich ins neue Lebensjahr.

In einem anderen, größeren Gebäudekomplex, der ebenfalls in der Mitte einen Hof hatte, besuchten wir einen Bazar. Darin befand sich ein Handwerkerzentrum, wo man alles von feinsten Holzschnitzereien über kunstvolle Lackarbeiten, traumhaft schöne Stickereien, bis hin zu handbemalter Seide und Aquarelle von höchster Qualität kaufen konnte. Wir sahen wunderschöne Handarbeiten. Es war schwierig zu verzichten und noch schwieriger, wofür man sich entscheiden sollte! Den herrlichen Seidenkissen oder den seidenen Tischdecken, die Susani genannt werden, konnte fast keine von uns widerstehen. Eine ähnliche Susani hing auch bei meinen Eltern in der Eingangshalle.

Ich kaufte ein winziges Aquarell, das ein schönes Blumen-Mandala darstellt. Festliche Kleider wurden angeboten, die mit Silber- oder Goldfäden bestickt waren. Bei uns hätten sie ein Vermögen gekostet, hier waren sie günstig zu haben. Da ich mich jedoch fragte, wann ich solche denn tragen könnte, riet die Vernunft zum Verzicht. Ich hielt mich also zurück, so gut es ging, doch als ich die vergoldeten Ohrringe aus kunstvollster Filigranarbeit sah, konnte ich nicht widerstehen. Mehrheitlich sah man Schmuckstücke aus Silber, und nur ausnahmsweise waren sie vergoldet. Die Verkäuferin erzählte mir, ihr Bruder sei der Goldschmied und freue sich sehr über meine Begeisterung. Jedes Mal, wenn ich sie trug, wurden sie von den Einheimischen bewundert, und sie waren sehr stolz, wenn sie hörten, ich hätte sie in Buchara erstanden. Natürlich wollten sie dann noch wissen, wie viel ich dafür bezahlt hatte. Das waren umgerechnet etwa fünfundzwanzig Schweizer Franken.

Eine der Mittagspausen verbrachten wir in einem Männerbad aus antiker Zeit. Man stelle sich sehr bunte, gekachelte Wände und Böden mit herrlichen Farbmustern vor. In der Mitte des Bodens befand sich eine Vertiefung, die früher mit Wasser gefüllt war. Jetzt lagen auf den Stufen bequeme, schöne Kissen, und niedrige Tische befanden sich in der Mitte. In anderen Räumen sah man die antiken Krüge, mit denen man früher das Wasser herbeigebracht hatte. Es war angenehm kühl in den dicken Mauern. Auch in Buchara gibt es wunderschöne Parkanlagen, und immer sind dort Wasserspiele zu finden, die auch rege von den einheimischen Kindern zum Spielen genutzt werden. Die jüngeren Kinder haben hier viele Freiheiten und Spaß. Bei den Jugendlichen und jungen Erwachsenen dominiert die Sorge, ob sie wohl Arbeit finden würden, denn trotz bester Ausbildung war kein Job garantiert. Die Arbeitslosigkeit war hoch, wie wir erfuhren. Trotzdem sahen wir keine armen, bedürftigen Leute. Alle waren gepflegt und sauber und hatten genug zu essen, was dem guten Familienzusammenhalt zu verdanken ist. Wenn du eine usbekische Familie besuchst, kannst du nicht mehr weggehen, ohne vorher wunderbar verköstigt worden zu sein. Kuchen und süßes Gebäck sind immer zu haben. Genauso hielt es meine Mutter.

Sie überhäufte unsere Gäste jeweils mit Essen und nötigte sie zuzulangen. Vaters Rede war: »Lieber viele Reste, als Gäste hungrig gehen zu lassen.« Uns brachte er bei: »Iss, solange es dir Freude macht.« und daran habe ich mich bis heute gehalten.

Samarkand

Samarkand ist die Geburtsstadt meiner Großmutter. Viele Altertümer sind teilweise noch erhalten. In einem kleinen Museum sahen wir Dinge aus vorchristlicher Zeit, Bruchstücke aus Ton, die gefunden und wieder zusammengesetzt worden waren. Das Museum war umgeben von einem großen Feld, und dort war der ganze Boden übersät mit Bruchstücken aus Ton. In unseren Breitengraden dürfte man eine solche archäologische Fundstätte gar nicht mehr betreten. 100'000 kleinste und größere Bruchstücke, alle aus gebranntem Ton, lagen herum, ebenso viele Figurenteile, zerbröselt und zerstückelt. Hier ein kleiner Ausguss, dort ein Henkel, Scherben und alles ist schätzungsweise 3'500 Jahre alt. Als wir auf dem Gelände vor dem Museum meditierten, nahmen wir sehr starke kristalline Energien wahr. Das ist eine eher eiskalte, kribbelnde, sehr helle Energie. Es fühlte sich an, als ob alle meine Zellen vibrierten. Es gab dort eine Grube oder größere Vertiefung, die über einige Stufen zugänglich war. Vielleicht war das früher ein Keller gewesen, der jetzt vollkommen überwuchert war. Einige stiegen hinab und stimmten einen speziellen Gesang an. Ich blieb oben am Rand stehen, streckte meine Arme aus und hatte das Gefühl zu fliegen. Wir verbanden uns mit feinstofflichen Kristallschädeln, wovon einige physisch existieren und rund um die Welt verteilt sind. Über die Entstehung einiger besteht Unklarheit. Sie haben die Form von Totenköpfen und annähernd menschliche Größe. Manche wurden gefunden und andere neu, aus diversen Materialien hergestellt, zum Beispiel auch aus Rosenquarz. Man geht davon aus, dass es auf der Welt 12 dieser Kristallschädel gibt. Viele wurden dann kopiert. Wir verbanden uns mit einem 13. feinstofflichen Kristallschädel, der die Kräfte der 12 in sich vereint.

Vieles in unserer Realität besteht aus 12 Einheiten, die ein Ganzes bilden, zum Beispiel die 12 Stunden des Tages, die 12 Monate oder die 12 Stämme. Mit der 13 eröffnet sich das Neue und Nichtphysische. Wir wussten, dass in den kommenden Jahren immer mehr von diesem Wissen ins Bewusstsein der Menschen gelangen würde. So würde es auch einen 13. Imam geben, neue Planeten, neue Tierformen, sogar neue chemische Stoffe, die auch durch die Natur gebildet, aber erst jetzt entdeckt werden. Das alles hat auch mit der Veränderung des irdischen Magnetfeldes zu tun. Es wird gleichzeitig ein Polsprung stattfinden, was starke Auswirkungen auf die Erde, auf die Menschen, ihre Körper, besonders auf das Herz und Gehirn, also das ganze Nervensystem hat. Es ist altes Wissen, das in uns reaktiviert wurde, aber auch das Wissen, dass ganz Neues in unserer Realität entstehen wird. Es sprengt den Rahmen dieses Buches, aufzuführen, was damit zusammenhängt. Wir haben auch mit mehr als den 5 Elementen gearbeitet. Wir sind jetzt an einer Schwelle angelangt, wo Neuformationen in vielen Bereichen aktiviert und realisiert werden. Man denke nur von heute zurück zur Jahrtausendwende.

Über Samarkand liegt ein Geheimnis. Es fühlte sich an wie eine kymische Hochzeit, die nur darauf wartet stattzufinden. Wieder trugen unser Mann und eine Frau aus der Gruppe die weiß-goldene Galabeya, die an diesem Abend wie ein Priestergewand wirkte. Es schwang eine ganz besondere Energie in der Luft. Priesterschaft ist eine Qualität, die in uns angelegt ist, die uns auch mit dem alten Ägypten verbindet. Es ist ein Urwissen einer mit starken geistigen Kräften ausgestatteten Gruppe, mit der wir uns immer wieder vereinten.

Nach dem Besuch von Samarkand fuhren wir per Bus in die Berge. Die Straßen waren wieder besser bis sehr gut. Auf dem Weg dahin passierten wir mehrere Kontrollpunkte,

Soldaten mit Gewehren, die unsere Papiere kontrollierten. Diesmal kam ein Mann ganz in Weiß gekleidet in unseren Bus. Für uns sah er aus wie ein Koch, schien jedoch medizinische Aufgaben zu haben. Er fragte uns, ob wir alle geimpft seien. Da nicht spezifiziert wurde, wogegen, konnten wir alle bestätigen, dass wir verschiedentlich geimpft waren und wurden dann nicht weiter kontrolliert. Wir fuhren weiter bergwärts und sahen in einsamer Landschaft einige alte Bahnwaggons stehen. Einer wurde offensichtlich als Wohnraum benutzt. In den anderen befanden sich Bienenstöcke. Die Landschaft wirkte jungfräulich, grün, hügelig und unbewohnt. Unser Ziel war ein Hotel, das einem Adlerhorst nicht unähnlich war. Wir wurden in diesem schönen Rundbau untergebracht, der von einem wunderschönen Wandergebiet umgeben ist. Doch uns blieb nur die Zeit, ein wenig Bergluft zu schnuppern und die Aussicht zu genießen. Die Geländekarte zeigte Wanderwege und einen Skilift. Am nächsten Morgen ging die Reise zurück ins Tal und direkt zum Flughafen.

DIE WIRKUNG

Dieses Land hatte mich trotz seiner Schönheiten nicht im Herzen erwärmt. Die Energie erschien mir oft eher leblos und obwohl die Menschen sehr freundlich waren, sprach keine Leichtigkeit aus ihnen. Es mag sein, dass sie noch zu sehr unter der früheren Herrschaft oder den politischen Unruhen litten.

Sie unterhalten gute Beziehungen zu Deutschland und liefern Erdgas dorthin, doch vieles wird durch die Politik verhindert, und die Unruhen sind nicht von ungefähr. Auch ich empfand die Tatsache, dass wir ständig kontrolliert wurden, als Einschränkung. Regelmäßig wurden wir an irgendwelchen Posten angehalten, bei welchen der Busfahrer Auskunft geben musste, wer wir waren und wohin wir reisten. Je länger diese Reise dauerte, desto weniger fühlte ich mich leider auch von meinen Freunden verstanden, ja sogar teilweise abgelehnt und daher sehr alleine. Wir hatten das auch in der Gruppe angesprochen, doch ich empfand vieles als Vorwurf. Die Tatsache, dass ich immer wieder ratlos und traurig an John denken musste, war etwas, das meine Energien blockierte. In gewissen Momenten kam ich zur Ruhe, und das positive Gefühl hielt dann auch wieder eine kurze Weile an.

Zurück von dieser Reise, kann ich jedoch mit voller Überzeugung sagen, dass dieses geschichtsträchtige Land schon vor 2'000 Jahren wissenschaftlich viel fortgeschrittener war als Europa. Viel Wissen, das wir heute nutzen, hat dort seinen Ursprung. Es ist reich an Mystik, Tradition und Kunst. Schönheit, wohin das Auge reicht, denn es ist auch sehr farbenfroh. Öfters war das, was wir sahen, so überwältigend, dass wir uns wie in 1'001 Nacht wähnten. So friedlich es damals war, blieb es in späteren Jahren von kriegerischen Auseinandersetzungen nicht verschont, das bedaure ich sehr.

Zu Hause galt es, nebst den Reiseerlebnissen, die zu verarbeiten waren, auch weiterhin die Funkstille zwischen mir und meinem amerikanischen Freund zu ertragen. Ich hatte keine Ahnung, wo er war. Mein Stolz verbot mir, ihm zu schreiben. Quälende Ungewissheit und auch Traurigkeit wurden meine Begleiter. Es gab ein telepathisches Phänomen. Jedes Mal, wenn ich im Garten weilte, schien John präsent und sehr nahe zu sein. Ich hörte seine Stimme, ich sah ihn vor mir, als wäre er wirklich anwesend. Meine hellsichtige Freundin sagte mir, dass ich das ganz richtig fühlte. Er sei ebenso traurig gewesen, mich zu verlassen, und müsse seine Gefühle neu ordnen, weil ich ihn ziemlich durcheinandergebracht hatte. Er denke oft an mich. Gerne wollte ich ihr glauben. Ich hinterfragte mein Leben, fragte innerlich nach dem Sinn und fiel in eine depressive Stimmung, besonders wenn ich morgens alleine beim Frühstück saß. Ohne meine Wellensittiche wäre es ganz arg still gewesen; gäbe es nicht meinen Garten zu pflegen und mich dem Wachstum der Blumen zuzuwenden, wäre ich depressiv geworden. Ich fühlte mich einsam. Da waren zum Glück die monatlichen Sitzungen des Verbandes und die Arbeit, die dadurch anfiel. Sonst wäre ich mir sehr nutzlos vorgekommen. Es war zu still geworden in meinem Leben.

4 FÜGUNGEN

SCHICKSALHAFTE VERÄNDERUNGEN

Es waren mehr als elf Jahre vergangen, seit ich meinen Mann verlassen hatte. Wir hatten uns in den letzten Jahren selten und nur, wenn es absolut notwendig war, getroffen. Dann, wenn es Anlässe oder Diskussionen im Zusammenhang mit unserer Tochter gab und es unumgänglich war. Ansonsten herrschte absolute Funkstille, bis ihn jetzt ein Hirnschlag aus seinem pulsierenden Leben herausholte. Im künstlichen Koma liegend, schwebte er viele Tage zwischen den Welten. Niemand von den nächsten Verwandten wollte sich zuständig erklären, wenn es um Entscheidungen ging. So war es an unserer Tochter, welche erst neunzehn Jahre alt war, dies zu übernehmen und Ansprechperson für die Ärzte zu sein. Natürlich war sie dadurch extrem gefordert. Es oblag ihr zum Beispiel, zu bestimmen, ob eine riskante Operation ausgeführt werden sollte und anderes mehr. Sie, auch als sehr junge Frau, war klug genug, um die Problematik zu verstehen, doch es ging um Leben und Tod, Behinderung oder Genesung. Verständlicherweise raubten ihr die Sorge, eine falsche Entscheidung zu treffen, und die Angst um ihren Vater die Ruhe. Sie konnte kaum mehr schlafen, nicht mehr essen. Hilfesuchend und traumatisiert wandte sie sich auch an mich. Nun kam ihr mein spirituelles Wissen zugute. In dieser Zeit hatte ich in den Träumen regelmäßigen Kontakt mit Titus, ihrem Vater. Er hielt mich auf der unbewussten oder überbewussten Ebene über seinen Zustand und seinen Lebenswillen auf dem Laufenden. Meine Hauptaufgabe bestand darin, Nena klar zu machen, dass sie keine Fehlentscheidung treffen konnte und, wäre sie nicht stark genug, um diese Aufgabe zu bewältigen, hätte sie diese nicht – vom Universum, Gott oder ihrem Höheren Selbst – erhalten. So konnte ich sie unterstützen und erklärte ihr, dass ihr Vater auf Seelenebene Kontakt mit mir hatte und dass ich telepathisch Informationen erhielt, die darauf hinwiesen, dass er mit dem Leben noch nicht abgeschlossen habe.

Ich erklärte ihr folgendes: »Entscheide dich so, wie du es für richtig hältst. Du kannst nicht falsch entscheiden, egal wie das Resultat ausfällt. Du bist nicht die einzige Instanz, auch nicht diejenige, die über sein Leben entscheidet. Es spielen immer verschiedenste Faktoren mit. Also lerne deiner Intuition zu vertrauen. Es ist Bestimmung, wenn nicht sogar Vorbestimmung, ob und wie er lebt oder stirbt. Wir können Teil davon sein, aber nie diejenigen, welche die letzte Entscheidung treffen. Es ist auch gekoppelt an seine Lebenskraft und seinen Lebenswillen. Ja, auch im Tod folgt jeder einer Gesetzmäßigkeit, die nur seine Seele kennt.«

»Die Ärzte sagen, dass man operieren muss, da das Gehirn anschwillt und Schaden nimmt. Ich habe doch keine andere Wahl?«

»Dann weißt du, dass es das Beste ist, weil ihr momentan keine Alternative habt. Glaube mir, es kann keine Sicherheit geben, mit oder ohne Operation. Ich werde die Seele geistig unterstützen, und letztendlich wird sie es sein, welche die Entscheidung trifft. Entweder löst sich die Seele vom Körper oder sie wird versuchen, sich weiter im Menschsein zu verwirklichen, sodass dein Vater die Chance erhält, seinem Leben einen neuen Sinn zu geben. Die Chance wird lauten, das Neue zu nutzen oder sein zu lassen, darin hat er die Wahl.«

Ich kannte das unglaublich starke Wesen von Titus und wusste, dass er alles schaffen würde, wenn er ja dazu sagte. Nach der gelungenen Operation fand er langsam ins Leben zurück. Er war jedoch im wahrsten Sinne orientierungslos. Sein räumlicher Orientierungssinn und das Kurzzeitgedächtnis hatten ihn verlassen. Seine Sehfähigkeit war auf einen engen Radius, den sogenannten Tunnelblick, geschrumpft. Das war wahrlich keine einfache Situation für einen Mann, der es gewohnt war, über alles und andere selbst zu bestimmen und der ein hervorragendes Gedächtnis und sehr klare Visionen gehabt hatte. All das hatte sich verflüchtigt.

ERNEUERUNG

Der Bruch zwischen uns begann sich von nun an zu verringern. Titus war bereit, mich zusammen mit Nena in der Reha-Klinik zu empfangen, und damit begann ein neuer, freundschaftlicher Kontakt.

Mit flackerndem Blick, der versuchte, mich ganz zu erfassen: »Ich habe ein neues Leben geschenkt bekommen, ein zweites Leben.«

»Ja, und so wie ich dich kenne, wirst du alles tun, um eigenständig zu bleiben.«

Ich wusste, dass er das Beste daraus machen würde. Dann fragte ich mich, ob er auch unsere Vergangenheit und vor allem die Widrigkeiten während und nach der Scheidung vergessen hatte oder war er einfach nur froh, einen sehr vertrauten Menschen zu sehen? Ich genoss es, dass wir uns nun unbeschwert begegnen konnten. Genau das hatte ich mir immer gewünscht.

Nach der längeren Rehabilitation begann für ihn ein Leben, das er nur mit fremder Hilfe bewältigen konnte und er versuchte, es mit seiner Familie zu organisieren. Doch niemand hatte so richtig Zeit für ihn. Er brauchte jemanden, der regelmäßig für ihn da war, und als Nena mich anfragte, zögerte ich keinen Augenblick. Sie schlug ihm vor, sich mir anzuvertrauen und ganz automatisch wurde das vom Rest der Familie ebenfalls gerne angenommen. Dass wir im selben Ort wohnten, vereinfachte vieles.

Nun bekam er die Möglichkeit, sich dank meiner Hilfe wieder im Leben, im Haus und im Ort zurechtzufinden. Es ist schon seltsam, wenn man bedenkt, dass er seit über 20 Jahren in diesem Dorf lebt und jetzt keine Ahnung mehr hatte, wo genau er wohnte.

Ich ging nun in unserem ehemaligen Haus ein und aus, was sich ziemlich seltsam anfühlte. Ich liebte die schöne, geräumige Wohnküche und jetzt kochten und saßen wir wieder dort zusammen. Ich zeigte ihm, welche Bereiche im Haus Aufmerksamkeit benötigten und er erledigte, was möglich war, oder ließ erledigen. Auch schöne Freizeitaktivitäten gönnten wir uns, indem wir Konzerte besuchten, kleinere Ausflüge machten. Nach manchem gemeinsamen Einkauf lud er mich gleich auswärts zum Essen ein.

Für mich war die Zeit, die ich jetzt mit meinem Exmann erleben durfte, eine sehr heilsame und geschenkte Zeit.

Viele alte Ressentiments sprachen wir an, fühlten hinein in die Scheidungszeit und die Zeit davor. Wir waren da noch nicht ganz hindurch, aber doch wieder einen großen Schritt weitergekommen, denn wir konnten viele Gespräche über unsere neuen Einsichten führen. Es schien, als hätte mein Exmann noch Schuldgefühle, von denen er glaubte, ich würde sie auf ihn projizieren. Es waren seine Schuldgefühle und die Tatsache, dass er sich nicht genügend Zeit gelassen hatte, unsere Entwicklung mit anderen Augen sehen zu können. Das wurde jetzt möglich.

Wir kamen beide zum Schluss, dass unser Verhalten eine normale Reaktion auf das allzu frühe Zusammenleben und die wenigen Erfahrungen in punkto Liebesleben, die wir mitgebrachten hatten, war. Bestimmt trifft das nicht auf alle Paare zu. Uns hatten jedoch wichtige Impulse gefehlt, und wir mussten zugeben, dass wir das, was inzwischen geschehen war, nicht mehr missen möchten. Und jetzt bewiesen wir einander, dass wir besser denn je harmonieren konnten, aber nur dann, wenn jeder seine Freiheiten lebte und diese dem andern ebenfalls zugestand. So vergingen einige Monate in schöner Eintracht.

Titus traf alsbald Entscheidungen, die mit einem gänzlich neuen Leben mit seiner aktuellen Partnerin zusammenhingen. Diese wollte nicht in unser damaliges Haus. Außerdem verwirklichte sie während der Zeit meiner Betreuung von Titus eine Vision im Ausland, die ihr wichtiger war. Nun war sie bereit, mit ihm zusammenzuwohnen, was ihn veranlasste, eine gemeinsame Wohnung in der Stadt zu mieten und somit war mein Job vorerst, aber nur vorerst, erledigt.

Der Kontakt zu den spirituellen Freundinnen der Gruppe fand vornehmlich während den vereinbarten Treffen statt. In der Zwischenzeit fühlte ich mich jeweils sehr alleine und auch oft einsam. Mir fehlten die Mails von John, überhaupt schien sich gerade wieder einmal alles aufzulösen. So wandte ich mich wieder vermehrt dem Internet zu, auf der Suche nach neuen Möglichkeiten des Kontaktes. Der Trend ging Richtung Foren-Kommunikation, was ich faszinierend fand. Es gab inzwischen viel mehr Möglichkeiten zu kommunizieren und sich mit Gleichgesinnten zu unterhalten, dank dem Internet. Es war sehr bereichernd.

5 ELFEN & GNOME

ISLAND

Der Sommer nahte, und Elfriede plante eine Reise nach Island. Das gab mir einen Grund, John zu schreiben und nachzufragen, wo er gerade war. Momentan wartete er in Dänemark auf ein Visum für Island. Natürlich war ich neugierig, das Lieblingsland von John kennenzulernen und dachte an die seltsame Fügung, dass ich vor ihm dort sein würde. Er freute sich ehrlich darüber, dass ich das Land seiner Träume kennenlernen würde.

Mein Erleben beschreibe ich jetzt gerne, als wäre es heute, und ich nehme dich mit, lieber Leser/liebe Leserin.

Wir sind eine kleine Gruppe, man könnte sagen, es ist der harte Kern, der sich auf diese Reise begibt. Thema ist nebst der Verbindung zu den Walen auch die Vereinigung des Weiblichen und Männlichen auf allen Ebenen.

Island ist eine 103'000 Quadratkilometer große Insel. Es brodelt ständig unterirdisch. Faszinierende Fjorde und schneebedeckte oder mondähnliche Höhen, schlecht befahrbare Höhenstrassen und Lavafelder, Vulkane, die ruhen, speiende Geysire, bizarre Stein- und Kieswüsten, schönste Sumpflandschaften, Moor- und Heidelandschaften mit den unterschiedlichen Grüntönen faszinieren. Ich freue mich und ahne, dass es ein ganz besonderes Erlebnis sein wird.

Reykjavik

Eine karge vulkanische Landschaft begrüßt uns schon beim Flughafen. Es ist kaum zu glauben, es ist doch Sommer, und in unserer ersten Nacht schneit es.

Wir wohnen in der Nähe von Reykjavik, werden jedoch nicht lange in der Stadt bleiben. Wir ziehen uns also warm an und begeben uns auf die Erforschung dieser einmaligen Insel mit unserem gemieteten Van. Faszinierend, dass hier unterirdisch heiße Wasserquellen die Böden von Eis und Schnee freihalten. In Becken wird das heiße Wasser, das in der Tiefe bis zu 240 Grad heiß werden kann, abgefangen, heruntergekühlt und dann in das Freiluftschwimmbad »Blaue Lagune« geleitet, die mit ihrem schwefelhaltigen und tiefblau bis grün schimmernden Wasser verlockend ist. Natürlich gönnen wir uns einen Badenachmittag in der Blauen Lagune. Es ist weniger luxuriös, sondern eher funktionell in diesem großen Bad. Es lädt nicht ein, lange zu bleiben, weil es außer einer winzigen Snack-Bar und einem Verkaufsladen mit spezieller Kosmetik und Souvenirs keine Gelegenheit zum gemütlichen Verweilen gibt. Ein zweites Mal würde ich dort nicht hingehen. Aber vielleicht muss man es doch einmal erlebt haben.

Das Essen im Restaurant kostet ein Vermögen. Ich hatte noch nie CHF 36 für eine simple Pizza Margherita bezahlt. Das Fleisch, ebenfalls hochpreisig. Oft kaufen wir uns deshalb ein Picknick, um unsere Geldbeutel nicht so extrem zu strapazieren. Wir wussten schon vorher, dass das Leben in Island teuer ist, doch in vielem übertrifft es die Schweizer Preise.

Die erste Übernachtung ist in einer Privatwohnung gebucht worden. Weitere Nächte verbringen wir in Baubaracken oder in Schulhäusern, die für die dreimonatige Touristenzeit bereitgestellt werden. In Snaefellsness, einem traumhaft schön gelegenen Ort, erlebe ich in einer Meditation eine neue Art der Verschmelzung. Zum ersten Mal fühle ich aus der Erde und durch mich hindurch einen Springbrunnen fließen. Das fühlt sich sehr feinstofflich und doch intensiv an. Ich erfahre, man könne es wie eine Ejakulation aus der Erde verstehen. Es ist, als würde sich durch mich ein großer Energiestrom wie Samen aus einem Penis ergießen. Es ist ein gigantisch sinnliches Gefühl und wird sich verstärken, wenn wir den Geysir Haukaladur erleben, wo das Wasser blubbert und dann hochschießt. Verstärkt wird das Ganze von den umstehenden Besuchern, die alle darauf warten, dass er riesige Fontänen, bis zu fünfunddreißig Metern, in die Höhe spritzt.

Andernorts steigen wir, eher rutschend als gehend, in einen kleinen, erloschenen Vulkankrater hinunter und legen uns dort auf den Boden. Schätzungsweise geht es vom Rand bis zum Boden 20 Meter in die Tiefe und dann ist es vollkommen flach. Um den Kraterrand führt ein Weg und die meisten Touristen begnügen sich mit der Sicht von Oben in den Krater. Wir sitzen unten und malen mit den Füßen Zeichen in die krümelige Lava, die so fein wie Sand ist. Ein Friedenszeichen, das Symbol für ewiges Leben. Die Erde ist schwarz, der Himmel grau und wir sind darin lebendige Farbtupfer. Hier fühle ich eine Geborgenheit, fühle mich getragen von der unterirdischen Kraft und ein Gruppenmitglied empfindet es ebenso. Wir liegen mit gespreizten Armen und Beinen und würde der Vulkan jetzt spucken, wären wir flugbereit – ins Jenseits. Was jedoch eindeutig noch zu früh ist. Die Rückkehr hoch zum Kraterrand gestaltet sich eher mühsam, weil wir bei jedem Schritt wieder rückwärts rutschen. Die Freiheit will erarbeitet werden. Leider sind die Namen der Vulkane und Gebiete fast unaussprechlich. Die Erinnerung bleibt bildhaft erhalten.

DIE MAGIE VOM TAG IN DER NACHT

Akureyri

Die Weiterfahrt und Umrundung des westlichen Teils der Halbinsel bietet uns eine atemberaubende Küstenlandschaft. Die Fahrt zieht sich endlos dahin, bis wir in Akureyri ankommen. Die Landschaft hier hat etwas sehr Mystisches an sich, und ich fühle mich umgeben von feenhaften Wesen. Bereits in der Meditation hatten wir uns auf die Wesen dieser Insel eingestimmt, und wir wissen, dass Elfen und Kobolde eine große Bedeutung in Island haben. Ich fühle tatsächlich, wie wir durch ein Feentor hindurch fahren. Ich schließe die Augen und entdecke Elfen und Kobolde. Tatsächlich eröffnet sich mir hier auch eine Art galaktisches Durchgangstor zu anderen Dimensionen. Mitternacht ist schon lange vorbei, als wir im Hotel, das heißt in der Schule, wo wir schlafen werden, eintreffen. Unser Zimmer hat nur gerade Platz für zwei Betten, die ganz nahe nebeneinanderstehen und einen sehr schmalen Raum am Fußende für Koffer unterhalb dem Fenster.

Ausflüge zu gigantischen Wasserfällen beflügeln uns. Etwas vom Schönsten sind die Fahrten vorbei an moosbedeckten Hängen. Die Zeichen darin sehen aus wie von Außerirdischen hingezeichnet oder -geschrieben. Es ist Lebendigkeit spürbar, denn unter dem Moos haben sich ganz eigene Universen gebildet, und Unmengen von Kleintieren leben dort.

DAS MAGNETFELD AUF DEM GLETSCHER

Später, bei der Überquerung des Gletschers, gelange ich in eine Art Zeitlosigkeit, was zuerst Panik in mir weckt. Die Landschaft ist so öde und erinnert an eine Mondlandschaft. Es wurde uns empfohlen, einen Vierradwagen zu nehmen, doch wir glaubten, es auch ohne zu schaffen. Mit unserem Van erleben, wie unser Motor wegen der Höhe kocht, keucht, stottert. Die Straße gleicht oft eher einer Bachrinne, und wir begegnen an diesem Tag nur einem einzigen Auto. Es ist ein wuchtiger Offroader, den wir an uns vorbeifahren lassen. Es lässt sich nicht eruieren, ob die Insassen unser Gefährt mitleidig oder staunend betrachten, während sie uns zuwinken. Wir gönnen unserem Wagen mehrfache Pausen, bevor er den Geist ganz aufgibt. Das lässt uns Gelegenheit, die Natur zu bewundern und die Energie wahrzunehmen. An einem passenden Ort setzen wir uns zu einer Meditation auf Felsen. Bald vergesse ich alles um mich herum und überlasse mich den hoch schwingenden Energien.

Schon hier fühle ich mich außerplanetar angeschlossen. Nach einer kleinen Stärkung aus dem Rucksack fahren wir weiter, immer weiter nach oben.

Wir erreichen den höchsten Punkt, und mich ergreift eine seltsame Angst, die ich nicht fassen kann.

Elfriede sagt noch: »Hier sind wir dem dritten Universum, dem Nichts sehr nah und befinden uns außerhalb des Magnetfeldes.«

Wie zur Bestätigung zeigt auch der Akku des Handys plötzlich auf vollkommen leer, war er doch vorher noch halb voll. Manchmal nehme ich mein Handy hervor, um ein Foto zu machen und jetzt, um mich abzulenken.

Kaum haben wir die Krete überwunden, beruhige ich mich und erstaunt stelle ich fest, dass der Akku sich auf wundersame Weise füllt, und kaum sind wir wieder unten im Tal, sich ohne mein Zutun auf ein Viertel wieder auflädt. Aufatmen kann ich erst, als wir ganz unten sind. Wir kommen in einer wunderschönen Herberge an und werden herzlich willkommen geheißen. Es scheint ein Anglertreffpunkt zu sein. Man sagt uns, dass viele Angler hier Ferien machen würden, und natürlich wird uns zum Nachtessen Fisch serviert. Der kleine See ist nah und lädt zum Verweilen ein. Obwohl es weit und breit kein anderes Haus gibt, fühle ich mich hier wieder pudelwohl.

Grimsey

Am vorletzten Tag fliegen wir nach Grimsey, das direkt am Polarkreis liegt. Unser Flugzeug mit 12 Sitzplätzen ist so klein, dass wir nicht hoch fliegen und einen wunderschönen Blick bei der Verabschiedung der großen Insel und der Ankunft auf der kleinen genießen können. Grimsey ist mit ihren 5,3 Quadratkilometern wirklich winzig, sehr grün und mit einer schönen Moorlandschaft versehen, leicht hügelig über steil abfallenden Felsen. Darauf befindet sich eine kleine, hübsche Kirche und unsere Herberge, übrigens die einzige der Insel und sie steht direkt neben der Landepiste. Bei zwei Flügen pro Tag wird die Ruhe kaum gestört. Von den ca. 100 Bewohnern merken wir kaum etwas. Es sind hauptsächlich Fischer. Das Gefährlichste und Schönste sind die Vögel. Als wir auf einem Feld spazieren gehen, werden wir von Möwen attackiert. Vermutlich verteidigen sie ihre Jungen, die wir aber nicht zu Gesicht bekommen. An den steilen Felsen kleben die süßen Papageientaucher, die sich dann im Sturzflug Richtung Meer fallen lassen, um bald, den Schnabel voller Fische, wieder hochzukommen.

Während der abendlichen Meditation stimmen wir uns auf den Nord- und Südpol ein. Wir nehmen kommende Polverschiebungen wahr und schaffen eine Verbindung ins Zentrum der Erde. Diese Energien bringen innerlich viel in Bewegung und erfordern eine klare Zentrierung.

Nach einem erneuten Insel-Hopper am frühen Morgen, zurück auf die große Insel, geht es von da unverzüglich Richtung Heimat.

Ich hätte mich problemlos, auch auf Dauer, an die hellen Nächte gewöhnen können. Nur ist fraglich, ob wir als Schweizer die verlängerte Winterzeit mit tagsüber stetig grauem Schimmer als Tageslicht auf Dauer gerne gehabt hätten. Viele Isländer flüchten dann auch in südliche Länder, um die düstere Zeit zu unterbrechen.

Ich bin wieder zu Hause und warte – aber auf was? Die Arbeit im Vorstand des Therapeutenverbandes beschäftigt mich zum Glück weiterhin, doch sonst besteht keine Nachfrage nach meinem Angebot, weder an Kursen noch Therapiesitzungen.

6 NEUE PARTNERSCHAFT

GENIALITÄT UND HOHER GEIST

Unsere Yahoo-Mail-Group hat sich aufgelöst, doch dank gegenseitiger Info fanden sich einige in einem Forum wieder. Ein Forum, das danach über mehrere Jahre funktionierte. Wieder gab es jemanden, der mich interessierte. Seine Schreibweise war malerisch, intellektuell und spirituell und aus meiner Sicht hochgeistig, und das gefiel mir.

Was daraus entstehen würde, hätte ich mir in den kühnsten Träumen nicht vorstellen können. Ja, ich brauchte einen ziemlich langen Atem für die kommende, sehr herausfordernde Zeit mit ihm. Alle Ebenen wurden davon berührt. Ich wurde durch ihn zutiefst erschüttert, zutiefst geschätzt und gleichzeitig erniedrigt. Ich wusste gar nicht mehr, ob ich nun mit meinen Wünschen an eine Partnerschaft und den sexuellen Bedürfnissen normal war. Soviel Verachtung von Seiten eines Mannes für *Frau* und dann wieder Unterwürfigkeit hatte ich noch nie erfahren.

Doch lasst mich von vorne beginnen, wie es dazu kam. Ich hatte eine klare Absicht in den Äther gesandt. Ich wollte bedingungslose Liebe leben und erfahren. Ich wollte *JA* sagen zu allem, was mir begegnet, und ich war auch bereit, mein Vermögen mit jemand anderem zu teilen. Ich wollte *JA* zu einem neuen Mann sagen, sodass es einem tiefen Commitment gleichkäme, komme was wolle. Ich benutze hier das englische Wort, weil es mir passend erscheint. Mein Motto lautete: Jetzt oder nie! Unter Commitment fühle ich eine Art Verpflichtung, die ebenso tief geht wie das *JA* bei einer Eheschließung. Es sollte jedoch eine spirituelle Tiefe enthalten, derer ich mir ja früher nicht bewusst gewesen war. Mir war nicht klar, wie stark ich mich selbst damit fordern würde: Partnerschaftlich, finanziell, sexuell; ich bewegte mich bald wie auf Glatteis.

Kuno erwies mir die Ehre, mich zum ersten Mal an seinem Geburtstag zu besuchen, und das, obwohl er sehr viele Freunde in der Schweiz hatte, die mit ihm zusammen sein wollten. Gemeinsam hatten sie schon den ganzen Vorabend und die Nacht durchgefeiert und verstanden nicht, warum er sie vorzeitig verließ und die Gesellschaft einer unbekannten Frau vorzog. Da konnte ich mich doch echt geehrt fühlen oder etwa nicht?

Es war Oktober, und Kuno stand übermüdet vom Feiern, Tanzen und anderen Erlebnissen vor meiner Türe. Ein großgewachsener, schlanker, gutaussehender Mann stand blass und erschöpft vor mir. Er war energetisch kaum spürbar, graue Schatten umspielten sein Gesicht, aber er war da, und ich freute mich. Nach einer längeren, sehr angenehmen Unterhaltung konnte er die Augen kaum noch offenhalten. Ich bot ihm an, schlafen zu gehen, und für Stunden hörte ich nichts mehr von ihm. Nach einem gemütlichen Abendessen zog er sich wieder zurück ins Gästezimmer. Die folgenden Tage waren harmonisch, doch er wurde immer sehr schnell müde und brauchte vier Tage, um sich halbwegs zu erholen. Es schien in ihm eine grundlegende Erschöpfung zu geben, und ich erfuhr, wie anstrengend seine letzten Wochen gewesen waren, die mit einer ziemlich heftigen Trennung von seiner Geschäftspartnerin und damaligen Freundin zu tun hatten. Ich konnte mir aber darauf keinen richtigen Reim machen.

In diesen vier Tagen erfuhr ich seine Lebens- und Leidensgeschichte. Sie erzählte von Verrat in jungen Jahren, Gefängnis, Drogen, danach geschäftlichen Erfolgen, Nahtod-Erlebnissen, Familie, Scheidung und seiner Suche nach dem Sinn des Lebens. So verrückt vieles klang, einiges hat er mir später mit Dokumenten belegt. Wie er sprach und sich ausdrückte, war teilweise ebenso gewählt, wie er jeweils geschrieben hatte. Sehr vergeistigt erlebte ich ihn, und das gefiel mir. Kunos Leben hatte seit seiner Scheidung eine ziemlich desolate Wendung bekommen. Als er mir begegnete, stand er vor dem Nichts. Nicht nur der Verrat seiner Partnerin beschäftigte ihn. Er hatte auch keinen Kontakt zu seinen Söhnen, keinen zu seiner alten Mutter. Er erklärte mir, es sei nicht das erste Mal, dass er in einer schwierigen Situation stecke und nutze inzwischen staatliche Unterstützung, um über die Runden zu kommen. Diese erhielt er dank eines psychiatrischen Gutachtens.

An einem Nachmittag standen wir im Garten nebeneinander und blickten in die Weite. Da legte er sanft den Arm um mich, und das war eine so liebevolle, zarte Berührung, wie ich sie noch nie von einem Mann erlebt hatte. Freundschaftlich und locker war unser Umgang. Ich hoffte sehr, dass es ihm gelingen konnte, sein Leben ein wenig zu ordnen und fühlte mich bereit, ihn zu unterstützen.

HEIMATLOS

Wir schrieben uns regelmäßig und telefonierten ab und zu. Seine Sprache war manchmal umständlich, seine Wortwahl beeindruckend schön, und er als Mensch faszinierte mich. Er schrieb, dass er mehrfach außerkörperliche Erfahrung gemacht hatte und schien auch andere spirituelle Höhen zu kennen. Er war viel herumgekommen, beruflich oft und lange im Ausland gewesen und strahlte Dynamik aus, die ansteckend war, wenn er Pläne machte. Er sprudelte vor Ideen und schien einiges im Leben umgesetzt zu haben.

Als ich ihn einen Monat später in seinem hübschen Mietshaus besuchte, sah ich, wie mies es materiell um ihn stand, und war froh, ihm bereits einen Teil meines Inventars, das ich nicht benötigte, einen Wollteppich, einiges an Besteck und andere Küchenutensilien, überlassen hatte. Er träumte davon, Deutschland zu verlassen und hätte die Wahl gehabt, mit Freunden in ein Haus in den Kanton Appenzell zu ziehen, irgendwo weit weg von der Zivilisation, was er *suboptimal* fand. Ich hörte dieses Wort zum ersten Mal, und irgendwie gefiel mir dessen Klang nicht. Als ich das Haus und die Bewohner später kennenlernte, merkte ich, dass es sich um eine Gruppe junger Aussteiger handelte. Die WG wirkte ungepflegt.

Inzwischen konnte ich mir gut vorstellen, ihn bei mir wohnen zu lassen. Platz hatte ich genug und dachte, dass wir ein gutes Team wären, um gemeinsam Projekte ins Leben zu rufen. Außerdem mochten wir uns, auch wenn ich nicht von Liebe hätte sprechen können.

Natürlich hatte er bei mir viel mehr Raum und Bequemlichkeiten. Es entsprach auch eher seinem ursprünglichen Lebensstil und so sagte er ohne zu Zögern zu.

Als er das nächste Mal in die Schweiz kam, war es bereits beschlossene Sache, dass er bei mir einziehen würde. Im Dezember war es soweit und er brachte mir als Geschenk einen selbstgebauten Katzenbaum mit, denn ich war inzwischen *auf die Katze* gekommen.

Wir verbrachten ein wunderschönes, gemeinsames Weihnachtsfest, zu dem wir Vater und meinen Bruder einluden, und ich denke, auch Mama gab uns aus dem Himmel ihren Segen. Oder hätte sie mich wieder einmal mehr gewarnt? Kuno begeisterte uns mit seiner Musik, die er auf dem Keyboard sehr einfühlsam spielte. Sein gepflegtes Auftreten passte zu uns. Die erste Zeit war eine Zeit des sich aneinander Gewöhnens und ich lernte ihn schätzen. Seine Liebenswürdigkeit und Hilfsbereitschaft genoss ich sehr. Wir arbeiteten auch im Haushalt Hand in Hand. Er war dann auch als erster Partner bereit, die Wochenenden mit der spirituellen Gruppe mitzumachen.

Er hatte sich auch sehr gut mit meinem kleinen Kater angefreundet und schien mit ihm besser klarzukommen als ich. Ich hatte ja noch keine Ahnung vom Umgang mit Katzen.

WIE ICH ZUR KATZENMUTTER MUTIERTE

Ich war zu meiner Katze wie die heilige Jungfrau zum Kinde gekommen. An einem Wochenend-Gruppentreffen weilten wir im Haus der Katzenzüchterin. Sie hatte gerade an die 10 Jungkatzen. Dieser eine kleine Schlaumeier hatte sich ins Badezimmer verkrochen und ich entdeckte ihn erst, als ich schon auf der Toilette saß. Das ist eine Angewohnheit, die er bis zum heutigen Tag beibehalten hat. Ein niedliches, dunkelbraunes Wollknäuel war er. Wenig später setzte er sich dann wie selbstverständlich in meinen Einkaufskorb, der leer herumstand.

Elfriede meinte: »Es sieht ganz danach aus, also wollte er zu dir.«

Ich war damit gar nicht einverstanden, da ich keine Ahnung hatte, wie man mit Katzen umgeht. Außerdem reagierte ich allergisch, nämlich mit Asthma auf Katzen. Als ich abends im Bett lag, hatte ich das Ganze vergessen. Im Halbschlaf vor mich hindösend, erschien dieser kleine Kater plötzlich vor meinem inneren Auge.

Als ich die Augen öffnete, sah ich ihn feinstofflich über mir und hörte ihn sagen: »Ich will zu dir.«

Ich argumentierte: »Ich habe Wellensittiche, das passt nicht zusammen, und ich habe noch nie eine Katze besessen, geschweige denn eine Ahnung, wie man mit euch umgeht.«

Seine Antwort ließ keine Zweifel offen: «Ich weiß, dass ich zu dir gehöre. Versprich mir, dass du es dir überlegst.«

So ging das noch eine Weile hin und her. Der langen Rede kurzer Sinn: Am darauffolgenden Tag schaute ich mir das Kerlchen noch einmal genauer an und holte es nach 10 Wochen zu mir. So wurde ich zur Katzenmutter. Er ist der treuste meiner inzwischen drei Katzen und erwartet mich heute noch jeden Morgen im Badezimmer.

Irgendwann erinnerte ich mich daran, dass ich etwa ein halbes Jahr zuvor ein Erlebnis mit einer Katze derselben Rasse, derselben Farbe gehabt hatte. Zuerst sah ich nur einen Haufen dunkelbraunes Fell, der eines Morgens vor meinem Teich lag – regungslos. Ich kümmerte mich zuerst nicht weiter darum. Nach einer vollen Stunde, als dieses Tier noch immer da lag, wagte ich, mich anzunähern und sah, dass es eine Katze war. Sie atmete, hatte die Augen offen, aber sonst zeigte sie keine Regung. Ich sprach beruhigend auf sie ein und rief meine Nachbarin zu Hilfe. Sie brachte einen großen Korb mit und das Tier zum Tierarzt, wo es eingeschläfert werden musste. War mein Kater eine Inkarnation dieser Katze? Hatte sie damals entschieden, dass sie ihre nächste Inkarnation bei mir leben würde? Fast kam es mir so vor.

Die Katzenzüchterin hat später mehrere Katzen aus dieser Zucht bei Gruppenmitgliedern untergebracht. Es waren alles sehr besondere Katzen. Mein Kater ist sehr feinfühlend und wenn es irgend jemandem im Haus schlecht ging oder ein Teilnehmer meiner Gruppe gerade in einem energetischen Ungleichgewicht war, näherte er sich an, schmiegte sich an diese Person, als wollte er sagen: »Ich bin ja da. Alles wird gut.« Ebenso verhielt er sich ganz still während der Meditationen. Er schien diese Energie zu lieben. Als junger Kater hüpfte er oft auf meine Brust, wenn ich im Bett lag und kam ganz, ganz nah an mein Gesicht heran, dass es mir um die Kehle ziemlich eng wurde. Später legte er sich auf meine Brust und berührte sanft mit einer Pfote meine Wange, um mir zu sagen: »Hallo, hier bin ich.«

Seine Lieblingsbeschäftigung blieb es, sich auf jede neue Handtasche zu setzen, in jede Einkaufstasche oder einen Koffer zu schlüpfen und nichts entging ihm. Mein Partner und der Hauskater verstanden sich prächtig. Mir schien zu Anfang, dass er die Katzensprache besser verstand als ich.

Eine Hundehalterin, die in der unteren Straße wohnte, spazierte regelmäßig mit ihrem Hund, und die beiden kannten sich, wenn auch auf Distanz. Als ihr Hund krank war, tauchte mein Kater vor ihrem Haus auf und schaute zum

Fenster herein und legte sich auch dort nieder, was er, sobald der Hund wieder gesund war, unterließ.

Mein neuer Partner lebte nun schon ein halbes Jahr bei mir und wir waren uns nähergekommen und hatten viele Pläne. Es gab da nur eine große Unstimmigkeit, nämlich die, dass er nicht daran dachte, sich hier registrieren zu lassen. Er fuhr regelmäßig nach Deutschland, wo er pro Forma ein Domizil bei Freunden hatte. Seine Begründung, warum er das nicht ändern wollte, gefiel mir gar nicht. Sie hatte nichts mit mir zu tun, doch fühlte es sich nicht integer an.

Kuno kannte inzwischen die Gruppenmitglieder, nahm auch an den Wochenenden teil und erfreute uns mit seiner Trommel oder der Musik, die er neu komponiert hatte. Elfriede nutzte die eine Komposition sogar für eine Meditation, welche sie auf CD aufnahm. Für das Neugeborene eines Freundes und Gruppenmitgliedes komponierte er ein Mantra und nahm es auf. Meine Tochter begleitete es mit ihrer schönen Stimme. War da ein neues Duo geboren worden?

7 AUF GEHT'S IN DEN NORDEN

BIS SPITZBERGEN

Als für den Sommer eine Schiffsreise der spirituellen Gruppe nach Spitzbergen angeboten wurde, war ich sofort Feuer und Flamme. Wir würden über Hamburg, Schottland, Island in den hohen Norden fahren. Ich wusste, dass Kuno nicht die Mittel hatte, um mitzukommen, was er sehr gelassen hinnahm. Also konnte ich ihm getrost das Haus und die beiden Katzen überlassen. Ich hatte ein junges Weibchen dazugekauft, und unsere Wellensittiche lebten auch noch.

Diese einmalige Reise möchte ich wieder in der Gegenwart, also ganz unmittelbar mit Euch, liebe Leserinnen und Leser, erleben. Wir sind 5 Frauen die nun zusammen verreisen, kennen uns schon lange sehr gut und gehören alle zum inneren Kern der Gruppe. Es wird bestimmt toll.

Schon am Flughafen in Zürich gibt es die erste Überraschung bei der Sicherheitskontrolle. Karl, ein langjähriger Bekannter, und seine Frau stehen vor mir. Ihn habe ich in einem Computerkurs kennengelernt und danach als Finanz-Berater gehabt. Er war mir eine große Hilfe beim Kauf meines Hauses. Wir haben voneinander profitieren können, denn er hatte entschieden, mit Arbeitskollegen bei mir Yogakurse zu besuchen, die ich dann separat für seine Truppe gab. Er traf kurz danach seine Frau und lud mich auch auf seine Hochzeit ein. Nachdem wir 5 Jahre nichts voneinander gehört hatten, treffen wir uns nun unverhofft wieder. Sofort erhalte ich ein Bild der Energie, die von seiner Frau kommt, erkenne in ihren Gesichtszügen eine Reife und auch Müdigkeit (kein Wunder bei dem Powermann, den sie hat). Sie arbeitet inzwischen für ihn und erzählt mir von ihrem zweiten, nicht mehr ganz jungen Pferd, das ziemlich wild zu ihr kam und sie zuerst nicht als Meisterin akzeptierte. Deswegen besuchte sie einen Pferdekommunikationskurs, und der habe ihr viel gebracht, und dies wirke sich nun auch auf ihre Ehe aus, was der Ehemann mit einem schmunzelnden Seufzer quittiert. Nach einem kurzen Flug kommen wir in Hamburg an.

Hamburg

Hier trennen sich die Wege. Sie logieren im besten Hotel, doch auch unser Hotel Intercontinental kann sich durchaus sehen lassen. Der Taxifahrer, ein früherer Reiseführer, zeigt uns bereits bei der Hinfahrt einige sehenswerte Villen im Alsterquartier. Nach dem Zimmerbezug lassen wir uns bei einem kleinen Spaziergang freudig Seeluft um die Nase wehen. Wir hören, dass es zwei Tage vorher nur in Strömen geregnet hat, und jetzt sitzen wir an der Alster, mit Sonne beschenkt und mit Blick auf die Wasserfontäne, die im Wind ihre Spiele treibt. Danach geht's in die Stadt bummeln. Schöne Boutiquen locken, die gerade Ausverkauf haben. Weiter gehen wir zum belebten Platz vor dem schönen Rathaus, vorbei an vielen Statuetten, die farbige Wasserträger in buntesten Farben darstellen und das Stadtbild beleben. Die verführerischen Kuchen ignorieren wir noch eine Stunde, bevor wir ihnen erliegen.

Dringend gesucht wird eine Apotheke, die einen Spezialstift für totalen Lippen- und Nasenschutz verkauft. Im Norden mit Meer, Wind und Eis ist die Sonneneinstrahlung sehr stark. Ich hatte mir eine speziell dunkle Sonnenbrille anfertigen lassen. Elfriedes überempfindliche Delfinnase, wie sie diese nennt, wird zu schnell krebsrot bis lila. Wir tun gut daran, uns noch mit dem Nötigen einzudecken. In der 5. Apotheke finden wir, was wir suchen. Ich kaufe mir in intuitiver Voraussicht noch Tabletten gegen Sodbrennen. Schon zu Hause belastete mich dieses ungewohnte Gefühl ab und zu. Wir wussten, dass Aktivierungen im Bereich des Solarplexus stattfinden und dass das ganze Nervensystem sich verfeinert. Es arbeitete auch als Vorbereitung auf diese Reise zum Nordpol. Nun müssen sich die Organe anpassen und reagieren dementsprechend.

Mein Koffer scheint auch etwas abzubekommen und erzählt: »Ich komme ursprünglich aus Taiwan, flog mit dieser Frau nach Hawaii, von da in die Schweiz und nun also ein weiterer Flug in den Norden, mit der Swiss. Das hat mir den Rest gegeben, weil wir ständig herumgeschmissen und zerquetscht wurden. Der Reißverschluss klemmt oder hat sich an einigen Stellen gelöst. So ist das nun, dass plötzlich fast nix mehr geht, so zerbeult und havariert wie ich bin.«

Eva hat die rettende Idee, den Schaden bei der Rückkehr zu melden, wenn wir wieder mit der Swiss fliegen. Auf diese Art und Weise bin ich zu meinem neuen Koffer gekommen.

Gestärkt nach Kuchen und Cappuccino wandern wir Richtung St. Michaelis Kirche. Über dem Eingang thront Erzengel Michael mit der Lanze. Wir stehen Schlange, um auf den Turm zu gehen. Da mir Turmbesteigungen meistens zuwider sind, gehe ich vorerst in das Innere der Kirche, setze mich gegenüber der goldenen Tafel des Abendmahls hin und fühle mich sofort integriert als Teil davon. Als ich herauskomme, sind die anderen weg, ich vermute sie auf dem Turm oben. Also begebe ich mich wieder Richtung Lift, der altmodisch und ziemlich vorsintflutlich wirkt und wie zur Bestätigung noch laut rattert. Da es eng ist, gibt es ein Gedränge und bereits Gehässigkeiten in Richtung einiger Drängler. Ich bleibe ruhig, halte innerlich Stabilität, damit sie nicht noch handgreiflich werden. Als ich oben bin und die Aussicht bewundere, finde ich meine Leute dann doch nicht. Als ich wieder unten bin, laufe ich Karl in die Arme, sprichwörtlich. Da ich das nächste Ziel der Gruppe kenne, gehe ich zum Quartier, wo sich die sogenannten Witwen-Wohnungen befinden. Es ist ein malerisches, reizendes Gässchen mit sehr hübschen Häuschen. Immer noch kein bekanntes Gesicht! Kurz kommt Panik auf. Eigentlich ist es unverhältnismäßig. Es muss an den Energien liegen. Einen tiefen Atemzug nehmend – und – es geht wieder. Ich begebe mich zurück zur Kirche. Nun nutze ich doch mein Handy, um Kontakt aufzunehmen. Sie entsteigen gerade noch als letzte Besucher der Grabesgrotte, wo die Gebrüder Bach begraben sind. Weiter gehen wir gemeinsam am Wasser entlang Richtung Stadt, vorbei am Gruselkabinett, einem Freilufttheater. Unser Magen ruft nach etwas Essbarem, nicht Furchtbringendem. Bis alle mit der draußen hängenden Speisekarte zufrieden sind, klopfen wir einige Gaststätten ab und landen zuletzt im Rathauskeller, der wohl für die Atmosphäre von Hamburg stehen kann. Ein dunkler schön getäfelter Raum mit bunten Glasfenstern. Hier werden Hamburger Spezialitäten angeboten. Ich werde mich noch lange an diese leckere Blutwurst mit Rosinen erinnern und von dem Kartoffelstock mit Apfelmus träumen! Es war ein schönes Ambiente, und das Essen war klasse.

Das Nachtleben von Hamburg lassen wir außen vor. Innerlich laufen die Vorbereitungen auf Hochtouren und um uns auf das Kommende einzustimmen, schließen wir den Abend mit einer gemeinsamen Meditation ab.

EINSCHIFFEN

Am nächsten Morgen wählen wir für den Transfer zum Schiff einen Stadtrundfahrtenbus. Der erste Doppeldecker reagiert nicht auf unser Winken, sondern fährt einfach an uns vorbei – uups. Suse will schon winkend hinterher rennen. Ich vermute, dass da noch eine andere Linie kommen wird und zwei Minuten später fährt einer vor, der anhält. Wir besteigen mit unserem Gepäck einen Doppeldecker, der nicht als Taxi, sondern für Stadtbesichtigungen genutzt wird und haben damit zwei Fliegen auf einen Streich geschlagen. Ein witziger Führer erzählt uns einiges über die Stadt und ihre Sehenswürdigkeiten und mahnt uns zur Ruhe, als wir vor Begeisterung zu laut werden. Viel schneller als gedacht und zu früh sind wir am Hafen. Der Busfahrer erlaubt uns, den Rest der Rundfahrt mitzumachen. Wir erhalten also eine halbe Fahrt geschenkt. Dadurch erreichen wir später als gedacht den Hafen und zu allem Übel beginnt es leicht zu regnen. Da der Hafen weitläufig ist, nehmen wir ein Taxi, das uns zu den Kreuzfahrtanlegestellen bringt. Doch da ist weit und breit keine Vistamar zu sehen, so heißt unser Schiff. Über Taxifunk erfahren wir, dass sie am Quai steht, wo wir soeben unser Taxi bestiegen hatten. Wegen der hohen Mauer war es uns nicht möglich gewesen, dies zu erkennen. Entweder kann man uns als Hühner bezeichnen, die kopflos herumirren, oder man wählt unsere Sprache. Wir nennen das: Energie verteilen und zusätzliche Menschen damit berühren.

Wir checken fast als Letzte auf der Vistamar ein. Geräumig, sehr schön und sauber ist alles. Gut organisiert und freundlich erleben wir die Abfertigung am Empfangsschalter. Wir bekommen Nummernschilder, die später als Identifizierung gelten, ob alle Passagiere an Bord sind. Sehr übersichtlich ist das Schiff, weil es nicht allzu groß ist. Es hat 6 Decks und fasst nur 300 Passagiere. Unsere Kabinen befinden sich auf dem Einstiegsdeck und sind geräumig, ja fast luxuriös mit großer Fensterluke.

Alle Reisenden gehen auf das Aussichtsdeck, um sich von Verwandten oder von Hamburg zu verabschieden. Danach geht es los, und wir fahren an der riesengroßen Theaterhalle vorbei, sehen, wo das Musical Lion King aufgeführt wird, und langsam geht es raus aus dem Kanal. Wir treffen uns zu einer gemeinsamen Meditation in einer der Kabinen und stimmen uns gemeinsam auf das Schiff und die Energien ein.

DAS ABENTEUER BEGINNT

Nach einem gediegenen Abendessen, einem 5-Gang-Menü, und einem ersten Schlummertrunk in der Bar, zum Glück erst dann, beginnt das Schiff nun doch schon ziemlich zu schaukeln. Ganze vier Stunden fuhren wir auf der Elbe, wo es noch ruhig war, bevor wir gegen Mitternacht das Meer erreichen. Kaum bin ich im Bett, beginnt die Schaukelbewegung immer heftiger zu werden, und ich werde jedes Mal hellwach, wenn das Schiff auf Schwellwasser knallt. Dann fährt es wieder 10 Sekunden lang ganz ruhig. Leise grollt das Schiff, und mein Magen sagt, dass ihm das nicht geheuer ist. Zum Glück habe ich mir Ingwertabletten für diesen Fall besorgt und nehme eine, ebenso vor dem Aufstehen. Dann esse ich ein Knäckebrot, denn man soll den Magen beschäftigen, aber wenig trinken.

Per Kabinenradio werden wir täglich geweckt. Es ist die freundliche Stimme von Konstantin. Er nennt uns die Außentemperatur von 12 Grad, das sei also ein temperierter Kühlschrank, der Wellengang werde ruhiger als in der Nacht sein. Dennoch empfehle er uns, Tabletten beim Arzt zu holen, falls wir bereits Probleme hätten. Er erklärt uns das heutige Programm, begleitet von schöner Hintergrundmusik. Dies wird nun jeden Morgen unser Weckdienst werden.

Das Frühstück beinhaltet wieder ein vielseitiges Buffet und kann genüsslich bei ruhigerer See eingenommen werden. Ali, unser Kellner, freut sich über unser Erscheinen, denn schon fehlen einige der Passagiere. Er zeigt Mitgefühl für die bereits Seekranken, sagt uns jedoch, dieser Wellengang sei noch nichts. Viele werden jetzt ebenfalls seekrank. Diejenigen, die zu spät eine Tablette einnahmen und diese bereits wieder ausspuckten, kriegen eine Infusion und liegen dann den ganzen Tag flach. Sie werden auch nicht zur Rettungsübung kommen können.

Das Schiff schwankt und ich mit ihm. Nach dem Frühstück, dick eingemummelt, geht es bestückt mit meiner Rettungsweste nach oben. Die frische Luft an Deck tut gut, doch tut man gut daran sich, wo es geht, festhalten. Der Wellengang maß in der Nacht 4,5 – 5 Meter, jetzt noch etwa 2 Meter, was absolut harmlos sei. Die Wellenhöhe wird übrigens nicht über, sondern unter der Wasseroberfläche gemessen, wo der Bug entlangfährt.

Bei einer Besichtigung der Schiffsbrücke erfahre ich gegen Ende der Reise, dass die sogenannten Stabilisatoren zwar das Schiff gerade halten, dies aber nur der Geschwindigkeit zum Vorwärtskommen diene, bei Menschen jedoch Seekrankheit verursacht, weil die normale Wellenbewegung abrupt abgebremst werde.

Der ganze Tag auf See ist grau, regnerisch, das Wasser bleibt bewegt, im Grunde ideal zum Eingewöhnen! Wir Passagiere torkeln wie betrunken herum oder werden in den Gängen von einer Wand zur andern geschubst. In einer windgeschützten Ecke auf Deck schnappe ich mir einen Liegestuhl und kann die Meeresluft genießen. Es ist sehr angenehm, auch wenn die Sonne nur zögerlich ab und zu durch die Wolken scheint.

Unsere drei Kellner lernen wir beim Mittagessen näher kennen. Ali, Yvan, der Barkeeper und I Made, der Helfer für alle Extras. Ali aus Istanbul, Yvan aus Bulgarien und I Made aus Bali. Sie werden uns auf der ganzen Reise betreuen. Wir sind 5 Frauen und fallen auf, denn es sind vorwiegend gesetzte Paare da. Wenn wir, wie so oft, laut lachend losprusten, ernten wir ziemlich vorwurfsvolle bis despektierliche Seitenblicke … Deren Gedanken lassen sich leicht lesen: »Was sind denn das für welche?« Am nächsten Tag beklagt sich ein Mann bei Elfriede, weil sie so laut lacht. Dieses Lachen oder Kichern ist ihr Markenzeichen. Wenn ich sie suchen muss, brauche ich nur einige Minuten zu warten, und schon höre ich irgendwo ihr lautes Gekicher und Gegluckse. Wir wissen, dass sie dadurch mit den Energien arbeitet und viele latente, also solche, die festhängen, transformiert. Die Tatsache, dass wir es so lustig haben, wirkt befreiend für viel Festgefahrenes. So lockert sich die Atmosphäre bei vielen anderen Reisenden mit jedem Tag ein wenig mehr – bis es auch an deren Tischen munterer wird, und bald erhalten wir Lachkonkurrenz. In der zweiten Woche werden wir von einigen gefragt, warum wir nicht mehr so viel lachen, es sei so schön gewesen! – So unterschiedlich also die Wahrnehmungen. Man kann es nie allen recht machen und das war auch nicht unser Ziel. – Egal wie, wir haben etwas bewegt.

Wir werden gefragt, was wir denn für ein Verein seien: Kegelschwestern, Schachclub? Und wo denn die Männer seien? Der Maître d'Hôtel setzt sich spät abends in der Bar zu uns, weil er wissen will, warum wir eine so starke Ausstrahlung, resp. Energie haben. Es wird zu einem regelmäßigen Gedankenaustausch mit ihm kommen. Ganz fasziniert hört er zu, was wir so an Energiearbeit machen und erzählt uns seine ganze Lebensgeschichte, die gar nicht ohne ist, jedoch nicht hierhergehört.

Edinburgh
Am Morgen erreichen wir Edinburgh. Per Shuttle-Bus werden wir in die Stadt gefahren. Neben mir sitzt ein 80-jähriger Herr. Wir kommen ins Reden und als ich ihm erzähle, dass wir auch bewusstseinserweiternde Aufgaben wahrnehmen, spricht er über den Tod und sagt, dass er ihn schon ziemlich nahe spüre. Ich füge hinzu, dass ich jeden Tag eines kleinen Todes sterbe, wenn ich etwas loslasse und mir immer mehr meiner eigenen Göttlichkeit bewusst werde. Bald fragt er, welcher Religion ich angehöre und ob wir Zeugen Jehovas seien. Natürlich lachen wir schallend, sehen wir etwa so aus? Ich erkläre ihm, dass ich nie und nimmer zu dieser Gruppierung gehören möchte! Als Sekte wurde unsere Gruppe zwar schon ab und zu bezeichnet, doch wir missionieren nicht, wir sind frei, uns zu entfalten, sie zu

verlassen. Sehen wir aus wie gläubige Pilger oder Missionare? Wohl eher nicht. Zuletzt befindet er, wir seien dann wohl die 5 lustigen Weiber von Windsor. Okay, gebongt!

Den schönen Park unterhalb der Burg mit der funktionierenden Blumenuhr, bei welcher diverse Anlässe stattfinden, durchwandern wir freudig in der Sonne. Wir gehen hoch Richtung Burg. Sofort lockt mich die kleine Kapelle, und ich lese, dass es das älteste Bauwerk von Edinburgh ist und nach Königin Margarete benannt wurde. Weiter gehen wir zur Gedenkkirche im Burgkomplex, wo die Namen der Gefallenen in dicken Büchern festgehalten sind. Der Ort, wo die anderen zum Meditieren hängen bleiben, treibt mich weg. Ich finde keine Verbindung dazu und muss mir danach anhören, dass ich nur hätte Geduld haben müssen. Was ich entdecke, ist ein Denkmal für diejenigen Frauen, die mutig während des Krieges ihre Pflicht taten. Zu ihren Ehren ist da eine Inschrift der Wertschätzung aufgestellt. Es sind nicht die Krieger und Eroberer, die mich rufen. Ich kenne diese Energie nur allzu gut aus anderen Inkarnationen, wo ich gekämpft habe. Heute ist es die weibliche Kraft, die dem Menschen dient, mit der ich mich verbinde und ich werde sie in Isafiördur wiederentdecken. Danach begeben wir uns alle in die kleine Kapelle von Margarete, die innen schneeweiß ist, und ich bemerke, wie alles in mir weit und leicht wird, mein Gehirn erhält neue Frequenzen. Elfriede erzählt von einer zähflüssigen, grünlich fluoreszierenden Energie, die sie wahrnimmt und sich in den Körper ergießt. Es sei Heilenergie, die vieles verändert. Wir werden später öfter mit dieser Energie meditieren. Grün ist auch die Farbe von Erzengel Raphael, der als Engel der Heilung gilt.

Das alles macht hungrig. In einem typischen Pub werden wir verköstigt und hören wie als Abschiedsgruß noch einen Dudelsackspieler vor der Türe spielen. Und dann heißt es schon Bye-Bye, Edinburgh.

Orkney

Weiter geht es per Schiff nach Orkney, das aus 67 Inseln besteht. Wir ankern am Hauptort Kirkwall, das seit 4'000 v. Chr. bewohnt ist. Der Wikingereinfluss ist heute noch sichtbar. Die Schotten kamen im späten Mittelalter und brachten ihre Kultur und den Whiskey mit. Per Taxi erreichen wir den Steinkreis von Stenness. Von den 12 Steinen ist nur noch die Hälfte übrig, doch dieser Ring scheint eine starke und wichtige Energie zu bergen.

Sofort sehe ich vor meinem geistigen Auge 12 sehr hohe Steinstelen, die sich plötzlich in einem Kreis rückwärts auf den Boden legen und so ein Strahlenfeld bilden, in dessen Mitte ich mich befinde. Als ich mich still auf den Steinkreis einstimme, erlebe ich diese zwölf präsenten Steine und auch diejenigen, die inzwischen zerstört sind, als präsente Botschaften der zwölf Apostel. Ich fühle mich in deren Mitte eingebettet in das Christusbewusstsein. Es entstehen in mir fühlbare Energien, die aus dieser Mitte heraus Strahlen in andere Dimensionen reichen. Die Steine wirken feinstofflich und werden immer durchsichtiger. Gleichzeitig bildet sich eine Sphäre, die zuerst kristallin und danach durchwirkt ist mit goldenen Punkten, wo jeder einzelne wiederum einen Verbindungsstrahl nach Innen und Außen sendet. Je tiefer ich mich einlasse, das Bild in mein Herz einlade und verankere, desto mehr scheine ich mich als physischer Mensch aufzulösen. Ich werde zu purem Licht, bin gebadet in *Glückseligkeit*, in Liebe, eine Sonne in ihrem reinsten SEIN. Dass ich ganz am Anfang unserer Reise diese tiefe Erfahrung machen darf, überwältigt mich. Einiges davon wird sich während der restlichen Reise noch weiter aufschlüsseln. Multidimensional betrachtet, ist das schon jetzt ein großartiges Erlebnis. Wieder geerdet im Hier und Jetzt bin ich mit freudigem Staunen über das Erlebte erfüllt.

Wir fahren weiter zu den 60 Steinen, dem großen Ring of Brodgar, den ein kleines Sumpfgebiet umgibt. Einer der Dolmen erinnert mich sofort an die Osterinseln, obwohl ich in diesem Leben noch nie dort war. Es gibt einige Wege aus dem Kreis heraus, auf weitere ihn umgebende Hügel. Wir setzen uns auf einen der kleinen Hügel außerhalb des Kreises und wieder erscheint mir alles kristallin. Ich sehe die Mücken um uns herumtanzen, was mir sofort eine Verbindung zu Lemuria gibt. Die Wiese scheint voller kleiner Wesen zu sein, und das sehe ich alles mit offenen Augen. Als wir die Meditation beenden, scheint plötzlich die Sonne durch die Wolken hindurch, und die noch vorhandenen Steine schimmern und senden das Licht kraftvoll zurück.

Danach wollen wir im Ort die St. Magnus Kathedrale, die dem heiligen Wikinger gewidmet ist, besuchen. Sie ist jedoch wegen einer Beerdigungszeremonie geschlossen. Elfriede und Eva schaffen es, ungesehen hineinzugelangen. Ich werde angesprochen, ob ich zu der Gesellschaft gehöre und da ich das nicht bejahen kann, erhalte ich keinen Einlass. Also gehe ich weiter zum nahen, sehr beeindruckenden Bischofspalast, der noch als Ruine erhalten ist, wovon ein runder Turm im Renaissancestil Eindruck macht. Er wurde von den Norwegern erbaut, als sie noch über diesen Teil Schottlands herrschten.

Nach so viel Energie muss ich dringend zur Toilette. Mir fehlt das nötige Kleingeld. Die Dame an der Kasse ist unnachgiebig. Da erbarmt sich ein freundlicher Schotte meiner und schenkt mir den Kloeintritt! So trägt jedes Negative eine Chance in sich. Hier einen direkten Kontakt mit einem Einheimischen, der stur, und einem anderen, der großzügig ist.

KONTIKI

So wie wir als Mensch auf Erden inkarniert einen Namen haben, kann es uns auch in anderen Dimensionen mit anderem Namen geben. Ich für meine Person vermute, dass es sich um Seelenanteile handelt oder Verbindungen zu frühen Ahnenreihen. In einer früheren Meditation, als ich noch keine Ahnung von nordischen Geschichten hatte, erschien mir als mein galaktischer Name Kontiki. Jetzt lese ich dazu:

1947 ging ein großes Floss mit Namen *Kontiki* über den Pazifischen Ozean. Es ging von Polynesien bis nach Norwegen, weiter nach Finnland und Island und in die selbstverwalteten Gebiete Färöer sowie nach Grönland. Der Name Kon-Tiki stammt von einer Sagengestalt der Inkas ab. Es wird berichtet, dass in früheren Dekaden hellhäutige, bärtige Männer auf Flössen von Osten in das Land der Inkas kamen. Ihr Anführer sei der Sonnengott Con-Tiki-Viracocha (Kun Tiqsi Wiraqucha in Quechua) gewesen, der von eindrucksvoller Statur war und langes weißes bis rötliches Haar sowie einen großen Bart trug. Was auffiel, war seine sehr helle Haut. Diese Männer gelten als die Begründer der Inka-Zivilisation. Die Geschichte der hellhäutigen, bärtigen Männer aus dem Osten findet man auch in Polynesien. Die Eingeborenen der Osterinsel berichteten, dass in der Vergangenheit ein Mann aus dem Osten kam, der nach einem verlorenen Krieg mit seinen Gefolgsleuten hier ankam.

Die ersten Europäer, welche die Osterinsel erreichten, begegneten einer Mischbevölkerung, die zum Teil aus dunkelhäutigen und zum Teil aus auffallend hellen Bewohnern bestand, wobei die mit heller Haut auch bärtig waren.

Färöer Inseln

Weiter geht die Fahrt nun immer mehr ins Nordmeer Richtung Färöer Inseln. Leider taucht der Name viel später wegen dem Abschlachten der Wale auf. Wir sehen jedoch weder Wale noch sonst etwas was daran erinnert.

Ankunft auf den Färöer Inseln, 22 sind es an der Zahl. Sie werden auch Schafinseln genannt. 2005 zählte man 70'000 Schafe, 48'000 Einwohner auf total 17 Inseln, 16'000 in Torshavn. Es gab anfangs gar keine Säugetiere auf den Inseln. Ratten und Mäuse kamen in den Schiffen mit, und

Polarhasen wurden freigesetzt. Die Inseln sind ein Paradies für Seevögel.

Sehr lieblich ist der malerische Hafen mit den farbigen Häusern und deren Grasdächern. Dahinter beginnt sofort karge Hügellandschaft. Ich bin sehr intensiv berührt von der Energie, die ich wahrnehme. Am Morgen, als wir ankommen, sind noch alle Cafés geschlossen, es ist ruhig und friedlich in den Straßen, die Temperatur ist mild, also sehr angenehm. Hier strahlt Nordisches, doch auch etwas Englisches, Urtümliches und gleichzeitig sehr Mystisches.

Die Inseln wurden 500 n. Ch. von irischen Mönchen entdeckt, die in ihren Lederbooten ankamen. Sie wurden im 9. Jh. von Wikinger vertrieben. Um 1035 wurden die Inseln zu norwegischem Staatsgebiet erklärt und nach der Union dänisch, was sie dann auch blieben. Die Einwohner litten unter dieser Herrschaft und wurden richtiggehend ausgehungert durch hohe Zollabgaben und ein späteres Export- und Importverbot. Wenn dann noch etwas übrig war, kamen regelmäßig Seeräuber vorbei, die sich bedienten. Auf diese Art und Weise wurde ihnen das Wenige, was sie hatten, auch noch genommen. Wie durch ein Wunder haben die Einwohner diese 300 extrem harten Jahre überlebt. Erst im Jahre 1946 wurden die Inseln unabhängig. Schafzucht und Fischerei sind heute die Haupteinnahmequelle.

Ich gehe auf eigene Faust los und bummele durch das älteste, überaus liebliche Quartier mit den kleinen Häuschen, engen Sträßchen, wo kein Auto durchkommt. Weiter oben erfreut mich die moderne Kirche, die wie ein riesiger Tetraeder aussieht und über allem thront. Ebenfalls entdecke ich ein Haus in der speziellen Form eines Dodekaeders und vieles mehr. Ich bedaure sehr, dass die Zeit nicht für einen ausgiebigen Landausflug gereicht hat, die anderen sind schon lange zurück auf das Schiff gekehrt. Kein Wunder, dass ich mich auf dieser Insel sehr wohl fühle, wenn doch mein galaktischer Name Kontiki ist. Elfriede befindet, wir müssten jetzt auf dem Schiff bleiben und Energiearbeit machen. Ich ärgere mich darüber, weil ich diese Arbeit lieber mit einem Ausflug verbunden hätte, aber das Gruppenselbst ist stärker als mein einzelnes. Ich füge mich, weil die Energiearbeit nicht zu unterschätzen ist, das weiß ich ja auch. Wir kommen immer mehr in die Nähe des Nordpols. Die Energien wirken wie ein Sog. Das goldene (Christus-) Licht, das uns schon in Balsthal während der Meditationen erreichte, ist hier noch viel physischer und näher, und wir versuchen, die Polöffnung zu erspüren, ohne uns hineinziehen zu lassen. Wir erleben neue Frequenzen. Als Nebeneffekt können wir wahrnehmen, wie die Steinkreise auf der Erde beginnen, ein Netz zu bilden resp. Verbindungen untereinander zu erhalten, weil sie feinstofflicher werden und sich mit den ihnen eigenen Qualitäten zeigen. Möglicherweise meditierten gleichzeitig andere Gruppen an diesen Orten.

Wir begrüßen in der Meditation die 12 Steine von Stenness, die 24 von Stonehenge, die 36 Stelen der Osterinseln, 48 bei Iguassu, dann die 60 des Ring of Broadcar und erreichen mit der Anzahl 72 (die 36 grobstofflichen der Osterinseln und die 36 feinstofflichen) die Götterebene. Die Energie ist so stark, dass wir immer wieder für kurze Zeit das Bewusstsein verlieren.

Nun folgt die Passage vor Surtsey, bei den Westmänner Inseln, die südlichste Insel von Island, die erst 1963 aus dem Meer auftauchte. Sie zeigt sich in voller Größe, wirkt jedoch düster und ist nur von wenigen Wissenschaftlern bewohnt. Es folgen zwei volle Tage auf See. Sonst ist weit und breit kein Schiff, kein Land zu sehen, nur einige Möwen begleiten uns. Wir fühlen die feinstofflichen Walenergien und wissen, dass sie ganz nah sind. Die Stimmungen und die Wolkengebilde sind immer wieder voller Ufoenergie. Irgendwie sind wir jetzt alle erschöpft und froh, diese zwei Tage an Bord zu haben.

ISLAND

Reykjavik

Wir kommen frühmorgens in Reykjavik an. Unter deren Boden brodelt ein geothermaler »See«, der ohne Ende für Elektrizität und heißes Wasser sorgt. Das Salzwasser heizt sich bis zu 240 Grad auf. Die Blaue Lagune, das Freibad, hat ständig 38 Grad. Zu allem Überfluss an Energien reiben sich noch die beiden Kontinentalplatten von Europa und Amerika aneinander und bilden einen gut sichtbaren Graben dort, wo sie aufeinanderstoßen.

Schon bei der ersten Reise hierher fand ich faszinierend, dass es nie dunkel wurde. Als wir um 7 Uhr in der Früh am Hafen ankommen, steht er, mein lieber John, schon da, um mich abzuholen. Nach einem kleinen Rundgang beginnen wir in einem Café ein ausführliches Gespräch. Wie es ihm in der Zwischenzeit ergangen war, wie es mir geht. Er hat sich hier gut eingelebt und wieder einen Partner gefunden und hofft, noch lange auf Island bleiben zu können.

Es wird nun Zeit zu klären, wie es zum Bruch zwischen uns gekommen war. Zu meinem großen Erstaunen gesteht er mir, ich hätte ihn sehr verwirrt, als er bei mir wohnte. An dieser Feier, die wir besucht hatten, hätte ich ihm so gut gefallen, meine ganze Ausstrahlung und Auftreten berührten ihn so stark, dass er Angst vor seinen eigenen Gefühlen bekommen habe. Als wir dann zu Hause auch noch diese erotische Stimmung entstehen ließen, habe er sich selbst nicht mehr verstanden. Etwas habe ihn fast vergessen lassen, dass er doch nur auf Männer stehe. Plötzlich reagierte sein Körper mit Lustgefühlen auf mich. Das habe ihn noch mehr durcheinandergebracht, und als Resultat habe er sich zurückziehen müssen. Er habe nicht gewusst, wie er mir das damals hätte erklären können, befürchtete meine Reaktion. Er wusste, dass er nicht mit einer Frau sexuell zusammen sein wollte, er sei doch wirklich schwul. Erst jetzt, wo er wieder der Alte sei, könne er mir dies gestehen.

Unsere Begegnung ist so freundschaftlich, sogar innig, als hätte es nie eine Trennung gegeben. Als John mich nach zwei Stunden zum Schiff zurückbegleitet, fällt es mir sehr schwer, ihn zu verlassen. Seine Augen und seine Umarmung sprechen Bände, und ich verstehe, dass er es nicht darauf ankommen lassen will, emotional zu werden. Er müsse zurück an die Arbeit, sagt er kurz, und geht. Mich ruft die Gruppenpräsenz. Also begebe ich mich aufs Schiff und heule mir einen halben Tag lang die Augen aus. Es war einfach zu schön, ihn wiederzusehen. Vor allem bin ich froh, endlich sein Verhalten einordnen zu können und zu wissen, dass jetzt alles wieder gut ist und die Zuneigung von Zweifeln befreit fließt.

Wir haben uns nicht nochmals verabredet, obwohl es, nach dem Landausflug, wieder Zeit dafür gegeben hätte.

Per Mietwagen fahren wir Frauen zum riesigen Gullfoss (Goldener Wasserfall). Immer wieder kommt Trauer in Wellen in mir hoch. Alle erleben auf dieser Reise ein Hochkommen von uralten, noch in den Zellen sitzenden Emotionen und Ängsten, doch meistens nur kurz oder höchstens einen Tag lang. Die Energien auf Island sind wirklich stark. Schon letztes Jahr hatte es mich fast *umgehauen*. Elfriede erklärte uns damals, dass die Energiekörper von uns Menschen mit der starken Energie von Island regelrecht aufeinander knallen und man diesen fast ausgeliefert ist, bis man sich angepasst habe.

So knapp unter dem Polarkreis herrscht, auch jetzt im Sommer, ein raues, wechselhaftes Klima. Es ist 22 Stunden lang taghell. Der Boden fühlt sich nicht mehr fest an, was durch den Aufenthalt auf dem schwankenden Schiff noch verstärkt wird, und wir erleben die Energie des sich auflösenden oder sich verändernden Magnetgitters. Nachdem ich vom tosenden Gulfoss-Wasserfall total nass gespritzt worden bin, dieses Mal leider ohne Sichtung eines Regenbogens, geht es weiter Richtung Gletschersee. Die Landschaft wird wieder mondähnlich. Wir kennen die Gegend vom letzten Mal, doch diesmal hängt über dem See ein sehr eigentümlicher Nebel und lässt viel Geist-Energie, so nennen wir das höchste Bewusstsein, das allem innewohnt, erahnen. Die Meditation findet bei Nieselregen statt, und es ist recht frisch. Wir fühlen uns jenseits vom Magnetgitter, frei von jeglicher Erdanziehung und das Zeitgefühl löst sich auf. Langsam landen wir wieder. Weiter geht es zum großen Geysir, der in voller Pracht und Schönheit hochgeht. Es gelingt mir, die blaue Blase zu fotografieren, bevor sie explodiert und den Strahl 30 m hoch sendet.

Die Rückfahrt verläuft problemlos, nur in der entgegengesetzten Richtung hat es viel Verkehr. Die Städter wollen aus Reykjavik raus, da es ein Feiertagswochenende ist. Entweder sind sie mit Wohnwagen unterwegs oder wollen zelten – und das bei 15 Grad draußen!

Auf dem Schiff, nachdem alle Identifikationsmarken gezählt worden sind, also die Anwesenheitskontrolle am Brett lückenlos ist, beginnt die Nachtpassage.

Isafiördur

Richtung Norden am Snaefelness vorbei fahren wir bis zur Insel Isafiördur, die sehr selten von Touristen besucht wird und sehr spärlich bewohnt ist. Hier herrscht eine so klare Luft, dass ich stundenlang die Energie dieses Fjords hätte einatmen können. Welche Reinheit, Unberührtheit und Einfachheit sind doch hier fühlbar! Eine Abgeschiedenheit ohnegleichen. Nur eine einzige Straße gibt es und Steilhänge. Wir fahren per Bus eine Zeitlang der Küste entlang und sehen hohe Eisbrocken an den Hängen des Vulkan-Gletschers. Die restlichen Berge ragen steil und dunkel bis zu 900 m in die Höhe.

Heute scheint die Sonne, wir haben Glück mit dem Wetter und das Aussteigen lohnt sich. Einige wenige Hänge sind saftig grün, doch fast baumlos. Bei einem kleinen Wasserfall dürfen wir das frische Quellwasser trinken. Der *Wald*, von dem die sprechen, ist eine lächerliche Ansiedlung von etwa 100 niedrigen Tännchen. Im Grunde ist das hier ein Schattenloch fast während des ganzen Jahres. Trotzdem gibt es hübsche Fertighäuschen, die als Wochenendhäuser dienen.

Ein kleines Museum in einem hübschen und typischen alten Haus enthält ursprüngliche Fischereigeräte und erzählt vom Leben der Insulaner. Früher wurden Fischerboote mit 6 Fischern meistens von einer Frau begleitet. Diese sorgte für das Wohl der Männer. Sie kochte, pflegte Wunden, wusch Kleider und war sehr hoch angesehen. Da diese Arbeit auf See anstrengend war, machte das eine Frau nie mehr als 1 bis 2 Jahre. Sie bekam als Lohn ein Vielfaches von dem was die Fischer erhielten und konnte davon lange Zeit gut leben.

Der Speiseplan auf der Insel bietet nicht viel Abwechslung, weil nichts wächst und der Import sich kaum lohnt. Früher ernährten sich die Bewohner von getrocknetem Haifisch, von dem wir versuchen dürfen. Igitt, das kann man ja kaum essen. Das stinkt ärger als ein alter Schweizer Käse. Dann lieber noch ein wenig vom Schnaps zum Runterspülen. Weiter die Küste entlang stehen noch einige Häuschen im alten Stil, und man sieht zerfallene Fisch-Aufhänge-Trockengestelle. Wegen der Abwanderung der Jungen ist vieles am Verlottern. Als der dortige Fischer ausführlich vom Leben der Einwohner erzählt, setze ich mich auf einen Stein und sehe Wasserwesen. Ich versinke in eine meditative Stimmung, während welcher ich die Stille fast greifen kann und ein Flirren von Lichtern sehe. So tauche ich ein in die Energie des Ortes, wo ich mich gerne viel länger eingelassen hätte. Ebenso lockt das gegenüberliegende Festland, das unter Naturschutz steht. Die Besichtigungstour ist viel zu schnell zu Ende, und wir gehen zurück aufs Schiff.

Akureyri

Weiter fahren wir Richtung Norden. Die Nachtfahrt bringt uns nach Akureyri, das immer noch auf Island ist. Hier ist auch die Aya Blue angedockt, ein Riesenkreuzfahrtschiff für 1'000 Passagiere. Das unsrige ist ein Winzling daneben. Wir werden von einem Taxifahrer abgeholt, der uns im Höllentempo Richtung Godafoss (Götter-Wasserfall) fährt. Dort meditieren wir am unteren Teil, wo sich ein optimaler Teleportationspunkt befindet, weiß Elfriede. Ich habe das Gefühl, über dem Gaitafoss zu schweben, das ist der kleinere Teil des Godafoss. Wieder verliere ich fast das Bewusstsein, sehe mich durch Wurmlöcher, Durchgänge von einem Planten in den anderen, auf andere Welten zudüsen und umrunde diese, und bald zieht es mich zurück an den Ort, wo wir sind.

Jetzt ist wirklich eine Stärkung im gegenüberliegenden Café angesagt! Der Apfelkuchen ist sagenhaft lecker. Dann fahren wir weiter in eine Grotte, in die Nähe des Thermalbades, wo das Wasser mit 100 Grad aus dem Boden sprudelt, wo die Luft von feuchtem Dampf sirrt. Das Wasser im Becken hat wohl fast 43 Grad. Elfriede legt sich splitternackt hinein, und weiter hinten liegt ein älterer Herr, ebenfalls im Adamskostüm. Wie wir später herausfinden, ist er ebenfalls Schweizer und wohnt in Genf. Er ist mit seiner Frau per Auto bis Norwegen gefahren, und dann wurde sein Auto bis hierher verschifft. Die beiden entsteigen krebsrot dem Wasser. Wir andern entscheiden, die Mineralstoffe über die Luft einzuatmen. Wieder ist die Zeit viel zu kurz, um länger zu verweilen, und wir rasen zurück zum Schiff. Der Chauffeur hat seine Sache gut gemacht. Er, der die Energien kennt, hat uns viel an Erdung und Ruhe gegeben. Die drei Busse der andern Ausflügler verspäten sich um 3/4 Std. Das sei noch nie passiert, wird uns mitgeteilt, und normalerweise wartet das Schiff nicht auf Verspätete. Es lege immer pünktlich ab. Verspätete Einzelpersonen müssen dann schauen, wie sie wieder zum Schiff kommen. Meistens indem sie mit einem anderen Boot oder per Insel-Hopper den nächsten Ort erreichen. Bei fast 100 Personen, die noch fehlten, wäre das Schiff halbleer geblieben, also warten wir, bis alle da sind …

Erwähnen möchte ich noch, dass Conny und ich ständig Sodbrennen haben. Ich bin sehr froh über meine Tabletten, die ich in Hamburg kaufte und die zum Glück sofort nützen. Es könnte am Essen liegen. Wir wissen aber auch, dass die Energien des Solarplexus stark gefordert sind. Es ist das Seelentor zum Ich-Bewusstsein, und wir arbeiten an seiner Auflösung, hin zu einer neuen Einheit.

NOCH WEITER GEN NORDEN

Spitzbergen

Nun folgt eine längere Schiffspassage von zwei Tagen Richtung Spitzbergen. Mit jedem Tag wird es spürbar kühler. Wieder haben wir starken Wellengang. Noch rutschen die Gläser nicht vom Tisch, also alles noch *easy*.

Der Kapitän meldet, dass er einen zusätzlichen, großen Bogen fahren will, um uns möglichst nahe ans Packeis zu bringen, das sich im Sommer Richtung Grönland zurückzieht. Tatsächlich sichten wir bei schönstem Wetter und ruhiger See große Eisschollen, wo auf der einen eine riesige Seehundkolonie mit mindestens 100 Tieren tummelt. Kleinere mit weniger Tieren hat es einige.

Es folgt eine weitere Tagespassage auf dem Schiff, und es ist kühl, 9 Grad, und recht neblig. Wir fahren nun an der Forscherinsel Jan Mayen vorbei. Eher selten sieht man den Vulkan, da an 320 Tagen im Jahr Nebel herrsche. Tatsächlich ist die Sicht schlecht, weil das Wetter sich wieder verschlechtert hat. Es dauert keine halbe Stunde und kaum nähern wir uns Jan Mayen, klart das Wetter auf, und wir sehen den Vulkan in voller Pracht. Viele *Aahs* und *Oohs*.

Ab jetzt wird es 24 Stunden lang hell bleiben.

Wir passieren am 31. Juli den Polarkreis auf 17°58‘ und erhalten alle eine Urkunde sowie ein Logbuch mit den zurückgelegten Schiffsmeilen.

Magdalenenfjord

Am Magdalenenfjord hält unser Schiff in sicherer Distanz, wo das Wasser für unser Schiff tief genug ist. Auf der Vistamar reisen mehrere Sicherheitsleute mit. Sven ist einer davon. Er ist Jäger und wird jeden Ausflug an Land begleiten. Daher führt er ein Gewehr mit sich. Wir besteigen nach dem Frühstück Schlauchboote und lassen uns Richtung Festland fahren. Nun wird es wärmer. Das Gebiet ist karg, von Gletschern umrahmt und unbewohnt. Es gibt nur ein winziges Hüttchen. Unsere Beschützer fahren mit einem der Schlauchboot vor und eruieren, ob ein Eisbär in der Nähe ist, der uns gefährlich werden könnte. Als sich die drei als Wächter postiert haben, dürfen auch wir aussteigen. Sie bilden die äußerste Grenze, bis wohin wir gehen dürfen. Sollte einer mit seiner Pfeife trillert, müssten wir schleunigst auf Rückzug gehen. Da es wenig zu sehen gibt, fahren wir nach einer Stunde zurück aufs Schiff. Es ist Mittagszeit. Einige Stunden später bekommen wir so hohen Wellengang, dass es noch nicht sicher ist, ob wir beim nächsten Fjord die Schlauchboote benützen können. Mit Müh und Not wassern sie die kleinen Boote, die arg schlingern, weil der Wind bläst. Danach umkreisen sie unser Schiff und suchen eine möglichst ruhige, sichere Umsteigeseite. Es wird gehbehinderten und älteren Personen mit gesundheitlichen Problemen abgeraten, in die Boote umzusteigen, und so entscheidet sich auch mehr als die Hälfte der Leute, auf dem Schiff zu bleiben. Unsere Gruppe besteigt natürlich eines der Boote. Die Wellen sind so hoch, dass der Bug ziemlich steil nach oben schaut und wieder unsanft aufprallt – *Juhuui* – wir schreien jedes Mal los, wie auf einer Achterbahn. Alles kein Problem für uns. Man muss sich nur festhalten, und für den Notfall hätten wir ja Schwimmwesten an. Einzig das eisige Wasser von 3 Grad wirkt nicht einladend. Wir kommen heil an Land, und die Eisbären- und Passagierbeschützer stehen auf ihren Posten. Wir versammeln uns zum Meditieren, um einen großen runden Stein, immerhin ein wenig windgeschützt. Die geführte Meditation lässt uns in den Nordpol hineingehen, und ich erlebe mich, wie ich einfach hineinfalle, falle, falle. Nachdem vorher eine Merkaba mich oben hielt, zieht es mich nun so schnell hinunter, dass ich das Gefühl habe, nie mehr anzukommen, und dann lande ich genau dort, wo ich stehe, in tiefer Verbindung mit diesem Flecken Erde und ganz verbunden mit Terra Gaia. Nun zeigen sich mir noch feinstoffliche Schamanen, die auf dieser Insel gewirkt haben. Sie nähern sich mit ihren Energiekörpern und bringen telepathisch wundersame Geschichten in bewegten Bildern rüber.

Neben uns besichtigen die anderen Besucher das *Hotel*, das hauptsächlich Forschern dient. Es ist eine Baracke mit einem gemütlichen Innenleben, aber unbewohnt.

Jetzt wird es mächtig kalt, es ist 23 Uhr abends und Zeit zurückzufahren. Der Wellengang ist inzwischen ruhiger, und wir gelangen nach einer Stunde problemlos wieder auf das Schiff.

Um 04.00 Uhr sind wir ganz in der Nähe eines großen Gletschers, der öfter kalbt und obwohl es bewölkt ist, ist die Sicht gut, und die Eisschollen leuchten türkis. Der Motor wird abgestellt, und tiefe Stille herrscht. Wir bestaunen die Eisgestalten, die aussehen, als würden sie langsam Richtung Wasser wandern. Als wir schon wieder am Fortfahren sind, entdecke ich tatsächlich noch eine Gletscherkante, die majestätisch und langsam ins Wasser sinkt und Wellen schlägt. Wir fahren weiter, und nach einem wärmenden Tee geht es für wenige Stunden in die Koje.

Ny Alesund

Um 9 Uhr morgens landen wir in Ny Alesund, wo sich das nördlichste Postamt der Welt befindet. Um die spärliche Pflanzenwelt und die Natur zu schützen, dürfen wir nur auf dem vorgegebenen Pfad gehen. Lustig finden wir die über der Erde liegenden, länglichen Holzkästen, in denen sich, wie man uns erklärt, Wasser- und andere Leitungen befinden. Der Boden sei zu hart, um zu graben und diese zu versenken. Hier gibt es eine große Umwelt- und Forschungsstation, ebenso ein kleines Hotel. Drei Schlittenhunde liegen faul in ihrem Zwinger. Anscheinend wurden diese Hunde schon einmal von einem Eisbären angefallen, der ihnen dann auch noch das ganze Futter weggefressen hat. Die Bewohner des Dorfes dürfen den Ort nicht ohne Gewehr verlassen. Im Winter sei es ratsam, immer ein Gewehr dabei zu haben, denn diese Bären sind nicht wählerisch und fallen auch Menschen an. Es ist weit und breit leider kein Eisbär zu sehen. Die wenigen Häuser schmuck und gepflegt. Auf einem Platz entdecken wir Elektroschlitten und ein einziges Auto. Im Souvenirkiosk bezahlt man mit norwegischen Kronen. Wirklich ein eintöniger, einsamer Ort. Bleiben möchte ich hier nicht.

Lonyearbyn

Letzter Stopp. In Lonyearbyn werden noch von den Russen Kohlebergwerke betrieben. Die Erde ist rundherum ganz schwarz, was ich von Weitem sehen kann. Ich habe keine Energie mehr, um nach der durchwachten Nacht auszusteigen. Ich entscheide mich für ein Schläfchen an Deck. Windgeschützt an der Sonne bei 4 Grad.

Um 2 Uhr morgens heißt es dann umsteigen in einen Bus und wir werden zum kleinen Flughafen gefahren. Dort sehen wir den einzigen lebensgroßen Eisbären, leider nur ausgestopft, in einem Schaufenster.

Der Flug führt uns nach Düsseldorf und von dort direkt zurück in die Schweiz.

8 GEMEINSAME ZUKUNFT?

SUBOPTIMAL

Zu Hause brauchte ich einige Zeit, um die Eindrücke zu verarbeiten, und dabei halfen mir das Schreiben des Reiseberichtes und die schönen Fotos. Kuno hatte sich gut um das Haus und die Katzen gekümmert und schien beglückt, mich wiederzusehen. Ich hatte ihn nicht vermisst, fühlte keine Geborgenheit, kein Knistern in seiner Nähe und sehr oft verstand ich ihn und seine Art dess Denkens überhaupt nicht.

Wir begannen trotzdem Pläne für eine gemeinsame, kreative und spirituelle Zukunft zu schmieden, bei welcher wir auch Veranstaltungen organisieren würden. Das sollte unsere Verbindung stärken.

Es gab auch weitere Zugeständnisse, womit er mir zeigte, wie wichtig ich ihm war. Er kontaktierte seine Mutter, mit der er einen sehr spärlichen und meist nur telefonischen oder schriftlichen Kontakt pflegte, und erzählte ihr von mir. Seine Mutter hatte seine Exfrau nie kennengelernt, war nicht zur Hochzeit eingeladen worden und kannte ihre Enkelsöhne nicht. Mich wollte er nun seiner 84-jährigen Mutter vorstellen, worauf sie sich zu freuen schien. Da er sein Auto noch besaß, fuhr er mich die 3,5 Stunden in seine frühere Heimat und wir gelangten in eine ruhige Blocksiedlung, wo seine Mutter eine schöne Wohnung bewohnte und eine weitere, kleinere Wohnung ihr Eigen nannte.

Ich erlebte eine Frau, die teilweise sehr frustriert war und, trotz des hohen Alters, vor Energie strotzte. Ihre direkte und derbe Sprache amüsierte mich. Kuno glich offensichtlich mehr seinem gebildeten Vater und hatte, wie ich bemerken konnte, mit dieser Frau wenig gemeinsam. Soviel sprachliche Freizügigkeit war in diesen gehobenen Kreisen doch recht außergewöhnlich. Kuno erklärte mir später, dass seine Mutter nie ein Blatt vor den Mund genommen hatte.

Durch ihr Verhalten überforderte sie ihren sensiblen Sohn sehr oft, sodass dieser eine Art Hassliebe entwickelt hatte. Jetzt verstand ich ihn besser. Da ich ähnlich direkt und offen bin, aber beileibe nicht so primitiv daherrede, entdeckte er bei mir die Herzlichkeit dahinter, und versuchte sich nun mit dem Getue seiner Mutter zu versöhnen. Auf dem Heimweg erklärte er seine Beziehung zu seiner Mutter als geheilt und dazu hätte ich beigetragen. Ob dem so war, würde sich noch herausstellen müssen.

HAWAII MIT GRUPPE UND PARTNER

Es war wieder eine Gruppenreise nach Hawaii geplant, und ich hatte mich bereits angemeldet. Die allererste Reise nach Hawaii mit meiner Tochter und der Gruppe war mir in sehr schöner Erinnerung. Auch diesmal würden wir mehrere Inseln bereisen. Ich wünschte mir so sehr, dass Kuno mitkäme. Ich war bereit, ihm den Flug zu bezahlen, doch für den Rest konnte ich nicht aufkommen. Vermutlich war das einer der Beweggründe gewesen, warum er seine Mutter treffen wollte. Sie wusste um seine desolate finanzielle Situation und reiste selbst viel in der Weltgeschichte herum. Weil sie mich mochte und fand, er dürfe mir nicht auf der Tasche liegen, war sie bereit, ihrem Sohn ein wenig unter die Arme zu greifen und sandte ihm Geld, das er dann prompt für die Reise einsetzte.

Nun ging auch mein Wunsch in Erfüllung, gemeinsam mit einem Partner eine spirituelle Reise anzutreten, und ich freute mich darauf, weil ich überzeugt war, er wäre der Richtige, nicht ahnend, dass die Tatsache, dass wir mit der spirituellen Gruppe reisten, eine Eigendynamik entwickeln würde, die niemand vorausahnen konnte. Während dieser gemeinsamen Reise erlebte ich einen mir fast unbekannten Mann.

Wir waren 9 Erwachsene und 3 Jugendliche. Dieses Mal gab es einen Zwischenstopp mit Übernachtung in Los Angeles. Am nächsten Morgen flogen wir nach Oahu und sofort weiter nach Maui. Am Zoll beschnüffelte ein Spürhund den Rucksack meines Partners und er musste alles auspacken. Es durften weder Pflanzen noch Früchte oder Esswaren eingeflogen werden. Hätte man Drogen entdeckt, wäre der Besitzer des Koffers oder Rucksacks ins Gefängnis gewandert. Es verlief glimpflich, weil sie nichts fanden, und der Weiterreise somit nichts mehr im Wege stand. Auf den hawaiianischen Inseln leben nebst vielen Amerikanern und ursprünglichen Hawaiianern auch einige Schamanen, ziemlich viele Hippies und europäische Aussteiger. Natürlich werden die Inseln rege von Touristen besucht. In der Mehrzahl sind es die Amerikaner, für die es ein Katzensprung ist. Alkohol und Drogen sind leider häufig im Spiel. Die Fast-Food-Ketten und die Geschäfte haben durchs Band weg amerikanisches Flair.

Maui

Die Reise begann diesmal auf Maui, dieser sehr subtropischen Insel mit den vier Klimazonen. Wir bewohnten ein großes Haus mit hübschem Garten, mit einem schönen kleinen Teich, und es hätte idyllischer nicht sein können. Kuno unterhielt sich lieber mit dem Hausbesitzer, der das angrenzende Haus bewohnte, als mit uns. Er nahm an den Ausflügen, die ihn zu begeistern schienen, und auch an den Meditationen teil. Kaum begann der Austausch nach der Meditation, ging die Ungemach los. Entweder schwieg Kuno demonstrativ, oder wollte zeigen, dass er sehr gut Bescheid wusste, indem er uns Vorträge hielt. Neuerdings begann er mit deftigen Ausdrücken, wie sie ihn an seiner Mutter störten, über mich herzufallen und mich vor allen niederzumachen.

Er zeigte sich mir gegenüber abweisend bis distanziert, obwohl wir Zimmer und Bett teilten. Nicht dass wir vorher regelmäßige Liebesnächte gehabt hätten. Es war zuhause jedoch immer zu liebevollen Umarmungen gekommen, und abends schliefen wir zusammen ein und erst wenn er wieder wach wurde, zog er sich irgendwann in sein Zimmer zurück. Wenn ich unversehens wach wurde und er weg war, kam ein Gefühl des Verlustes und der Verlassenheit hoch. In der ersten Woche auf Maui gab es keine Berührungen, keine Nähe. Was ich nicht gerade erhebend fand. Je mehr ich mich nach Berührungen sehnte und seine Nähe suchte, desto mehr steigerte sich seine Abwehr, die er plötzlich öffentlich zur Schau trug.

Hawaii trägt nun mal eine Energie in sich, die vieles nach oben holt, was verdrängt wurde. Es ist eine plutonisch-transformierende Energie, die aus dem vulkanischen Boden steigt, der wir angeschlossen sind. Sie lässt niemanden kalt.

Kuno sonderte sich auch auf Ausflügen von der Gruppe der Erwachsenen ab und war eher mit den Jungs zusammen. Plötzlich zeigte er vor meinen Freunden eine abgrundtiefe Abscheu gegenüber Frauen. Er beschimpfte mich wegen meinen früheren Liebschaften, die ich nicht verheimlicht hatte, fand, ich wäre sexgeil und wählte Ausdrücke, die ich lieber gleich wieder vergessen wollte. Alle waren bass erstaunt ob seiner ungewohnt groben Ausdrucksweise und seinem Verhalten mir gegenüber. Ich war öfter den Tränen nahe und fand ihn sehr ungerecht. Dass ich meine Betroffenheit und meine Emotionen offen zeigte, lehnte er ebenfalls ab. Ich solle mit meinem exhibitionistischen Theater aufhören, hieß es dann.

Es war Usus, während der Gruppentreffen Themen anzusprechen, die uns beschäftigten. Da er hauptsächlich mit Frauen konfrontiert war, fühlte er sich wohl öfter fehl am Platz. Er hatte mir einmal gesagt, dass er wisse, dass Frauen stärker seien als Männer, auch weiser, und jetzt war alles nur noch schlecht. Unsere Beziehung wurde zu einer Zerreißprobe, und wir gingen uns die nächsten Tage aus dem Weg, so gut das möglich war.

Es war ein Segen für mich, dass sich die Gruppe für einen Tag aufgeteilt hatte. Einige würden in den Haleakala Vulkan hinunterwandern, und zwei Erwachsene und die Jungs, darunter ich, entschieden sich, einen schönen und gemütlichen Tag am Meer zu verbringen.

Nach der Rückkehr erfuhr ich, wie das Ganze abgelaufen war.

Früh am Morgen ging die Fahrt Richtung Vulkankraterrand los von 0 bis auf 3'000 m. ü. M. Dann begann ein sechs- bis siebenstündiger Abstieg hinein in den Krater, teils auf sandigem Grund, teils steinigem, manchmal rutschigem Weg mit Geröll, und das ging durch 4 Klimazonen hindurch. Wider Erwarten sank die Temperatur auf 5°C, und es begann leicht zu nieseln, fast zu schneien. Später brannte die Sonne wieder erbarmungslos auf die Wanderer. Als unten die Steinhütte, allgemein Cabin genannt, erreicht war, sollte nach einer ausgiebigen Pause der Aufstieg beginnen. Eine steile, begrünte Serpentinenstraße auf der gegenüberliegenden Seite des Trails würde wieder nach oben führen, und man erreichte den Kraterrand in der Hälfte der Zeit. Eine Frau musste wegen Kreislaufstörungen und Schmerzen in den Füßen unten übernachten, was normalerweise nur erlaubt war, wenn man sich vorher angemeldet hatte.

Ich bin erst bei meinem dritten Aufenthalt auf Maui auf diese Wanderung mitgegangen, und dann wir haben zum Glück alle unten in der Cabin übernachtet.

Kuno, der sehr nachlässig gepackt hatte, war nur mit einem leichten T-Shirt und einem kleinen Handtuch im Rucksack, plus einigen Lebensmitteln losgezogen. Als die Temperatur durch den Höhenunterschied sank, fror er jämmerlich. Dank seiner geistigen Kräfte und gezieltem Feuer-Atmen fand er einen Marschrhythmus, der ihn wärmte. Er machte eine regelrechte Läuterung durch.

Wir, die am Meer geblieben waren, genossen 32°C. Ich hatte mich im Ort mit den Kindern der Freundinnen am Strand vergnügt und in einer Boutique eine Bluse und Hose erstanden. Sinnigerweise, oder war es ein komischer Zufall, war dieses Geschäft ein Hanfladen, der ausschließlich solche Produkte verkaufte. Die Jungen bekamen ein großes Eis und alle waren zufrieden. Wir verbrachten einen erholsamen Tag und erwarteten zu Hause den Rest der Gruppe, der spät abends total erschöpft zurückkam.

Kuno strahlte trotz der Müdigkeit eine so klare Energie aus, dass es eine Freude war. Er umarmte mich und war begeistert von all dem, was sie erlebt und gesehen hatten. Er schien wie neu geboren oder geläutert zu sein. In der darauffolgenden Nacht waren die Energien so stark, dass wir beide nicht schlafen konnten, und ich wurde regelrecht emotional erschüttert. Ich durfte mich an ihn kuscheln, und er schlief bald ein. Alles, was bisher gelaufen war, hatte mich arg mitgenommen. Ich konnte nicht einschlafen, ging ins Wohnzimmer, um mir einen Tee zu brauen. Er wurde wach und als er mein Fehlen bemerkte, folgte er mir nach. Wir unterhielten uns über unsere Empfindungen, über das, was uns belastete und fanden uns neu. Ich spürte seine Zuneigung wieder, als er den Arm um mich legte und war guter Hoffnung für unsere Beziehung.

Exakt in dieser Nacht überrollte der verheerende Tsunami Thailand. Das erfuhren wir am nächsten Morgen, als Kuno im Nebenhaus an den PC ging. Es war durchaus möglich, dass meine inneren Erschütterungen von diesem Ereignis beeinflusst wurden.

Wir wussten, dass eine unserer Freundinnen mit ihrem Mann in Thailand weilte und hofften, dass sie rechtzeitig Schutz gefunden hatten. Zuerst übermannte uns eine tiefe Betroffenheit, die wir während der Meditation in Erkenntnis verwandeln konnten. Wir begannen, uns mit diesen Energien, die hier wirkten, zu verbinden. Wir sahen die Kraft des Ozeans, das Aufbäumen der Wellen, das Wegschwemmen von Materie und sahen Seelen aufsteigen und Körper sich auflösen. Wasser steht energetisch für Emotion, der Tod ist der Weg in die Auflösung ins NICHTS, worin alles enthalten ist. Die Seelen finden heim und gehen in den großen Ozean der allumfassenden Liebe ein. Was durch den Tsunami vor Ort und weltweit in den Menschen geschah, suchte wohl seinesgleichen. Eine Welle der Solidarität entstand und etwas Völkerverbindendes geschah. Schicksalsgemeinschaften bildeten sich, Touristen und Einheimische fanden zusammen, um sich zu unterstützen, wurden zu Freunden. Später dann die vielen Spendenaktionen aus Europa, die ebenfalls eine neue Verbindung zu Thailand und dessen Bevölkerung bewirkten. Einige Schweizer halfen beim Wiederaufbau und viele der Betroffenen trafen sich auch nach Jahren wieder.

Eine SMS teilte uns ein paar Tage später mit, unsere Freundin und ihr Mann hätten knapp und mit viel Glück überlebt. Als wir sie am darauffolgenden Gruppenwochenende wiedersahen, erzählte sie uns, wie sie es erlebt hatte. Sie war am Strand spazieren gegangen und sah, wie sich das Meer zurückzog, was sehr ungewöhnlich war. Einem inneren Gefühl folgend ging sie zurück zu ihrem Mann in den Bungalow. Plötzlich hörten sie Menschen schreien, andere rufen. Schon hörten sie das Donnern der Wassermassen und sie und ihr Mann rannten, so schnell sie konnten, hinüber ins Haupthaus und dort in den oberen Stock. Von dort aus konnten sie beobachten, wie die Welle alles wegriss, auch ihre Hütte mit sämtlichem Inhalt, in welcher sie einige Minuten vorher noch gewesen waren. Während sie rannte, spürte sie, dass sie jetzt eine klare Entscheidung treffen musste. Wollte sie *Ja* zum Leben oder wollte sie *Nein* sagen? Das klare *Ja,* das sie in sich spürte, wurde die Kraft, die ihr half, das Unglück, das sie fast in den Tod gerissen hätte, zu überleben.

Unser Verhältnis hatte sich beruhigt, und Kuno verhielt sich mir gegenüber zugänglich und dann folgte der nächste Schock. Eher durch Zufall hörte ich Elfriede erzählen, ihr Sohn würde zusammen mit Kuno, der den Stoff besorgte, regelmäßig kiffen. Ich fiel aus allen Wolken und hakte nach. Sie erklärte mir, sie wisse von ihrem Sohn, dass Kuno Kontakt mit Insulaner bekommen hatte die kifften und ihm Marihuana offerierten. Da ihr Sohn Zeuge gewesen war, hatte er sich ihnen gerne angeschlossen. Nun wurde mir klar, was der Hund am Zoll gerochen hatte.

Ich ahnte, dass vorher Drogen in diesem Rucksack transportiert worden waren. Kuno hatte sie zu Hause darin gut verbergen können. Und ich hatte nicht die leiseste Ahnung gehabt! Er rauchte viel und oft. Wenn ich auch manchmal diesen süßlichen Geruch wahrnahm und mich darüber wunderte, gelang es ihm, mich zu täuschen. Sein Verhalten blieb unauffällig. Ich wusste von ihm, dass er in seiner Jugend schon massive Probleme gehabt hatte, weil er beim Schmuggeln von Drogen erwischt worden war und ihn das einige Monate ins Gefängnis gebracht hatte. Er sei schon länger davon frei erzählte er mir, als er bei mir einzog. Das war leider seine erste Lüge mir gegenüber und nicht die letzte. Jetzt war auch das auffällige Verhalten der ersten Woche verständlich. Er war auf Entzug gewesen. Jetzt hatte er wieder seine gewohnte Dosis. Die Wanderung in den Vulkan bot ihm eine starke Läuterung, die er hätte nutzen können, um aufzuhören. Hätte!

Auf Maui besuchten wir wieder das Ulalena Musical. Dieser Abend wurde für mich der absolute Höhepunkt an Tiefe und erfahrbarer Liebe, so wie Kuno und ich ihn noch selten erlebt hatten. Wir hatten uns abgesetzt von der Gruppe und in einem gemütlichen Strandrestaurant gegessen. Die dezente Beleuchtung, ein nettes Tischchen mit Blick aufs Meer, köstliche Gerichte aus Meeresfrüchten und zur Nachspeise das leckere Eis von Amerikas bestem Lieferanten. Rundum alles sehr romantisch. Wir saßen Hand in Hand, schauten uns auch immer wieder in die Augen und ich verliebte mich nun in diesen faszinierenden Mann. — Leider währte diese Harmonie nur kurz.

Kauai

Die geliebte Insel hieß mich willkommen, und sofort fühlte ich mich zu Hause angekommen. Ich mag die Leichtigkeit von Kauai, das Subtropische, das die ganze Insel in eine sehr liebliche Landschaft verwandelt. Wir übernachteten wieder in Wohnungen, die wir diesmal mit unserer Freundin, der Katzenzüchterin, teilten. Bald kamen Katzen zu Besuch, weil Maria draußen Futter verteilte.

An einem der Tage wanderten wir im Waymea Canyon die mir bereits vertraute Strecke. Kaum waren wir beim Wasserfall angelangt, schloss Kuno sich einem Einheimischen an und ward nicht mehr gesehen, bis wir zurückgingen. Wetten, dass diese ihn wieder mit Stoff versorgten? Hawaii ist ein Paradies für Drogen, weil alles so üppig wächst.

Auch bei diesem Aufenthalt machten wir die Tour mit Ziel Napali Beach. Anstrengend ist sie besonders an Tagen, nach denen es heftig geregnet hat. Dann ist das schlammige Gelände extrem rutschig. Dieses Mal ging es gerade noch. Ich könnte nicht sagen, ob man besser feste Schuhe oder offene tragen sollte. Mit festen Schuhen hast du plötzlich den ganzen Schlamm, der am Schuh hängt, und mit Flipflops riskiert man auszurutschen und sie zu verlieren. Wasserfeste Sandalen bieten genügend Halt, müssen dafür immer wieder ausgespült werden. Ich hatte mich für wassertaugliche Sandalen entschieden. Dieser lange Trail führt an einem Steilhang entlang, mit herrlichen Ausblicken auf das Meer. Obwohl es erlebnisreich ist, durch so eine herrliche Landschaft zu wandern, ist das nicht wirklich mein Ding. Meinem Freund gelang das leichtfüßig. Er schien zu fliegen und wurde nicht müde. Netterweise passte er sich meinem

Tempo an, ging nur manchmal vor, um mehr Zeit zum Schauen zu haben und entdeckte viele bekannte Pflanzen, da er sich in Urwäldern und der Natur heimisch fühlte. Kuno zeigte mir Blumen und Pilze, die man als Rauschmittel verwenden könne. Er war begeistert und fühlte sich in seinem Element. Die Energie auf dem Trail ist sehr stark und man wähnt sich wieder auf verschiedenen Zeitebenen. Man hat das Gefühl, ewig unterwegs zu sein, und doch ist kaum Zeit vergangen oder umgekehrt. Mir erschien der Weg beim ersten Mal endlos, beim zweiten Mal immer noch zu lang, aber diesmal wusste ich zumindest, dass es zu schaffen ist. Am Black Beach, in der Sackgasse angekommen, meditierten wir gemeinsam, und nach einem erfrischenden Bad im kleinen Becken des Bachs fühlte ich mich erholt. Die Jungs wagten sich ins Meer, obwohl dringend davon abgeraten wird, weil schon einige Menschen hier ertrunken sind. Alles ging gut.

Drei unserer Leute wollten noch hoch zum Wasserfall, also wäre nochmals ein Weg von 1½ Stunden zu laufen; ich hätte das beim besten Willen nicht mehr geschafft und Kuno war bereit, mit mir zurückzugehen. Es ging zügig voran und schneller als erwartet waren wir beim Ausgangspunkt und erholten uns im ruhigeren Meer am schönen, sandigen Strand, genau so, wie sich die meisten Leute einen Urlaub auf Hawaii vorstellen. Entlang diesem Strand gibt es riesige, sehr alte Bäume mit starkem, überirdischem Wurzelwerk. Ich habe darin lauter Wesen gesehen und fühlte mich bald wieder rundum gut. Ein anstrengender, doch beglückender Tag ging zu Ende.

Am folgenden ging's mit einem Touristenboot aufs Meer und wir gerieten unerwartet in einen Sturm. Der Katamaran konnte nur noch mit halber Segelkraft auf dem hohen Wellengang vorwärtskommen. Wir wurden ganz ordentlich durchgeschüttelt und rundherum sah man nur grau. Einige wurden seekrank, und zwar heftig. Kuno und ich genossen die Luft, die Bewegung durch die Wellen, das

Gefühl von Freiheit pur. Wir entdeckten einen Wal mit einem Jungen, die ganz nahe an unser Boot herankamen, und beim Abtauchen schossen Wassersäulen um uns herum hoch. An Bord wurde Essen serviert, doch es schaukelte so heftig, dass mehrere Leute nichts hinunterbrachten, weil ihnen speiübel war. Wir erhielten die Empfehlung, eine Kleinigkeit zu essen und nichts zu trinken. Mit sichtbar besorgtem Gesicht übernahm der Kapitän selbst das Ruder und ließ die Segel teilweise einholen. Er bat uns, nur noch sitzend draußen zu verweilen, da die Gefahr, von Bord zu rutschen, gestiegen war. Der Himmel war grau und verhangen, die See um uns herum so unruhig, dass wir nicht ganz bis zum geplanten Ziel hinausfahren konnten. Kaum hatte das Boot gewendet, beruhigte sich die See, und plötzlich brach die Sonne durch. Das Meer erschien tief blau und nicht mehr grau. Alle Segel wurden wieder gehisst und erleichtert genossen wir die Rückfahrt. Das Unwetter erschien uns nun wie ein Spuk, wären da nicht die blassen Gesichter unserer Mitreisenden gewesen.

Einen Höhepunkt bildete der gemeinsame Besuch eines Luaus bei den Smiths, die einen Botanischen Garten betreiben und diese Anlässe regelmäßig anbieten. Den Nachmittag verbrachten wir gemütlich an einem Sandstrand zu dritt. Das Meer war wild, es gab jedoch hier ein großes Becken, das, umrahmt von Felsbrocken, die Wellen abhielt und das Wasser sehr gezähmt eindringen ließ, so dass Jung und Alt sich dahinter in ruhigerem Wasser tummeln konnten. Es war für uns ein richtiger Ferientag. Wir zogen uns im Strandhaus festlich an und fuhren gegen Abend hoch in das Gelände, wo der Luau abgehalten wurde.

Das Gelände ist ein riesiger Park mit vielen subtropischen Pflanzen und einem großen Teich, in dem sich Enten tummeln. Auf dem gepflegten Rasen liefen Pfauen und Hühner frei herum. Der Park ist groß genug, dass ein kleiner Autokonvoi die Gäste herumfährt. Beim Eingang wurden wir von hübschen Mädchen mit dem üblichen hawaiianischen Ritual begrüßt, doch anstelle von Blumengirlanden wurden uns Muschelketten um den Hals gelegt. Wir betraten das paradiesische Gelände. Im hinteren Teil des Parks wurden die Wildschweine gehalten, die ihrem Schicksal harrten, jedoch noch vergnüglich in der Erde scharrten. Nach einem gemütlichen Rundgang mit Foto-Shooting vor einem riesigen Feuerbaum gelangten wir zum romantischen Teich. Dahinter befanden sich das Hauptgebäude und eine Art Amphitheater. Der Park wird oft für Hochzeiten genutzt, und man kann sich lebhaft vorstellen, wie eine schöne Braut und ein Bräutigam in einem mit Blumen verzierten Boot über den Teich gerudert werden, um sich nachher in der Halle mit der Hochzeitsgesellschaft verköstigen zu lassen.

Eine Erderhebung verriet uns den Ort des Luau-Rituals. Junge, gut gebaute Hawaiianer standen bereit, um eine mit Kohle und heißen Steinen gefüllte Grube auszuheben, in welcher ein in Bananenschalen gewickeltes Wildschwein bereits stundenlang geschmort hatte. Mit lauten Hornklängen wurde angekündigt, dass es soweit war. Die dampfende Erde wurde weggeschaufelt und das gebratene Schwein unter Klatschen hochgeholt. Nachdem es in der Küche mundgerecht aufgeschnitten wurde, konnte es zusammen mit Spezialitäten des Landes von einem Buffet genossen werden. Das Fleisch war köstlich im Geschmack und sehr zart. Dazu wurden typisch hawaiianische Speisen serviert wie der Poi, ein zäher Brei, der fad und nicht nach meinem Geschmack war, außerdem Beef Teriyaki, Hühnchen, ein sweet'n'sour Gericht, Lachs, süße Kartoffeln, Reis, Salate und diverse Süßspeisen. Auf der Bühne erklangen nun einheimische Lieder, und wir wurden aufgefordert mitzusingen und zu klatschen.

Nach dem Essen begaben wir uns in das nahe gelegene Theater und erlebten auf deren Bühne die Huldigung der Pele. Pele, die Göttin des Vulkans. Typische Tänze und

Gesänge, begleitet von Trommeln, entführten uns in himmlische Gefilde. Was für ein vollendeter, traumhaft schönen Tag hatten wir doch erleben dürfen. Beglückt fuhren wir zurück in unsere Wohnungen.

Big Island

Wir kamen spätnachmittags an. Der gewittrige Regenschauer entwickelte sich bald zu einem stark herunterprasselnden Bindfadenvorhang. Soviel Wasser in wenigen Minuten habe ich erst Jahre später während der Regenzeit in Vietnam wieder erlebt. Im Nu standen die Straßen zehn Zentimeter unter Wasser. Kein Mensch war mehr draußen zu sehen, und es wurde innerhalb weniger Minuten sehr dunkel. Unser Auto erkämpfte sich mehr schwimmend als fahrend den Weg zu einem Lokal. Immerhin lag der Parkplatz auf einer kleinen Anhöhe, sodass wir nicht mitten in einem reißenden Bach aussteigen mussten. Die zehn Schritte, die wir bis zum Restaurant benötigten, hatten genügt, um uns bis auf die Haut zu durchnässen. Niemand hatte einen richtig guten Regenschutz oder Schirm dabei, sie hätten jedoch eh nichts genützt, weil das Wasser, von Windböen gepeitscht, uns von allen Seiten entgegenkam. Im Restaurant schien sich keiner daran zu stören, dass wir vollkommen durchnässt ankamen. Glücklicherweise war das Lokal nicht, wie sonst üblich, sehr stark heruntergekühlt. Wir ließen uns vom Essen wärmen, und die Nässe wich einer Feuchtigkeit, die langsam erträglicher wurde. Die Stimmung hatten wir uns nicht verderben lassen und wir genossen das gute Essen. Im Grunde konnte das Ganze unter *Sturm, der uns nichts anhaben kann*, abgebucht werden und hatte auch etwas Abenteuerliches an sich.

Am nächsten Morgen schien die Sonne und fraß die Feuchtigkeit, die als Nebel noch in der Luft hing, auf. Big Island ist eine felsige Insel und wirkt unwirtlich, was besonders auffällt nach dem so lieblichen Kauai. Das bewirkte sofort wieder eine Veränderung in unserer Beziehung.

Kuno zog sich wieder innerlich zurück. Nachts im Bett lagen wir wieder wie Fremde nebeneinander und tagsüber versteckte er sich hinter Büchern. Paula, die mit uns die Wohnung teilte, nahm sein distanziertes Verhalten ebenfalls wahr und holte Kuno beim Frühstück gekonnt aus der Reserve. Es hätte eine Klärung geben können, doch er wurde richtiggehend aggressiv, schrie sie an, wie ich das noch nie von ihm gehört hatte. Es folgte ein Schlagabtausch, weil sie sich das nicht gefallen ließ, und ein Wort ergab das andere, bis Paula zu weinen anfing. Nicht nur Paula war betroffen, auch ich war regelrecht schockiert und als ich Paula in Schutz nehmen wollte, wurde ich auf wortgewaltige Weise ebenfalls massiv von ihm angegriffen. Es klang, als wäre er wieder auf Entzug und hätte sich nicht mehr unter Kontrolle.

Er beschimpfte mich lauthals: »Du bist eh nur auf Sex aus, eine richtige Schlampe.«

Paula und ich beschlossen, uns aus der Schussrichtung zu entfernen und widmeten uns dem Haushalt. Beim nachfolgenden Gruppentreffen thematisierten wir Frauen, was uns belastete. Nun war es Kuno, der sich angegriffen fühlte. Als Elfriede ihm nicht erlaubte davonzugehen, sondern ihn aufforderte, sich den Gefühlen zu stellen, rastete er total aus. Da war nichts mehr von Hingabe, keine Feinheit und null Respekt zu spüren. Die einzige Möglichkeit, damit umzugehen, war für mich zu lernen, es nicht persönlich zu nehmen. Paula hatte sich bald beruhigt, und Kuno schien nach diesem Ausbruch, auf den keiner reagierte, langsam wieder Boden unter den Füßen zu gewinnen. Das Nachtessen konnten wir danach mehr oder weniger gelassen einnehmen. Selbstverständlich war ein großer Teil meines partnerschaftlichen Reisevergnügens wieder dahin.

Auch diesmal besuchten wir den Mauna Loa Nationalpark. In den kleinen Kratern brodelte und kochte es — Rauchsäulen, die vom Winde verweht wurden, verbargen die Sicht zeitweise, und es roch nach Schwefel. Leider fing es wieder an zu nieseln. Beim letzten Besuch war alles ausgetrocknet gewesen, dieses Mal sprießte aus vielen Ritzen zartes Grün. Die bizarren Formen der erkalteten Lava waren faszinierend. Weiter unten am Meer hatte die ständig fließende Lava wieder einen weiteren Teil der Straße unter sich begraben. Wir kletterten in sicherer Entfernung vom glühenden Lavastrom auf eine kleine Aussichtsplattform und genossen einen herrlichen Sonnenuntergang, sitzend und meditierend als Gruppe und doch jeder für sich. Ich konnte die Augen nicht lange geschlossen halten. Die Faszination, brennende Lava bei Nacht zu sehen, ist und bleibt ein einmaliges Erlebnis. Es ist das Gefühl, dass gleichzeitig etwas vernichtet wird, weil ein glühender Strom unaufhaltsam den Hang hinuntergleitet, und an dessen Ende wird neues Land erschaffen. Es ist für mich jedes Mal beeindruckend. Später machten wir uns dann in der Dunkelheit auf die Rückfahrt. Steile Straßen ohne Beleuchtung, wenige Wegweiser und viele Kurven ließen mich erst aufatmen, als wir beim Ausgang oben angekommen waren.

Wenn es auch einige emotionale Explosionen zwischen uns gegeben hatte, gab es kurzfristige, friedliche Erholungsphasen. Wenn wir tagsüber ohne die Gruppe unterwegs waren, schien die Spannung zu weichen. Kuno, so bewegt er von allem war, zeigte mir, dass auch er fühlte, was uns beide verband. Ich erinnere mich an einen gemeinsamen Ausflug in den Ort. Wir saßen an einem Tisch mit Blick aufs Meer. Die Stimmung war entspannt und friedlich. Vor uns stand ein leckeres hawaiianisches Bier. Plötzlich, als ich zum Horizont schaute, sah ich ein Lichtgitternetz am Himmel erstrahlen. Ein ganz klar über das Meer gespanntes Lichtnetz, und ich fragte Kuno, ob er es auch sehen konnte, was er sofort bestätigte. Es war unglaublich schön, diese hohe Schwingung so unverhofft zu erleben, zu spüren und die harmonischen Strukturen zu sehen. Nie wieder habe ich das Gitternetz so klar und mit offenen Augen gesehen. In den Meditationen war es mir vertraut. Ich sah feinstoffliche

Delfine hindurchschwimmen und mit ihren Sonaren weitere Verbindungen weben.

In Big Island hatten wir das Glück, verschiedentlich Delfine zu beobachten. Von unserem Balkon aus sahen wir, wie sie morgens ihre Runden zogen und Luftsprünge machten. Später bei einem Bootsausflug schwammen direkt neben dem Boot eine Mutter und ihr Junges mit.

Die starken Energien von Hawaii haben uns alle bewegt und auch das Verhältnis zwischen Kuno und mir verändert. Für ihn war es die erste Ferienreise seit langem gewesen. Als Dankeschön schenkte er mir kurz vor dem Rückflug eine CD, die er für mich erworben hatte. Es war uns gelungen, wieder ein gewisses Gleichgewicht zwischen uns herzustellen. Auf der Heimreise verlief alles reibungslos, und ich war gespannt, wie sich unser Zusammenleben zu Hause weiterentwickeln würde.

MANNoMANN

Langsam begann ich zu begreifen, worauf ich mich eingelassen hatte. Ich wusste nun um die anderen Eigenschaften, nämlich die eines Eigenbrötlers, eines Kiffers, dann seine Fähigkeiten hochzustapeln, diejenige, welche alles Frauliche verabscheute, die Aufbrausende, diejenige, die physische Höchstleistungen vollbringen kann, dann wieder eine einsichtige, reumütige Seite und die mir bereits bekannte sehr feine, liebevolle Art. Wie schwierig musste es erst für ihn selbst sein, das zu ertragen? Da er das Kiffen nicht mehr vor mir verbergen musste, sprachen wir öfter darüber. Immer wieder sagte er mir, er wolle aufhören, doch es fehlte die klare Umsetzung. Sein Verhalten kann ich heute als manisch-depressiv erkennen, und ich verstehe, warum er in psychiatrischer Behandlung war. Gesagt hatte er es mir nicht, so wie vieles andere auch nicht. Er hatte nur gesagt, der Psychiater hätte ihn als arbeitsunfähig, also für länger krankgeschrieben. Die Medikamente nahm er nicht ein, worauf er stolz zu sein schien. Ruhiggestellt hat er sich durch die Droge, die ihn in andere Sphären erhob. Er komponierte tage- und nächtelang. Er entfremdete sich von mir, und es gab Tage, da lebten wir fast wortlos nebeneinander her. Liebevoll war er zu den Katzen, die ihm nicht gefährlich werden konnten. Die Musikstücke, die er komponierte, entsprachen voll dem Zeitgeist. Klänge und Rhythmen, die mir fremd waren und für mich zu eintönig, tranceähnlich klangen. Ich lernte durch ihn den Ausdruck *chillen* kennen. Er erzählte, dass er früher ganze Nächte durchtanzen und dabei in Trance gelangen konnte, mit und ohne zu kiffen. Ebenso, dass er geholfen hatte, große Partys zu organisieren indem er seine Kontakte spielen ließ. Es scheint im Menschen angelegt zu sein, sich aus dem belastenden Alltag irgendwie befreien zu wollen. Er und seine Freunde erlebten das auf Partys und beim Kiffen.

Die Zustände, die er mir beschrieb, welche er mittels seiner Droge erreichte, wurden mir in Meditationen und mit Yoga geschenkt. Es findet eine Bewusstseinserweiterung statt, die erlaubt, gestärkt und ruhiger den Alltag anzugehen und sich nicht nach dem nächsten Trip zu sehnen.

Da ich nun eingeweiht war, gelang es ihm immer schlechter, sich zu mäßigen, und er war tageweise zugedröhnt. Ich konnte jetzt bewusster wahrnehmen, wie ihn das Kiffen aus seinem Körper holte. Dazu kam, dass er auch nächtelang vor dem Computer saß und komponierte, sagte, er könne das viel besser, wenn er ein wenig bekifft sei. Es gab Tage, da rauchte er alle zwei Stunden ein paar Züge. Das Resultat war, dass er den Bezug zum Hier und Jetzt verlor. Dann wirkte er wie betrunken und plapperte wirres Zeug. In klaren Momenten fühlte er sich dann wieder schuldig, weil er sich bewusst war, mir auf der Tasche zu liegen. Er tauchte ab in seine Welt, und ich existierte nur noch am Rande und wurde zum ersten Mal im Leben von einem Mann, mit dem ich zusammenlebte, überhaupt nicht mehr begehrt. Versuchte ich mich anzunähern, weil ich mich nach ihm sehnte, empfand er das als Belästigung. Natürlich, es hätte ihn in den Körper geholt. Er akzeptierte mich nicht als Frau, und doch war da eine Energie, die nach Verschmelzung rief. Er suchte nach einer neuen Qualität von Leben und Sexualität und wehrte sich doch vehement gegen alles, was ihn erden konnte. Ein hoher Geist, der am liebsten in anderen Sphären weilte, das war er. Er wolle nicht mehr darauf angewiesen sein, sich über die Sexualität mit einer Frau zu erden, war die Aussage von Elfriede.

Es war ja auch meine Absicht, eine neue Qualität des Zusammenseins zu erfahren, doch etwas zerrte an mir. Ich war unglücklich, weil er so unnahbar blieb. Gespräche führten meistens in irgendwelche hochstehenden Visionen, die mir nicht sehr realistisch schienen. Doch etwas sollten wir einfach mal wagen – gemeinsam.

SPIRITUELLE REISE ZU ZWEIT

Er war fasziniert von Rittern, Katarern und den Freimaurern und entdeckte ein Buch über Abbé Saunière in Rennes les Château. Das Faszinierende war, dass dieser schon von göttlicher Geometrie sprach und seine Kirche nach diesen Prinzipien erbaut und ausgerichtet hat. Wir begannen eine Reise nach Frankreich zu planen und wollten versuchen, als Team zu agieren. Wir bauten verschiedene malerische Gegenden ein, die auf dem Weg lagen, wollten aber, basierend auf dem spirituellen Hintergrund, den Spuren von Maria Magdalena und dem Heiligen Gral folgen. Wir hätten gerne Mitreisende dabei gehabt, was sich aber aus verschiedenen Gründen nicht ergab. Also beschlossen wir, zu zweit loszuziehen.

Das Ziel war klar. Wir wollten eindringen in die Feinstofflichkeit des mit dem »Heiligen Gral und der Heiligen Familie« verbundenen Wissens und uns von diesem Licht bescheinen lassen – diese Energie erfahren und so eins mit ihr werden.

Wenn ich schon von der gehobenen Ausdrucksweise von Kuno gesprochen habe, soll sie in folgendem Reisebericht zur Geltung kommen.

DER GEMEINSAME REISEBERICHT

Kuno: Die eher zufällig gewählte, erste Etappe des Weges in Vienne weist mit dem freimaurerischen ägyptischen Obelisken bereits auf weiteres Freidenkertum hin, an welchem wir uns noch erfreuen durften. In Nîmes ist es leicht, sich in die Wirkungsmechanismen des *rex mundi* im Sinne des dort zu fühlenden Macht-Energiekomplexes um das Amphitheater einzufühlen – die immer noch gewaltige Macht der der Dekadenz bereits erlegenen römischen Kaisergötter.

»Panem et circenses« – wozu Jesus sich geäußert haben soll: »Gebt dem Kaiser, was des Kaisers, und gebt Gott, was Gottes ist … in diesem Sinne etwa, … weit vorausschauend. Die engen Gässchen bieten einiges, Triumphbögen, Krokodilbrunnen – und man sollte sehr präsent sein, immer genau beachten, wo man wann, wie um die nächste Ecke biegt … unverhofft ist man sich selbst auf den Fersen … also wieder am Ausgangspunkt zum Beispiel!

SofiaVelin: So römisch und mächtig, so architektonisch perfekt ergab sich eine Verbindung zu den ägyptischen Bauten und Energien und auch zum Isis-Kult. Ein Podiumstempel mit korinthischen Säulen erstrahlt in vollendetem Glanz, und die Götter sind nah, ebenso die Madonnenenergie, die uns beschützend und hegend umfängt, abseits vom Rummel der Touristen und Straßen. Wir entdecken einen Platz zum Gedenken an Charles de Gaulle. Ein Freimaurerkreuz bei der Gedenktafel. Also auch er.

K: In der Gegend um Montpellier – wir besuchten Freunde und Künstler, die eine Riesenparty in einer Grotte bei St Jean de Fos erlebt hatten – und übernachteten in Gigniac. So kamen wir am Pont de Diable vorbei, und die faszinierende Schlucht führte uns vorbei an der Grotte »La Clamouse« nach St Guilhelm le Desert. Dieser historische Ort ist kraftvoll und lieblich zugleich. Die Bauten vermitteln eindrucksvoll die Energien, die seit sehr langen Zeiten die Menschen umgeben, die hier leben. – Es sind gewaltige Energien des Lichtes und der Klarheit – meines Erachtens die einzigen Siedlungsmotive, die Westgoten, Merowinger, Katarer und Tempelritter gehabt haben können, um die Zentren ihres Wirkens genau hier zu errichten … Wie tief der Glaube an den weiblichen Teil der Schöpfung und die Verbundenheit damit ist, zeigt sich auch in der Wahl der Symbolik, mit der sie die fundamentalen Grundrisse und Ausrichtungen ihrer *Tempel* entwarfen – So zeigt z. B. der Grundriss der Kirche des St. Guilhelm de Desert – es ist die Biene – unter anderem deutlich die tiefe Verehrung der Maria Magdalena, die hier gelebt wurde und wird.

SV: Wir begeben uns ein Stück weit auf den Weg, der bergwärts geht. Es duftet nach Kräutern, und es ist, als ob die Felsen zu uns sprechen würden, von Mönchen erzählen, die hier Oliven pflanzten, Wein anbauten und es sich gut gehen ließen in dem geschützten Ort.

K: Der Weg führte uns weiter nach Béziers mit seiner herrlichen Kathedrale, die über allem thront – auch hier Altstadt, Marienkirche, schöne Plätze, vieles gespickt von Zeichen der Römer, Westgoten, Merowinger, Templer und Katarer und weiter zum Oppidum d'Enserune. Leider waren wir auf diesem Teil der Etappe nicht die Freunde der linearen Zeit und kamen wegen Konflikten mit den jeweiligen Öffnungszeiten nicht in den vollen Genuss dessen, was uns erwartete – aber immerhin »ein Riesensonnenfeld«, das sofort an sirianische Architekten erinnerte. Sirianer haben eine sehr klare, geometrische Linie und vermeiden jegliche Schnörkel. Dies in Verbindung mit dem Gesehenen vergrößert die Wiedersehensfreude umso mehr …

… und weiter ging's nach Narbonne, wo wir über die Großartigkeit der Bauten nur so staunten, und doch war es erst eine Vorstufe zu dem, was noch kommen sollte. Nachdem die Westgoten 410 nach Christus das römische Imperium beendeten, wurde zunächst Narbonne zu ihrer Hauptstadt. Auch Karl der Große Karolinger hatte hier verschiedene Anliegen zu erledigen … es war wohl unter anderem sein »schlechtes Gewissen wegen des Verrates an den Merowingern«. Narbonne bietet neben dem Palais des Archeveques auch noch die Cathédrale St. Just et St Pasteur sowie das Kloster und den Donjon Gilles-Aycelin – essentielle Zeitzeugen vorwiegend westgotischer, merowingischer und templerischer Bauherrenkunst.

SV: Fühlbar wird hier die Bewegtheit dieser Stadt, Vernichtung, Wiederaufbau und Hoffnung haben sich in steter Folge abgelöst. In der Kirche meditieren wir eine Weile gemeinsam, und alles wird weit und dehnt sich aus.

K: Wir folgten den Westgoten auf ihrem Weg ins Landesinnere und erreichten also Carcassonne – man muss es einfach einmal gesehen haben. Carcassonne und die umliegenden Energien sind monumental, der Blick vom anderen Ufer aus überwältigend – hier und in der nahen Umgebung verbrachten wir 2 Tage & Nächte, bummelten durch enge Gässchen und genossen die »ritterliche« Zeit. Neben dem Bollwerk Carcassonne selbst war es uns im Rahmen der Zeit noch möglich, uns etwas tiefer auf Rennes le Château einzulassen, der Ort, an dem die Prinzessin der Westgoten den König der Merowinger ehelichte – unweit des Chateau Blanchefort, dem Stammsitz der Templer und ihres damaligen Großmeisters – Simon de Blanchefort.

SV: Es ist erdrückend eng in den Gassen. Ein dichter Strom von Menschen. Franzosen, Engländer, Italiener, Spanier und unendlich viele touristische Angebote, welche Phantasien aus den Ritterzeiten wecken. Es ist ein erschöpfendes Gewimmel. Ein Cassoulet, ein hausgemachter Bohnentopf in einem überaus reizenden, wunderschön heimeligen Lokal, bringt uns wieder in Schwung.

K: In streng geometrischer Anordnung finden sich im Umkreis noch einige andere, unbedingt besuchenswerte Klöster und Trutzburgen der letzten Zeugen um die heilige Familie, wo Maria Magdalena versteckt worden sein und sich aufgehalten haben soll mit ihrer Tochter.

SV: In Rennes le Château deckte Abbé Sauniere ganz neue Sichtweisen des religiösen Denkens mutig auf und integrierte sie in seine Kirche. So befindet sich beim Eingang eine Skulptur des Teufels, der Rex Mundi als Vertreter der Erde darstellt. Er trägt das Weihwasserbecken auf seinen Schultern, über ihm thronen zwei Drachen, und über dem Ganzen wachen stehend fünf große Engel. Hier sind auch die Elemente mit ihren Qualitäten der Schwere, des Heiligen, des Transformierenden und des Göttlichen Geistes dargestellt. Hier soll Maria Magdalena ebenfalls gewohnt haben. Die heilige Merkaba ist sehr präsent. Sie zeigt sich in der Bauweise als heilige Geometrie überall in den architektonischen Details.

Die Christus-Energie in Ausprägung von Liebe und Hingabe macht diesen Ort zu einer Oase, sofern er nicht grad überfüllt ist von Besuchern. Geradezu idyllisch und mit herrlichem Weitblick auf Berge liegt der Bau. Es wird gesagt, dass genau gegenüber sich immer wieder sehr seltsame, fast stillstehende Wolkenformationen aufbauen, die sich ganz klar von den normal dahinziehenden Wolken unterscheiden.

Eine starke Liebesenergie ist hier spürbar. Die Fruchtbarkeit des Ortes, mit den vielen Blumen, mutet paradiesisch an.

Mit diesem Höhepunkt beschließen wir diese Reise und fahren, bereichert durch all die Bilder und Energien, nach Hause.

Soweit also unsere gemeinsamen Erfahrungen der heiligen Geometrie und Christusenergie.

Resümee:
Wir hatten uns schöne Hotels ausgesucht, erlebten kulturelle und gastronomische Höhepunkte. Die Autofahrten boten keinerlei Stresssituationen, da Kuno diesmal nicht kiffte. Ich hätte diese Reise auch, was unsere Beziehung anbelangt, genießen können, doch es gelang mir nur teilweise. Die partnerschaftliche Nähe fehlte. Wie geht man damit um, wenn so viele Gefühle der Freude und des Genusses da sind, wenn man sie gerne mit dem Partner ausleben möchte und nicht kann? Keine Umarmung, keine Nähe, keine Zärtlichkeiten. Ich spürte meinen Körper regelrecht brennen, und es quälte mich so sehr, weil ich mich diesen Gefühlen hilflos gegenübersah. Ich atmete tief und zwang mich, ruhig zu werden. Wohl zum ersten Mal in meinem Leben verspürte ich massive körperliche Entzugserscheinungen. Verschloss er sich solchen Gefühlen, wenn er klar war? Elfriede erklärte mir später, dass er um eine höherstehende Sexualität wusste und sie bisher als Mann nicht leben konnte. Also verzichtete er lieber, um der normalen Sexualität nicht ausgeliefert zu sein.

Die Reise als solche war ein Highlight. Unsere Interessen trafen sich hier beim gemeinsamen Erforschen der Energien. Wir erlebten eine neue Unbeschwertheit, besonders schön tagsüber in der Natur und wenn wir in heiligen Räumen oder an Kraftplätzen meditierten.

Außer beim Besuch seiner Freunde beim Höhlenfest hatte er das Kiffen ganz unterlassen. In der Runde seiner kiffenden Freunde fühlte ich mich deplatziert. Sie waren berauscht und erschöpft nach dem Feiern und gönnten sich gemeinsam ihre Joints. Das Abdriften mittels Drogen ist einfach nicht meine Welt. Ich durfte hineinschnuppern, und das genügte mir. Dass mein Partner solche Partys über Jahre sehr genossen hatte, sogar mitorganisierte, zeigte doch auch, wie verschieden wir voneinander waren.

DIE ETWAS ANDEREN ORGASMEN

Mein Partner kam mir inzwischen vor wie eine Puppe aus Porzellan, die so zerbrechlich war, dass man sie nur mit Samthandschuhen anfassen durfte, wenn überhaupt. Da Kuno für Sexualität überhaupt nicht mehr zugänglich war, Zärtlichkeit nicht mehr zuließ, oft und tagelang in seine Welt abtauchte, sehnte ich mich nach Nähe. Da wir in getrennten Zimmern schliefen, gab es noch weniger Berührungspunkte. Ich suchte nach einem neuen Zugang zur eigenen Sexualität, wollte dieses Sehnen, diese Spannung nicht mit Selbstbefriedigung lösen. Es wurde mir möglich, diese sexuelle Energie zu verfeinern, indem ich begann, sie wie ein besonderes Feld in mir und auch feinstofflich um mich herum wahrzunehmen.

Ich fühlte ein Zusammenziehen im Solar Plexus oder im Sakral-Chakra und begann, entspannt, bewusst und tief in den Schoss zu atmen. Plötzlich war mir, als gäbe es einen feinstofflichen Geliebten, der sich mir näherte, dessen Aura mich einhüllte und meine durchdrang. Sehr oft spürte ich diese Kraft auch auf der genitalen Ebene als sanftes Füllen des gesamten Bereiches. Ich brauchte nichts zu tun, als loszulassen und hinzufühlen. Wenn das Fließen begann, endete es nicht im Bauchraum, sondern floss höher, durch den Brustkorb und die Wirbelsäule hoch, erfasste alles bis in die kleinsten Nervenverästelungen und schien mich mit dem Kosmos zu verbinden. Manchmal war mir, als wäre mir diese Energie sehr vertraut und trage Seelenqualitäten von einer tiefen Liebe, die ich gekannt hatte, und doch war sie namenlos. Sie war nicht unbedingt sinnlich, so wie wenn jemand meine Haut berührt, sondern es war erfüllend, als würde ich mich mit mir selbst vereinen.

Dann gab es Augenblicke, in welchen die sexuelle Spannung nicht mehr auszuhalten war und ich nach weiteren Wegen suchte, um mich mit mir zu verbinden. Also ließ ich mir ein warmes, gut duftendes Bad ein. Ich öffnete meine Sinne, fühlte das Wasser, roch den Badezusatz, entspannte, bewegte sanft das Wasser um mich herum und begann, Töne von mir zu geben. Eine Art Energiegesang: Töne, die langgezogen waren, die tief und dann höher wurden, die manchmal nach Tierlauten klangen oder heiser nach innen brummten und mich innerlich zum Schwingen brachten. Wenn ich dann in mich hineinfühlte, war plötzlich eine unglaublich starke Energie fühlbar, die sich sehr befreiend und auch ekstatisch anfühlte. Dieses orgastische Gefühl entstand immer öfter ohne jegliche Einwirkung von außen, nur durch intensive Verbindung zu mir selbst. Manchmal ganz ungewollt beim Autofahren, wo es hin und wieder besonders heftig war.

Mir wurde klar, dass ich auch ohne irgendwelches Zubehör oder Hilfsmittel sehr intensiv fühlen kann. Ich erkannte außerdem, dass die Fixierung darauf, dass es unbedingt ein Mann/Mensch sein muss, zu einseitig ist. Dass die Qualität der Sexualität mit der Größe eines Penis zusammenhängen sollte, erwies sich als absolut irrelevant. Wenn wir von einer genitalen Befriedigung ausgehen, findet normalerweise der Orgasmus über die Reizung der Klitoris und des ziemlich mysteriösen G-Punkts statt. Dadurch entsteht Erregung, die in eine kleine oder große Explosion mündet. Ihr Ursprung ist rein genital oder physisch, und sehr oft fehlt die integrierte Seelenqualität. Wir verwechseln diese intensive, orgastische Wirkung mit Liebe, denken also, dass wir aus Liebe zusammenkommen. In Tat und Wahrheit ist die Initialzündung das Verlangen, eine Sehnsucht nach dem anderen, dem Gegenpol und dem sich lebendig Fühlen. Werden wir elektrisiert, bringt uns das in eine gesteigerte Erregung, wird zur Ekstase, welcher Erfüllung folgen soll. Wenn dies gelingt, dann hält sie meistens nicht so lange an.

Wissenschaftler fanden heraus, dass Frauen nicht natürlicher Weise einen Orgasmus haben wie die Männer. Er ist nicht der Sinn des Aktes, da wir für die Empfängnis geschaffen wurden und nicht um etwas Ekstatisches zu erleben Um das Ejakulat zu empfangen, brauchen wir keinen Orgasmus, der Mann jedoch schon, um es zu spenden. Wir müssen den Orgasmus mittels einer gesteigerten Körperwahrnehmung, dem Loslassenkönnen oder einem einfühlsamen Partner erlernen. Wenn wir das Gefühl einmal erkannt haben und die Energie frei fließen lassen, geschieht sehr viel, auch ohne Hilfsmittel oder Verrenkungen. Wir reagieren stimmungsabhängig, was vom Gegenüber zuerst verstanden werden muss. Eine *Technik* kann noch so gekonnt angewendet werden, sie kann sich abnützen und Sex wird unbefriedigender. Gemeinsam oder gleichzeitig einen Orgasmus zu erleben, hat Seltenheitswert. Es ist sehr stark, wenn beide auf derselben Welle surfen und der Höhepunkt gemeinsam erreicht wird. Dies zu erwarten, würde jedoch vieles blockieren und sollte nicht das Ziel der Vereinigung sein; es ist ein Geschenk.

Innere Scheidenorgasmen ohne Bewegung oder physische Aktivierung sind selten. Die Penetration selbst erlebte ich ohne aktive Stimulierung später mit einem Mann als orgastisch und intensiv. Doch dafür würde ich noch eine gewisse Zeit brauchen.

Die gelebte Enthaltsamkeit an der Seite von Kuno bereitete mich auf diesen Weg vor. Mit Kuno erlebte ich Höhenflüge während gemeinsamen Meditationen. Unsere Energiefelder begegneten sich, ohne dass wir uns physisch berührten. Wir erlebten auch sehr innige Momente, indem wir uns an den Händen hielten und uns des anderen bewusst wurden. Ich ließ in der Vorstellung die Energien durch meinen Körper zirkulieren, dann durch seinen und wieder zu mir zurück und erlebte eine Verbindung und Form von Vereinigung, die beglückend war. Sie genügte mir jedoch auf Dauer nicht. Etwas fehlte. Unbewusst begann ich, meine Bedürfnisse zu unterdrücken und wusste nicht mehr, was richtig oder falsch war. Ich vermutete, dass Enthaltsamkeit für diese Beziehung nun der Weg war, zu dem ich Ja gesagt hatte. Also bedingungslose Liebe hieß auch eine Beziehung ohne Sex leben zu können. Das wurde mir klar. Doch so ganz ohne Nähe, ohne jegliche liebevolle Berührung schien das schwierig zu werden. Viel später wurde mir bewusst, dass wir, obwohl wir intensiv kommunizierten, einiges voneinander nicht wussten. Immer wieder erwähnte er, wie wichtig ihm Wahrhaftigkeit sei, als wollte er sich selbst daran erinnern. Es verwunderte mich, dass das so viel Bedeutung bei ihm hatte.

9 PYRAMIDEN-ENERGIE

REISEN MIT DEM EX

Zurück im Alltag überraschte mich Nena mit einer Anfrage, ob ich bereit wäre, mit ihrem Vater nach Ägypten zu reisen.

Titus hatte mit seiner neuen Partnerin eine Reise nach Ägypten gebucht, die sie sehr kurzfristig nicht antreten wollte oder konnte. Er verzichtet nie auf etwas, das er sich vorgenommen hatte, besonders wenn es ums Reisen ging. Da es ihm unmöglich war, ohne fremde Hilfe zu verreisen, suchte er nach einer Ersatzbegleitung. Es erschien mir wie ein kleines Wunder, dass er auf mich zukam und mich fragte, ob ich mitkäme. Ägypten war ein Reiseziel, von dem ich schon lange geträumt hatte. Ich freute mich riesig darauf, und Kuno freute sich vorbehaltlos mit uns. Er versprach, gut auf das Haus und die Katzen aufzupassen.

Um mit Titus verreisen zu können, musste ich frühzeitig eines der gemeinsamen Gruppenwochenenden in Deutschland abbrechen, was mir einige Rügen der Teilnehmer einbrachte. Ich würde die Gruppenenergie unterbrechen, ich würde meine Prioritäten zugunsten von Vergnügen anstelle von Energiearbeit setzen. All das ließ mich kalt. Zum ersten Mal widersetzte ich mich klar den Kursvorgaben, dass man ein Wochenende nicht vorzeitig verlassen sollte, weil die Energien des Wochenendes nur dann vollständig sind und wirken, wenn man bis zum Ende dabei ist.

Ich dachte: »Die verstehen überhaupt nicht, was diese Reise für mich bedeutet. Doch das ist mir jetzt echt egal.«

Einzig Kuno unterstützte mich: »Du hast vollkommen recht, diese Reise mit Titus zu machen. Ich gönne dir das von Herzen. Lass die anderen reden.«

Ich fuhr also Samstagabend nach Hause, und am Sonntag
ging der Flug mit meinem Exmann und einer kleinen Reisegruppe nach Kairo.

Meine Familie, die Freunde und Bekannten außerhalb der
Gruppe fanden das alle super und für mich stimmte es hun-
dertprozentig. Ich erhielt auch viel Zuspruch und Anerken-
nung, dass ich mich trotz der schwierigen Jahre nach der
Scheidung nun um Titus kümmerte und dass es wunderbar
sei, dass wir zusammen verreisten.

AEGYPTEN MIT TITUS

Titus und ich trafen am Flughafen auf insgesamt zehn Personen, welche dieselbe Reise gebucht hatten. Unsere Reise-
leiterin würde uns am Flughafen in Ägypten empfangen. Sie
war eine Muslimin und trug ein Kopftuch, sprach perfekt
deutsch und wirkte kompetent. Im Laufe eines Gesprächs
erklärte sie uns, dass sie freiwillig das Kopftuch trage. Für
sie bedeute es ein Gefühl der Zugehörigkeit, auch ein
Schutz, jedoch keine Einschränkung.

Da Titus und ich damals denselben Namen trugen und
ein Zimmer teilten, galten wir automatisch als Ehepaar. Ich
hatte den Namen beibehalten wegen unserer Tochter und
nahm meinen Mädchennamen erst wieder an, als sie geheiratet hatte und es auch juristisch endlich problemlos möglich wurde. Es amüsierte uns, die Reisegruppe damit zu irri-
tieren, dass wir einander Erlebnisse erzählten, als würden
wir uns kaum kennen. In den Jahren vor seinem Hirnschlag
hatten wir nur spärlich Kontakt gehabt. Wir konnten regelrecht bemerken, wie sich Fragezeichen um die Ohren und
Augen der Zuhörer bildeten und gaben jeweils noch einen
rätselhaften Spruch oben drauf.

»Ah, das ist aber interessant, und hast du dann auch
noch …?«

Erst am letzten Tag klärten wir die Leute darüber auf, dass wir schon lange geschieden seien und dass ich Titus begleitete, weil er nicht alleine reisen könne. Wir ernteten Lob, das wir als Geschiedene in so schöner Eintracht miteinander reisen könnten. – Naja, wenn die wüssten!

Tatsächlich war die alte Vertrautheit sofort wieder da, weil wir ja sehr oft miteinander gereist waren. Wir erkannten uns in vielem wieder, nur war das Verhältnis ganz anderes. Ich empfand den Umgang locker und von einem natürlichen Respekt geprägt. Nun begegneten wir uns als gleichberechtigte Partner. Wir hatten uns beide weiterentwickelt und Erkenntnisse gewonnen. Titus empfand Dankbarkeit für sein, wie er sagte, zweites Leben nach seinem Hirnschlag. Ich unterstützte ihn und übernahm die Führung, wenn er es brauchte, sei es, wenn er etwas suchte, wenn er das Essensbuffet nicht überblickte und ich genau wusste, was er mochte, und versuchte, ihn nicht als Invaliden zu behandeln. Sein Tunnelblick erlaubte ihm, jeweils nur einen kleinen Ausschnitt zu sehen, also hätte er mühsam alles abscannen müssen, und das ersparte ich ihm oft. Nach wie vor tat er sich auch mit der örtlichen Orientierung schwer und er hätte das Hotelzimmer ohne mich nicht wiedergefunden.

Ich genoss den Luxus der Reise und achtete darauf, dass es Titus an nichts fehlte. Meine Freunde hatten öfter erwähnt, dass mein Exmann und ich im Grunde sehr gut harmonierten und meine beste Freundin vermutete sogar, dass wir vielleicht irgendwann wieder ein Paar werden könnten. Nun genossen wir einen neuen, sehr freien und offenen Umgang miteinander. Inzwischen hatten wir beide andere Partner, und jeder akzeptierte das ohne eine Spur der früheren Eifersucht. Wir hielten Kontakt per SMS mit unseren Lieben zu Hause, und ich telefonierte oft mit Kuno. So sollte eine Beziehung im Grunde sein und könnte optimal funktionieren, wenn jeder den Freiraum hat, den er benötigt. Ja, könnte … wären da nicht Eifersucht, Verlustangst, Kontrolle und vieles mehr. Erfahrungsgemäß aktivieren sich

diese Eigenschaften, sobald eine sexuelle Annäherung stattgefunden hat. Davon waren Titus und ich weit, sehr weit
entfernt. Es war Verbundenheit, Vertrautheit, Vertrauen,
auch Zuneigung. Es gab kein Überbleibsel einer besitzer-
greifenden Haltung, die unsere Partnerschaft früher geprägt
hatte.

Ich war inzwischen an eine neue Art des Reisens gewohnt. Spirituelles Reisen ließ mich viele Orte in einer energetischen, auch übergeordneten Qualität erleben. Auch jetzt
ließ ich Energien auf mich wirken, öffnete einen Kanal für
zusätzliche Wahrnehmungen. Also horchte ich nach innen
und hörte meine Intuition sprechen.

Kairo

Als wir in der großen Pyramide von Ghizeh waren, wurde
ich in der Grabkammer magnetisch an einen Punkt gezogen. Ich blieb stehen, schloss die Augen und als ich sie kurz
aufschlug, standen mir zwei völlig fremde Frauen gegenüber, die mit mir ein Dreieck bildeten. Zentriert und ohne
ein Wort zu sprechen, meditierten wir gemeinsam. Ich hatte
nicht mehr das Gefühl, in einem Grab zu sein, sondern
fühlte mich emporgehoben in andere Dimensionen. Eine
lichtvolle Leichtigkeit umgab mich und katapultierte mich
auf eine Ebene, die mir sehr vertraut war. Es war eine Zwi-
schenwelt, die real und doch nicht sichtbar war, und es entstanden Verbindungen zu anderen wichtigen Kraftorten
und Planeten. Durch meine Beschäftigung mit dem Wissen
von Saunière, das ich mit Kuno erforscht hatte, wusste ich,
dass die Pyramiden von Ghizeh eine Merkaba mit anderen
Pyramiden und Kraftorten auf der Welt bildete. Ich hätte
mich im wahrsten Sinne des Wortes überallhin beamen
können. Plötzlich rief mich eine innere Stimme zurück und
teilte mir mit, ich solle mich beeilen, alle anderen hätten den
Ort schon verlassen. Ich öffnete die Augen und als wäre es
abgesprochen, taten es die beiden Frauen mir gleich. Ich
entfernte mich mit einem Lächeln. Es brauchte wirklich

keine Worte. Als ich zum Bus kam, warteten schon alle auf mich. Mein Exmann war der Gruppe gefolgt und klärte die anderen darüber auf, dass ich wohl die Zeit vergessen hätte, weil ich ab und zu an Orten meditiere, und es würde nicht lange dauern. Beruhigt wartete man also geduldig im Bus auf mich. Titus schien mich mit dem Herzen oder zumindest telepathisch gerufen zu haben.

Luxor

Weiter ging die Reise nach Luxor. Im Gelände gingen Titus und ich auf eigene Erkundung. Es lag an mir, ihn zu einzelnen Orten zu führen und ihn auf Details aufmerksam zu machen, die sich seinem Blickfeld entzogen. Sein punktueller Blick war scharf, und manchmal entdeckte er Dinge, die mir verborgen waren. Etwas in mir wusste, dass Ägypten uns beiden vertraut war. Viele seiner Fähigkeiten deuteten darauf hin, dass er einen Zugang zu diesem Wissen hatte. Es war kein Zufall, dass wir gemeinsam hierhergereist waren. Diese Kultur, die Nähe zu den Göttern, diese baulichen Höchstleistungen waren ein Zuhause für unsere Seelen. Mir eröffneten sich zudem spirituelle Höhenflüge und das Wissen um das Unsichtbare. Hier war Großartiges erschaffen worden, und wir hatten hier mitgewirkt.

Vor seinem Infarkt war Titus sehr diesseitig und immer kritisch gewesen. Sein Wissen basierte auf der sichtbaren oder berechenbaren Realität, und doch hatte er eine visionäre Intuition, welcher er oft folgte und die ihm den beruflichen Erfolg einbrachte. Mein Wissen kam aus dem Inneren, und ich wusste, dass es noch andere Dimensionen und Realitäten gibt und da meine Mutter bis zu ihrem 25. Lebensjahr hier gelebt hatte, war die Verbindung noch stärker.

In Luxor wohnten wir direkt am Nil und sahen viele Passagierschiffe, die gen Süden, wohl bis Assuan, also Richtung Abu Simbel oder zurückfuhren. Es herrschte ein reger Verkehr, besonders in den frühen Morgenstunden. Am Abend wurde es ruhiger, und wir konnten mit einem kleinen Segelboot des Hotels auf das Wasser. Ein unvergleichlich schöner Sonnenuntergang war uns beschieden. Wir wurden nur durch Mücken gestört, welche diejenigen umschwärmten, die nicht vorgesorgt hatten. Einige Jahre später würde ich ganz alleine in Luxor die große Tempelanlage im Abendlicht genießen und auch nach Abu Simbel gelangen. Letzteres übte schon jetzt eine starke Anziehung auf mich aus, doch ich musste mich noch lange gedulden, bis es soweit war. Als der Zeitpunkt dafür gekommen war, stand ein vollkommen neuer Lebensabschnitt bevor.

Auf dieser Reise besuchten wir die wichtigsten Touristenattraktionen und flogen die weiten Strecken, um Zeit zu gewinnen. So hieß es nur zu oft, sehr früh aufzustehen, um zum nächsten Ziel zu fliegen und die Tage voll auszunutzen.

Alexandria

Zuletzt stand Alexandria auf dem Programm. Leider reichte die Zeit nur für zwei kurze Besichtigungen. Die Stimme meiner Mutter hatte immer einen besonderen Klang gehabt, wenn sie von dieser Stadt sprach. Die neu erbaute und größte Bibliothek der Welt sahen wir nur im Vorbeifahren. Das großartige Glasgewölbe beeindruckte uns alle. Es soll Platz darin für 8 Millionen Bücher haben und beherbergt auch ein Museum. Wir besuchten eine Ausgrabungsstätte am Wasser, welche die Überreste der antiken Bibliothek enthielt, was den Kontrast zur modernen um ein Vielfaches verstärkte.

Die letzten zwei Tage galten der Erholung am türkisblauen Meer, bevor wir, erfüllt von so vielen Eindrücken, wieder in der Schweiz ankamen. Ich bin bis heute froh und glücklich darüber, dass ich mir diese Reise nicht habe nehmen lassen.

10 GÖTTLICHE BEZIEHUNG

DAS NEUE LEBEN ZU DRITT

Wieder zu Hause, wurde Titus Bestandteil unseres Lebens. Die gegenseitige Verständigung auch zusammen mit meinem neuen Partner klappte bestens. Jedes Essen zu dritt verlief in aufbauendem und wertschätzendem Ton. Beide teilten ein ähnliches Schicksal. Beide hatten sich aus einem erfolgreichen Geschäftsleben zurückziehen und wieder vollkommen neu orientieren müssen. Kuno hatte keinerlei Probleme, wenn ich mit Titus unterwegs war und ich ging in unserem früheren, gemeinsamen Haus ein und aus. Als er sich eine Wohnung kaufte, nahm er mich mit für das Finanzierungsgespräch mit der Bank und später half ich ihm beim Umzug.

Zu meinem Lebenspartner, der nach wie vor viel kiffte, entstand immer mehr Distanz, die sicher nicht von mir gewollt war. Er zog sich in die Welt der Musik zurück, und ich glaube, er war ganz froh, dass ich oft mit Titus unterwegs war. Er erwähnte öfters, dass er nicht an eine gemeinsame Zukunft mit mir glaube, was mich vor einige Rätsel stellte. Waren es Vorahnungen, die er hatte, oder warum wusste er das so genau? Mit seinem Verhalten legte er es fast darauf an. Noch standen wir am Anfang eines gemeinsamen Lebensplanes, und doch kam ich mir vor wie in einem Zwischenbereich. Nichts schien wirklich fassbar. Was würden wir drei noch aus unserem Leben machen? Wohin wird mich mein Weg führen?

Eine meiner Aufgaben sah ich darin, diese spirituelle, erweiterte Sichtweise in den Alltag zu integrieren. Zu erkennen, dass Göttlichkeit keine Leistung erfordert, dass Zufriedenheit weder auf Besitz beruhen noch auf äußerem Erfolg basieren sollte. Jeder Mensch hat Antriebskräfte, die es zu kanalisieren gilt. Ich konzentrierte mich also bewusst auf eine neue Qualität von Beziehung, die ich mit diesen beiden Männern erleben durfte. Vor allem ging es darum, meine Eigenständigkeit zu leben, keine falschen Abhängigkeiten aufzubauen und doch zutiefst aufeinander eingehen zu können.

Weiterhin begegneten Titus und ich uns als gleichberechtigte Partner. Unsere Gespräche hatten eine ganz neue Qualität. Plötzlich brachte mir mein Exmann, auch für meine spirituelle Sichtweise, einen Respekt entgegen, den ich während der Ehe nicht erleben durfte. Zwar erzählten mir seine Kollegen später, wie stolz er auf das war, was ich alles machte. Mir gegenüber zeigte er sich damals kritisch und schien mich zu belächeln.

Die Fähigkeiten von Kuno bestanden, wie er mir sagte, im Organisieren von großen Anlässen, und er würde gerne mein Angebot mit einbeziehen. Wir begannen einen Wochenendanlass zu planen und schrieben Einladungen. Zur Unterstützung kontaktierten wir ein befreundetes Ehepaar von Kuno, das zuerst begeistert reagierte. Sie planten schamanische Rituale und anderes mehr, um dann sehr kurzfristig alles wieder hinzuschmeißen.

Glücklicherweise waren wir durchaus in der Lage, ein volles Wochenendprogramm zu gestalten. Gemeinsam organisierten wir einen Ablauf mit Yoga, Musik, Tanz und Meditationen. Das Haus als solches war ideal dafür. Es lag auf dem Allerheiligenberg, umgeben von herrlicher Natur.

Am Samstagabend sollte eine Party mit mindestens 50 Personen stattfinden für Leute aus der Umgebung und dem Bekanntenkreis von Kuno. Wir hatten nur beschränkte Werbemöglichkeiten, und das schlug sich dann insofern nieder, dass nur eine einzige fremde Person an der Party teilnahm.

Insgesamt wurde es ein sehr schönes Wochenende. Das Angebot, welches von meinem Bekanntenkreis und meinen Kursteilnehmern besucht wurde, war ein Erfolg. Das Gros seiner Kumpels machte ihm einen Strich durch die Rechnung und erschien nicht zu dem von ihm geplanten Fest. Diejenigen, die ihm geholfen hatten, in der nahegelegenen Scheune eine Licht- und Musikanlage aufzubauen, nahmen an der Party teil, jedoch ohne mein nachfolgendes Sonntagsangebot zu nutzen, wie er es sich vorgestellt hatte. Mein Programm war ausgewogen, mit Meditationen, musikalischen Eingaben mit Keyboard und Trommeln von Kuno, Themen über die Energien, die dieser Ort bietet, eine Wanderung in der schönen Schlucht und abends gemütliches Zusammensein oder Teilnahme an der Party. Kuno hatte Glück, dass er alles auf privater Basis und mit Freunden organisiert hatte. Der finanzielle Verlust wäre sonst groß gewesen. Ich machte einen kleinen Gewinn und war sehr zufrieden für meinen Teil.

Der Nebeneffekt war, dass Kuno sich offensichtlich als Versager fühlte. Er hatte gehofft, für seine Kiffer- und Party-Freaks eine Brücke zur Spiritualität zu bauen, wie wir sie lebten. Natürlich traf mich sein Misserfolg, doch ich hatte schon vorher geahnt, dass die Kombination, so wie er sie sich vorgestellt hatte, nicht klappen würde. Seine Unzufriedenheit belastete mich, als wäre ich verantwortlich dafür. Leider waren wir weiter denn je von einer vertieften oder göttlichen Beziehung entfernt.

Zu Hause zog er sich wieder ganze Tage in sein Zimmer zurück, besuchte dann und wann seine Freunde und war wohl froh, mir ausweichen zu können. Um ihm zu zeigen, dass ich diesen Teil seines Lebens mit ihm teilen wollte, lud ich seine Freunde auch ab und zu zum Essen ein. So richtig warm wurden wir nicht miteinander. Sie mochten ihn und wollten ihn unterstützen und berieten, was zu tun wäre. Dieses Paar verdiente sehr gut mit einer Hanfplantage und bot an, ihm einen Grundstock von qualitativ hochstehenden

Pflanzen zur Verfügung zu stellen. Als er mir dann den Vorschlag machte, in meinem Keller Hanf anzupflanzen, sträubte ich mich mit Händen und Füßen dagegen. Das war wohl das Allerletzte was ich wollte.

Einen illegalen Mitbewohner hatte ich ja schon und jetzt noch eine illegale Hanfplantage? *Vergiss es!*

Je länger wir zusammenlebten, desto klarer merkte ich, dass er trotz all seiner Fähigkeiten nicht aus seinem Sumpf herauskam. So viele Versprechungen, so viele Hoffnungen hatte er, die nichts fruchteten.

DAS GÖTTLICHE IN UNS

Nebst den regelmäßigen Workshops, die an sich schon jedes Mal sehr speziell waren, gab es eine Serie zum Thema *göttliche Beziehung*. Kuno entschied mangels finanzieller Mittel, nicht daran teilzunehmen. Vorerst war ich sehr erleichtert, von zu Hause wegzukommen, raus aus dieser partnerschaftlichen Energie, die ich als immer anstrengender empfand.

Was mir dadurch geschenkt wurde und was ich dann erlebte, hätte ich nie für möglich gehalten.
Als erstes stellt sich die Frage:
Göttliche Beziehung? – Was ist das? Für mich – für uns?

Es ist ein Trugschluss zu denken, es habe ausschließlich mit Religion oder mit dem Glauben zu tun. Ich hatte mir inzwischen die Wahrheit zu eigen gemacht, dass wir AUCH Gott sind, also eine Verkörperung des Göttlichen. Erstens, weil es außerhalb von Gott nichts gibt und weil wir Schöpfer unserer Realität sind. Je bewusster wir leben und im Einklang mit uns selbst sind, desto besser können wir es erkennen. Schöpfung entzieht sich dem Verstandeswissen, respektive es kann nur ein winzig kleiner Teil davon verstanden werden. Es gibt ein inneres Wissen, das manchmal mit dem Verstand kämpft, und es gibt ein Wissen, das aus Herzenergie besteht, manche nennen es auch Bauchgefühl, obwohl das nicht dasselbe ist. Und es gibt ein allumfassendes Wissen, das jenseits von Worten ist.

Aus dem Bauchgefühl zu agieren, nenne ich intuitives Handeln, ohne zu hinterfragen. Aus der Herzenergie zu schöpfen, ist ein Wissen, das in Liebe handelt. Allumfassendes Wissen entzieht sich unseren Vorstellungen, daher sagen alle Weisen: »Ich weiß, dass ich nichts weiß.«

Und nun zurück zu meiner Suche nach einer erhöhten/göttlichen Beziehung.
Da drängen sich mir folgende Fragen auf:
Wann bin ich in göttlicher Beziehung?
Wie kann ich es bemerken? Wann und wo beginnt sie?
Wo führt eine solche Beziehung hin und
was zeichnet sie aus?
Ist sie zwischen Menschen möglich?
Hat sie schon jemand erlebt?
Steht sie allen Menschen offen?
Fragen über Fragen!

VISUALISIERUNGEN

An diesem Wochenende war ich sehr offen und fühlte mich frei, richtiggehend befreit vom Alltag mit meinem Partner. Unbeschreiblich, wie sehr ich es genoss, mit meinen Gruppenfreunden zu sein. Wenn etwas mich belastete, atmete ich auf, wenn ich mich für eine Weile zurückzog. Heute war die kleine Kerngruppe zusammengekommen. Wir kannten uns gut, vertrauten einander, und jede von uns hatte eine starke Absicht, aus vielen menschlichen Beschränkungen auszubrechen, um das Bewusstsein auf das wahre göttliche SEIN auszurichten, so wie es für uns verfügbar war.

In den Meditationen halfen uns Visualisierungen zu neuen Erfahrungen. Zuerst verbanden wir uns mit unserem Körper, unserem Atem und konzentrierten uns auf eine erdende Struktur. Manchmal stellten wir uns als Einstieg das Hinabsteigen oder Erklimmen von Stufen vor. Es waren nicht richtige Stufen, sondern es ging in Zahlenform oder in Spiralenform weiter. Ich sah zum Beispiel eine pulsierende, sich ausdehnende Spirale, die ich hoch- oder hinunterging und landete jeweils an unbekannten Orten. Man könnte sie auch Dimensionen nennen. Manchmal blieb ich in der einen eine zeitlang hängen oder verlor das Bewusstsein; dann wieder zeigten sich mir wunderbare Strukturen oder Bilder, Gedanken kamen, entwickelten sich. Mit dem logischen, menschlichen Verstand kommt man schnell an Grenzen, und diese beginnen sich aufzulösen wie in der Traumwelt, wo alles möglich ist.

In einer geführten Meditation erfährt man verschiedenste Qualitäten des Seins, vor allem konzentrierte sich der Fokus der Gruppe auf ein Thema und doch wird es ein individueller Weg. Man sieht plötzlich etwas, hört oder spürt etwas – oder auch nichts. Nichts ist dann besser oder schlechter. Irgendwann kommen wir nämlich an den Punkt einer Leere, dem Nichts, und darin ist wiederum alles enthalten. Wir sprechen also hier von Unterteilungen, die letztendlich gar keine sind. Wahre Spiritualität ist paradox.

Wir sind also langsam durch verschiedene Dimensionen oder Stufen gegangen, die sich uns zeigten, haben die Energie verinnerlicht, um dann weiterzugehen, zu schauen, zu erfahren. Man kann sich das Ganze auch wie ein Haus vorstellen, wo wir alle Räume besuchen können. Wir kennen alles, und doch wirkt es immer wieder unterschiedlich. Durch die Fenster fällt jedes Mal ein anderes Licht herein, die Stimmung, die Farbe verändert sich. Egal in welchem Stock wir gerade sind, wir wissen, wie es im unteren aussieht. Wir waren schon in allen Räumen und werden jeden

Raum, den wir betreten, immer wieder anders erleben. Jede Dimension oder Stufe in der Meditation wird ebenso eine andere Qualität haben als beim letzten Mal, je nachdem, wer sich einklinkt und zu welchem Zeitpunkt man in sie hineingeht. Irgendwann lösen sich die Stufen auf, weil sie nicht mehr wichtig sind. Klingt das abstrakt? Gut!

Versuche es einfach: Schließe die Augen und stell dir dein Wohnzimmer vor oder dein Bad, sieh und fühle dich dort hinein. In Gedanken bist du schon dort. Manchmal weißt du sogar, wie es riecht. Und jedes Mal gibt es doch etwas Neues zu entdecken. Das klingt simpel und ist es auch. Mit ein wenig Übung finden wir uns auch so in gewissen Schwingungsebenen zurecht. Sie sind vertraut und verändern sich doch ständig.

ÜBER DIE BRÜCKE GEHEN

So war ich also wieder einmal durch die verschiedenen Dimensionen gelangt, und dann sollte ich voller Absicht über die Brücke, die sich vor mir befand, gehen.

Ich dachte das Wort *Brücke* und sah augenblicklich einen Brückenbogen vor mir, den ich betreten konnte.

Ein wenig zögernd, nicht wissend, welche Qualität die Brücke hat, wie stabil sie ist, geschweige denn, was auf der anderen Seite ist. Also wartete ich.

Kurz ergriff mich eine Angst, doch dann sagte ich mir: »Wenn du es jetzt nicht wagst, wirst du nie wissen, was drüben ist«.

Langsam ging ich die Brücke hoch, immer weiter hoch. – Sie wurde fühlbar realer. Diese Brücke trug mich, und plötzlich war mir egal, woraus sie bestand. Sie trug mich und war doch alles andere als fest. Ich erreichte die Mitte und hielt inne. – Was nun: Zurückgehen, hinübergehen? Ich sah nichts, denn die

Landschaft war zu weit unten, ich sah nur Leere. Also machte ich noch einen Schritt weiter, und dann rutschte ich plötzlich ab und fiel und fiel und fiel. – Ich kämpfte nicht, ruderte nicht einmal mit den Armen oder Beinen. Ich ließ mich einfach weiter fallen, fallen, fallen – endlos kam es mir vor. Wahrscheinlich dauerte das Ganze nur Sekunden oder einen Bruchteil davon. Da war keine Angst, jegliche Fragen waren gelöscht, und ganz plötzlich fühlte ich mich irgendwie angekommen, auf dem Boden einer Realität, die sich wie eine erste Dimension anfühlte, mit dem tiefen Wissen, dass es keinen Anfang und kein Ende gibt. Wäre ich also in der Meditation in der 12., 24. oder 144. Dimension gewesen, es spielte überhaupt keine Rolle. Etwas in mir hatte entschieden, den Kreislauf wieder zu beginnen. Unsere vielen Leben sind ein sich ständig neu erschaffender Kreislauf mit vielen Brücken, bis wir ihn irgendwann verlassen. Wie die indischen Yogis sagen, kann man tausendfach wiedergeboren werden. Nicht als die Persönlichkeit, die wir jetzt haben, doch immer wieder mit Teilaspekten von uns und mit karmischen Anteilen, die wir mitnehmen. Mein jetziges Leben fühlt sich manchmal an, als würde ich unglaublich viele Aspekte leben, von denen ich vorher gar nicht wusste.

Es gibt keinen Anfang und kein Ende, so wie das Universum keinen Anfang und kein Ende hat. Wenn ich mir das als Kind vorgestellt hatte und auch jetzt, stockt mir der Atem, weil mein Verstand da nicht mehr mitkommt. Während ich in Meditation bin, erlebe ich es als Freiheit pur. Ich kann fliegen, reisen wohin ich will, sei es in Zwischenwelten oder etwas, das wir das Nichts nennen, aus dem alles neu beginnen kann. Wie bei einem Baby, welches das Leben neu erfahren wird, und doch trägt es in jeder Zelle ein Wissen der Ahnen, von Äonen und der Ganzheit.

Inzwischen nennen viele Menschen eine solche Brücke *Regenbogenbrücke*. Diese spannt sich wie ein Bogen vom Irdischen in den Himmel oder ins Universum. Für uns, die inkarniert sind, macht sie einen Rundum-Bogen zurück zur Erde, weil wir diese Erde noch nicht verlassen sollen. Wir sollten also darauf achten, auch wieder gut im Körper zu landen oder nochmals ein *Ja* zu dieser Inkarnation zu sagen. Wenn wir das nicht tun, sorgen ein vielleicht schmerzhaftes Ereignis oder Missgeschick dafür. Sich auf diese Reise einzulassen, kann auch bedeuten, einen irdischen oder karmischen Kreislauf abzuschließen und einen neuen zu eröffnen. Es ist ein ewiger Kreislauf, der multidimensional ist oder wahrgenommen wird.

Solange ich inkarniert bin, trage ich die Energie der Ahnen und meiner Seelenfamilie oder -freunde ganz praktisch mit mir, es sind dieselben Gene. Ich kann mich also, wenn ich will, problemlos einklinken, auch wenn diese Seele unpersönlich ist und nur die Persönlichkeit von jemandem annimmt, um mit mir in Verbindung zu treten. Ebenso kann ich mich in die Seelenformation eines Gegenübers einklinken, um Informationen abzuholen, sofern es dient. Nun löse ich mich bewusst aus dieser Struktur der Ahnenreihe, die mir nahe ist. Es ist, als würde sich etwas in mir neu ausrichten.

Für mich war dieses Erlebnis wie eine freudvolle Wiedergeburt. Dieses Nichts, durch das ich hindurch fiel und fiel und fiel, begleitet von einer unpersönlichen Liebe, die mich auffing, war unbeschreiblich groß. Es war Liebe pur, die nichts bewertet, nichts festhält. Darin löste ich mich auf und erschuf mich neu.

Nachdem ich dadurch die Illusion der Sterblichkeit aus einer anderen Sicht verstanden hatte, wurde es immer einfacher, in Meditationen dieses Nichts oder Nichtsein zuzulassen. Ich musste nichts mehr wissen, immer weniger planen. Ich konnte den Weg gehen, wie er sich gerade zeigte, und ich entschied, wie ich ihn gehen wollte. Immer hatte ich erneut eine Wahl. Eine große Freiheit und Schöpferkraft entstanden durch dieses Wissen. Das Wissen um das Göttliche in mir und dem Gegenüber bewirkte oft augenblicklich etwas Heilsames. Nicht selten aktivierte es auch Widerstände, und sogar das war gut.

Ganz praktisch habe ich es während dem Seminar zweimal erleben dürfen. Wer wirklich in sich ruht, dessen Worte haben eine unglaubliche Kraft. Einmal sagte Elfriede zu mir: »Ich sehe, dass deine Schmerzen von einer Fehlbelastung in der Wirbelsäule herkommen, das braucht entsprechende Physiotherapie.« Kaum hatte sie es ausgesprochen, knackte es in meinem Rücken, und die Schmerzen waren weg. Nicht immer funktionierte es so. Ich erkannte, wie alleine der Gedanke an das Heilwerden dieses ermöglicht. Was der andere Mensch dann daraus macht, ist immer seine Wahl. Er kann es annehmen, er kann es ablehnen, er kann es dosieren, je nach seinem Bewusstsein wird es wirken. Wer Aufmerksamkeit benötigt, will oft nicht wirklich gesund werden, weil er durch die Krankheit diese bekommt. Krankheit ist ein wichtiger Impulsgeber, eine Botschaft der Seele und nie eine Strafe. Es wird endlose Wiederholungen davon geben, bis das Letzte in uns und/oder der jeweiligen Realität geklärt ist. Was jedoch immer schneller gehen wird. Unsere Symptome sind unsere Lehrer und eine Transformation kann geschehen.

So frage dich, lieber Leser/liebe Leserin, wenn du einen Moment mit Lesen innehältst:

«Wie fühlt sich Dein höchstes oder göttliches Selbst an?
Siehst Du das Göttliche im Gegenüber?
Erkennst Du, wie es in Dir wirkt? Erinnerst Du Dich an einen Moment, wo es Dir schlecht ging und es Dir dann wie aus heiterem Himmel wieder besser ging?«

Wer weiß schon, was da alles mitwirkt? – Geist, Gott, Gedanken, Energien, Umfeld, Prägungen. Macht es uns klein oder macht es uns groß?

Fakt ist: Alles wirkt und bewirkt ein Ganzes!

Dass dieses Heil- oder göttliche Wissen da ist, in Dir, in mir, in uns, in allen Wesen, steht außer Frage. Einiges scheint, weil wir es nicht wertfrei betrachten können, tatsächlich weit vom Göttlichen entfernt zu sein, doch in der Einheit/Ganzheit, gibt es nichts, was nicht göttlich wäre.

Genährt durch diese Erfahrung konnte ich frohen Mutes nach Hause zurückkehren und mich darauf fokussieren, was für eine herrliche Emanation (Erscheinung) der Mensch ist und wie viele Gewänder er hat.

Wenig später kam hinzu, dass ein weiteres Gewand abgestreift werden konnte. Eine weitere Ablösung alter Geschichten oder Gewänder der Vergangenheit. Titus, mein Exmann, hatte gerade unser damalig gemeinsames Haus verkauft. Zusammen lösten wir diesen Hausbestand auf, verteilten noch einiges unter uns.

Schon freute ich mich auf die nächste Reise mit der Gruppe zur vollständigen Sonnenfinsternis in Libyen und Ägypten. Kuno blieb zu Hause, um Garten und Katzen zu betreuen.

11 SONNENFINSTERNIS

ÄGYPTEN

Wir waren nun auf dem Weg zu einer totalen Sonnenfinsternis nach Libyen, das inzwischen wieder für Touristen zugänglich war. Man durfte nur in Gruppen und mit polizeilichem Begleitschutz reisen. Jede Wegstrecke war genau vorgeschrieben. Politisch ist das Land heute, wo du das liest, wieder vollkommen verändert. Zur Zeit meiner Reise wurde Libyen von Gaddafi regiert und kontrolliert. Bestimmt war es nicht einfach für die Bevölkerung, unter einem Diktator zu leben. Wie wir feststellen konnten, gab es kaum materielle Entbehrungen, denn wir haben nie Bettler gesehen und wurden auch nicht zu Käufen gedrängt. Dass die geistige Freiheit sowie die persönliche Entwicklung eingeschränkt wurden, konnte auf die Dauer nicht gut gehen.

Kairo

Unsere Gruppe bestand aus 5 Frauen und 2 Männern, die für diese Reise angemeldet waren. Es würde ein starkes Erlebnis mit einer totalen Sonnenfinsternis in der libyschen Wüste werden, das ahnten wir bereits.

Zum dritten Mal landete ich auf dem Kairoer Flughafen. Es war ein sehr heißer Tag, als sollten wir auf die Wüste vorbereitet werden. Schon vor der Passkontrolle wurden wir vom Reisebürovertreter Achmed empfangen. Achmed sprach sehr gut Deutsch, begrüßte uns freundlich und stellte uns seine Begleiterin als Assistentin vor. Der Geldwechsel oder Bezug von ägyptischen Pfund am Flughafen waren unkompliziert und schon vor dem Zoll möglich. Die Zollabfertigung lief reibungslos ab. Achmed führte uns zum kleinen Bus des Reisebüros, und wir wurden ins Zoser Hotel, das an der Pyramidenstraße liegt, gefahren. Wir konnten bereits einen kurzen Blick auf unser morgiges Ziel werfen. Die Pyramiden waren nah, majestätisch, wirklich grandios!

In der Hotelhalle dauerte es über eine Stunde, bis wir die Zimmerschlüssel erhielten. Geduld war also angebracht. Dankbar nahmen wir den erfrischenden Begrüßungsdrink an, der uns freundlich lächelnd angeboten wurde, bevor wir endlich in unsere Zimmer gehen konnten. Trinkgelder wurden natürlich erwartet. Schon bald gab es Abendessen. Das Buffet des Hotels war erfreulicherweise vielfältig. Einige gönnten sich ein leichtes, erfrischendes Sakkara Bier, und danach konnten wir uns in der Bar an einem schönen Bauchtanz ergötzen. Die Tänzerin war gut gebaut, nicht zu schlank und gerade so, dass die Rundungen zu den sinnlichen Bewegungen passten. Es war ein Genuss, ihr zuzusehen, und sie holte danach auch einige Leute zum Mittanzen. Den Shimmy konnten wir nur ansatzweise nachahmen.

Die schönen Boutiquen des Hotels lockten zur Besichtigung. Im Verlaufe der folgenden Tage kauften einige aus unserer Gruppe Schmuckstücke, die mich nicht überzeugten. In der Schweiz würde sich meine Ahnung bestätigen, dass minderwertige Qualität verkauft worden war. Aber »man gönnt sich ja sonst nix«, und somit war alleine der Akt des Kaufens ein Schritt in eine neue Richtung für die eine Freundin, die sonst sehr sparsam lebte.

Am nächsten Tag besuchten wir die große Pyramide. Wir hatten eine Extrabewilligung für die Felsenkammer erhalten und verdankten diese Spezialbehandlung unserem Ägyptischen Reisebüro in Berlin.

Durch einen sehr niedrigen und schmalen Tunnel robbten wir auf allen Vieren bis zur Felsenkammer, die sich auf dem Weg zur Grabkammer befindet. Die Luft im engen Tunnel war stickig. Abgesehen von einigen wenigen Lampen, von denen nur die Hälfte brannte, umgab uns Dunkelheit. Die vor mir kriechende Person deckte jegliche Sicht ab. Bei der Öffnung zur Kammer angekommen, konnten wir uns endlich aufrichten und durchatmen. In einer mehr oder weniger normalen Raumgröße, die etwa 30 m² maß und voller Stufen war, bewegten wir uns frei. In der Mitte befanden sich Vertiefungen, die auch auf mögliche Gräber hinwiesen. Wir setzten uns auf die Stufen, wurden ganz still und waren von jeglichen Lärmimmissionen abgeschottet. So begann die Meditation, bei welcher wir nur das Rauschen in unseren Ohren hörten. Wir stimmten uns ein auf die herrlichen Ausmaße der Pyramide, und schon sahen wir geometrische Strukturen, mit welchen wir uns verbanden.

Die drei Pyramiden sind wie der Oriongürtel angeordnet, so war es naheliegend, sich auf die Spitze der Pyramide nach Orion auszurichten, und wir erschufen um uns herum ein Dreieck, wovon jede Spitze eine Verbindung zu anderen Planeten schuf. Nebst Orion dann mit Arkturus und dem Zentrum der Plejaden. In der Mitte dieses Dreiecks erforschten wir die kosmische Energie. Es war wunderbar, die Welten im Kosmos zu fühlen und zu sehen. Augenblicklich erschienen vor meinem inneren Auge schöne Gestirne, von denen wir Teil sind. Wir sind Sternenkinder, und unsere Heimat dehnt sich über die Erde hinaus, und so können auch Informationen zu uns fließen. Im Grunde sind wir auch Außerirdische auf diesem Planeten, denn es gibt einige von uns, die sich anderswo mehr Zuhause fühlen als auf dieser Erde. Die Meditation dauerte etwa eine Viertelstunde und nachdem wir das Ganze noch ein wenig nachwirken ließen, hieß es weitergehen. Fotografieren war im Felsenraum, ja im ganzen inneren Bereich der Pyramide verboten. Natürlich findet man im Internet inzwischen Fotos vom Inneren. Nun gingen wir denselben, engen Tunnel zurück.

Als nächstes begaben wir uns in die Königinnenkammer, die normalerweise auch nicht für Besucher zugänglich ist. Der schmale Tunnelweg hinein ist kürzer als derjenige der Felsenkammer. Die Königinnenkammer ist geräumiger, fast sieben Meter hoch. Auch hier waren wir unter uns und erlebten eine wunderbare Meditation mit Phasen vollständiger Stille und dann wieder mit Tönen. Summende, auch tiefe klare Töne, die das Herz öffneten und deren Vibrationen von innen nach außen den gesamten Raum füllten. Mein drittes Auge wurde aktiviert und ich konnte sehen, dass die Mauern fast durchscheinend wurden und wir mit allem, was uns umgab, verschmolzen. Die Energie darin hatte etwas sehr Sinnliches.

Weiter ging es Richtung Grabkammer. Aus dieser kam gerade eine Gruppe von etwa dreißig Amerikanern, worunter einige recht beleibt waren. Teilweise stöhnten sie wegen des Mangels an Sauerstoff und der Hitze und eilten so schnell es ging dem Ausgang zu. Es waren enge und steile Stiegen, die hoch zur Grabkammer führten. Die Luft in der Grabkammer ist sehr dicht bis feucht-warm und riecht nach einem undefinierbaren Gemisch von abgestandenen Ausdünstungen der Haut, der Stoffe und des Atems. Das Gestein nimmt diese Feuchtigkeit auf und gibt sie durch die entstehenden Bewegungen und Wärme an den Raum zurück. Feinstofflich sind viele Wesen spürbar und sichtbar, die Teil von uns und der Pyramide sind. Ferne Seelen von überall auf der Welt, die mit der Pyramidenqualität meditieren, bereichern die Energie. Es scheint sich vieles in dieser unglaublich starken Struktur zu befinden, um Verbindung zu anderen Universen zu schaffen. Nicht von ungefähr kursiert die Aussage, dass diese Pyramide kein Grab sei, sondern für die Pharaonen und Priester eine Möglichkeit gewesen war, sich einschließen zu lassen, um in die Unterwelt zu gelangen und universelle Wahrheiten zu finden, so auch dem Totenreich näher zu sein.

Es zog mich sofort zum stärksten Punkt vor dem Sarkophag, wo ich schon im vorherigen Jahr meditiert hatte. Die andern bildeten einen Kreis um mich herum, und ich spürte die Verbindung zu jedem einzelnen von ihnen. Jeder begab sich auf Anregung für eine Weile in die Mitte, um sich einzustimmen, wurde zur zentralen Figur unseres Kreises und der Grabkammer, was eine sehr starke Erfahrung ist. Fast eineinhalb Stunden verbrachten wir in der Pyramide, und viele Informationen flossen in und durch uns hindurch. Es gibt Menschen, die das Bedürfnis haben, in das offene Steingrab zu klettern und sich hineinzulegen.

Wieder an der frischen Luft genehmigten wir uns von einem der Händler angebotene Getränke. Das Teepulver ist wie beim türkischen Kaffee sehr fein gemahlen und wird aufgegossen. Man wartet, bis der Satz zu Boden sinkt. Der Tee ist schwarz und wird stark gesüßt, außer man gebietet dem Verkäufer Einhalt und verlangt wenig Zucker. Es schmeckte wunderbar und da Süßes erdend wirkt, passte das auch.

Anschließend besuchten wir eine kleinere Grabhöhle, mit wunderschönen Wandgemälden und Inschriften, die sich gleich neben der großen Pyramide befindet. Ein anderes Grab, in welches wir hineingingen, barg ebenfalls noch einen offenen Steinsarg. Darin lagen Gebeine, um zu veranschaulichen, wie man die Skelette gefunden hatte. Das elektrische Licht wurde auf unseren Wunsch hin gelöscht, und ich erlebte zum ersten Mal, wie ein Raum ohne künstliche Lichtquelle hell wurde, weil unsere Energiekörper leuchteten.

Später bei der Sphinx erlebte ich es anders als beim ersten Besuch. Energetisch hatte sich etwas verändert. Sie schien in einer anderen Frequenz zu erstrahlen, als wäre sie am Zerfallen. Als wir die Säulenhalle dahinter betraten, geschah augenblicklich eine Verstärkung der Energie. Plötzlich schienen die Pfeiler zu schweben, und wir befanden uns mit ihnen in einer anderen Realität. Als wir später darüber sprachen, hatten es einige ähnlich erlebt.

Am dritten Tag fuhren wir per Bus nach Alexandria. Die Fahrt verlief reibungslos und zügig. Wunderschön ist es, an dieser Küste entlangzufahren, entlang des tiefblauen bis türkisfarbenen Meeres. Mir gefiel die Energie dieser Stadt auf Anhieb, obwohl sie auch aus vielen unschönen

Hochhäusern besteht. Sie hat europäisches Flair und ein großes kulturelles Erbe. Meine Mutter hat hier längere Zeit gewohnt, und ich fühlte mich ihr hier nah. Das Klima war milder als in Kairo, und es begann leicht zu regnen.

Alexandria

Kurz nach dem Einchecken im Hotel begaben wir uns in die nahe gelegenen Katakomben. Je weiter ich hineinging, desto mehr kam ich in einer Anderswelt an. Tausend Bilder zogen an mir vorbei. Ich konnte keines festhalten, könnte auch jetzt keines beschreiben. So blieb ich wie festgenagelt eine Weile am selben Ort stehen, bis die Intensität nachließ. In Alexandria gibt es unterirdische, im Meer versunkene Stadtteile. Ein weiterer Grund, weswegen man verschiedenste Ebenen und Dimensionen wahrnehmen kann. Dass es hier die größte, modernste und schönste Bibliothek der Welt gibt, erstaunt nicht. Alexandria ist eine Schlüsselstadt zwischen Nord und Süd, Ost und West. Der Bau der modernen Bibliothek ist ein Wunderwerk der Architektur und endlich konnten wir diese besuchen. Die Innenarchitektur wirkt luftig, großzügig, ist in Etagen gebaut und durch Rolltreppen verbunden. Es steht heute modernste Technik zur Verfügung, sei es, um nach einem Schriftstück, nach Inhaltsangaben oder weiteren Details zu suchen. Die Computer sind allen zugänglich. Im Erdgeschoss befindet sich ein wunderschönes, kleines Museum.

Nach dieser beeindruckenden Besichtigung fuhren wir zur großen Markthalle mit verschiedenen Sektoren. Es gibt einen Teil, der nur für Frauen bestimmt ist, mit unzähligen, bunten und gepflegten, manchmal sehr kleinen und doch wunderschönen Läden mit einer riesigen Auswahl, mit allem, was das Frauenherz begehrt. Viele traumhaft schöne Stoffangebote, Mode, Schmuck, Schminke, Badezusätze, Räucherwerk. Ein Stand mit indischen Waren zog mich an, und ich kaufte mir einen langen bunten Baumwollrock. Natürlich musste man den Preis herunterhandeln. Daran habe ich mich gewöhnt, doch sehr lästig ist es, dass man dauernd angesprochen wird, uns etwas anzusehen oder etwas zu kaufen. Kaum schweift der Blick eine Sekunde über ein Objekt, wird man sofort angepeilt.

Die Nahrungsmittel befanden sich in einem anderen Sektor, den wir ausließen. Wir waren müde von all den Eindrücken und hatten keine Lust auf weitere Besichtigungen wie den Palast oder das Fort. Lieber wollten wir am Quai entlanggehen und fanden ein ansprechendes Lokal. Als wir schon bestellt hatten, bemerkten wir, dass wir in einem echten Raucherlokal gelandet waren, wo an fast jedem Tisch Männer und wenige Frauen eine Shisha rauchten, die man jedoch extra bestellen musste. Die verschiedenen Wasserpfeifen gaben ein wunderschönes Bild ab, und die Männer strahlten eine genießerische Ruhe aus. Die Luft war geschwängert von den verschiedenen Aromen, das Restaurant sehr gut besucht, nicht zuletzt, weil es hier auch herrliche Eisbecher gab. Allzu lange hielt ich es drinnen nicht aus und begab mich nach einem Glas Tee nach draußen. Ein kleiner Spaziergang an der Meerespromenade ließ mich durchatmen. Das Wetter war nach wie vor trüb, windig, und die salzige Luft wirkte belebend.

Geldwechseln war hier gar nicht so einfach. Die Visa Karte wurde nicht überall angenommen, die Travel-Cash-Card schon gar nicht. Ich war ständig knapp bei Kasse, weil ich aus Sicherheitsgründen zu wenig Bargeld mitgenommen hatte, was sich jetzt als Fehler erwies. Zurück im Hotel stimmten wir uns in der Meditation auf Alexandria ein. Es gab viele Eindrücke zu verdauen. Von fast allen Meditationen bekamen wir nach der Reise eine CD.

Am darauffolgenden Tag führte uns eine kurvenreiche Straße entlang der Küste, weiter zur Libyschen Grenze. Wir aßen in Marsa Matruh in einem netten Lokal zu Mittag und erhielten auf der Weiterfahrt vom Touristenbüro den »Eintritt« für das Übernachtungscamp.

Salum

Also ging es bald weiter bis nach Salum. Die Küste machte einen großen Bogen, und wir fuhren den Berg hoch, wo ein Camp aus Zelten aufgebaut worden war. Groß wäre untertrieben. Es war eine riesige Zeltstadt. Wir sahen Luxuszelte, die mit Teppichen ausgelegt waren und auch kleinere, bescheidenere, mit Vordach. Je weiter wir fuhren, desto kleiner und einfacher wurden sie. Alle in Reih und Glied, schön sortiert. Es gab Einteilungen mit Landesfahnen und alles war perfekt organisiert. Wir wurden dem gelben Sektor zugeteilt, in welchem schon einige Zelte standen. Aber wo war unser Zelt? Ein Zelt für sieben Personen müsste doch nicht zu übersehen sein? Was war schiefgelaufen? Nach einigem ratlosen Herumfragen händigte uns unser Fahrer nun zwei Rollen mit Zeltplanen aus, zeigte auf einen leeren Platz und sagte, wir müssten das Zelt selbst aufstellen. Langsam wurde es dunkel und kühler. Keiner von uns war darin geübt, ein Zelt aufzustellen. Wir begannen irgendwie, weil jeder einen anderen Vorschlag brachte. Als es so aussah, als hätten wir es geschafft, bemerkten wir erst, dass wir zuerst das Außen- anstelle des Innenzeltes aufgestellt hatten. Achmed und der Chauffeur standen ratlos und untätig herum. Irgendwann war es geschafft. Unser Zelt stand. Aber wir hatten weder Matten noch sonstige Liegeflächen dabei. Wer hartgesotten genug war wie ich, schlief diese Nacht auf dem nackten, ziemlich kalten Zeltboden. Die anderen entschieden, es sich im Bus gemütlich zu machen.

Nachdem das Organisatorische geregelt war, hob sich meine Laune, und wir gingen zum Essen ins riesige Aufenthaltszelt, das vollständig mit Teppichen ausgelegt war, Tische und Bänke und eine Bühne hatte. Eine orientalische Band unterhielt uns mit schönen Klängen, und wir genossen dann auch noch eine Tanzaufführung. Nun gab es für uns eine Art McDonalds Package mit dem Hinweis, das sei unser Nachtessen. Alles war fein säuberlich abgepackt und das Sandwich sogar genießbar.

Ich machte Fotos von den Darbietungen und entdeckte später viele Orbs darauf. Das sind milchige, kreisrunde Energieformationen. Netterweise füllte mir der Mann beim Getränkewagen meine Flasche mit heißem Wasser, so konnten noch einige von uns warmen Tee trinken. Als ich dann mitten in der Nacht mit der Taschenlampe in der Hand das Klo aufsuchte, hoffte ich sehr, mich nicht zu verlaufen. Ich fand richtige Toilettenwagen, die sehr sauber waren und alle mit fließendem Wasser. Weil ich riesigen Durst verspürte, wollte ich aus dem Bus meine volle Wasserflasche holen. Doch der war verschlossen, und alle Fenster waren beschlagen vom Atem der Freunde, die darin nächtigten. Einer der wachhabenden Männer bot mir ein Bier und Apfelsaft im Tetrapack an. Derselbe Mann brachte uns dann am Morgen die Frühstückspakete und hatte wohl den Auftrag, uns zu bewachen. Ich schlüpfte wieder in das Zelt. Weckzeit war um 6.30 Uhr, gerade als die Sonne aufging. Wir wollten früh genug an der Grenze sein, die nicht weit weg war.

LIBYEN

An der Grenze mussten wir alle aussteigen, durch ein Gebäude hindurchgehen und diverse Zettel ausfüllen. Diese wurden genauestens kontrolliert. Der Beamte korrigierte zwei Buchstaben auf meinem Formular, weil die Worte für ihn nicht lesbar genug waren. Nach eineinhalb Stunden Wartezeit waren wir auf libyschem Boden und gezwungen, in einen libyschen Bus umzusteigen. Immerhin durfte unser ägyptischer Bus neben den anderen fahren, was das Umladen des Gepäcks erleichterte. Es war acht Uhr morgens und Zeit, in Richtung Sonnenfinsternis zu fahren. Gemäß Mohammed dauerte die Fahrt dorthin drei Stunden. Wir befürchteten, dass es knapp werden könnte. Also war es wichtig, den Fokus auf den Zeitpunkt und das Ereignis auszurichten. Eine kurze Kaffeepause musste trotzdem sein. Diese hatten wir uns nach der ungemütlichen Nacht redlich verdient. Der zusätzliche libysche Reiseführer, Nashmir, sagte uns, dass die Sonnenfinsternis um 13.15 Uhr stattfinden würde. Die Straßen waren gut, der Verkehr flüssig. Eine Straßenkontrolle bremste den Elan, aber dann ging es nonstop in die Wüste.

Plötzlich trafen wir auf eine dunkel wirkende Ansammlung von Männern. Es waren Moslems in ihren besten Kleidern. Vor unseren Augen verbeugten sich etwa 200 Mann im Gebet Richtung Mekka und damit auch prompt in unsere Richtung. Mir fielen die Worte ein: »Sie grüßen nun auch die große Göttin.« Natürlich wird Allah geehrt, doch wir bildeten eine Verkörperung des Weiblichen, also der Göttinnenkraft.

Wir stiegen aus dem Bus und gingen ein Stück zu Fuß, waren aber noch nicht weit gekommen, als sich die Sonnenfinsternis ankündigte. Wir sahen, wie sich die Sonnenscheibe zu verdunkeln begann. Ohne zu zögern, ließen wir uns inmitten der Männergruppen nieder. Einige von uns legten sich flach auf den Boden. Ich wollte mir dieses visuelle Erlebnis nicht entgehen lassen und blieb sitzen. Die Männer um uns waren ziemlich in Aufruhr. Mit viel Gehupe, Geschrei, Gejohle wurde das Geschehen begleitet. Es wurde immer dunkler. Tatsächlich war es auf einen Schlag stockdunkel, nur am Horizont bildete sich ein schmaler regenbogenfarbiger Streifen und ein wenig Helligkeit. Ich sah die Venus über uns. Es wurde sofort bedeutend kühler. Nach zwei Minuten war der Höhepunkt der Finsternis erreicht und nach vier weiteren Minuten begann eine Art Dämmerung und ging fast augenblicklich über ins grelle Tageslicht. Ich war zutiefst berührt, dass die Nacht sich so schnell aufgelöst hatte. Es ist wie ein erster Atemzug in ein neues Leben. Die Uhr zeigte 14.05 Uhr. Einer unserer Männer war in tiefe Trance gefallen und kämpfte mit seinen Dämonen, schlug um sich, schrie laut. Die anderen Männer beobachteten uns aus einiger Entfernung. Wir bildeten einen Kreis um unseren Freund und hielten Stabilität. Damit sich die Energie, die sich angestaut hatte, wieder auflösen konnte, erdeten wir uns bewusst und ließen offen, was geschehen sollte. Getragen und inmitten von uns, konnte er sich frei fühlen. Niemand versuchte, ihn durch Berührungen oder Worte aus seinem Zustand herauszuholen, sondern wir saßen oder standen still um ihn herum. Wir waren in tiefer Verbindung mit unserem Herzen, dem Zentrum der Erde und dessen Kern und der männlichen Präsenz um uns herum. Das ergab eine heilsame Dreiheit. Erst als unser Freund ruhiger wurde, berührten wir ihn sanft und holten ihn ins Hier und Jetzt zurück. So hatte er transformiert, was latent vorhanden war, und einiges darüber hinaus.

Wir fühlten jetzt, wie hungrig wir waren und bestiegen unseren Bus, um weiterzufahren. Beim ersten Halt wurde getankt, auszusteigen war nicht vorgesehen. Es wurde uns nicht erklärt, warum wir an den kleinen Orten und Lokalen, in welchen wir hätten essen können, vorbeifuhren. Ich fand es sehr unangenehm, wie über uns verfügt wurde. Wir mussten uns gedulden und irgendwie ablenken und begnügten uns, kleine Snacks zu knabbern, die einige dabeihatten. Ich stellte fest, dass wir keine Handyverbindungen mehr hatten. Fast jeder Libyer besitzt ein Handy, und ein Funkloch mutet in bewohnten Gebieten seltsam an. Ob es mit der Sonnenfinsternis zusammenhing?

Versöhnt wurde ich, als wir in einem netten Lokal mit frisch gegrilltem und sehr gutem Fisch endlich unseren Hunger stillen konnten. Natürlich folgte das übliche Kaffeesatzlesen. Mohammed, der Chef des Reiseunternehmens, der unseren Konvoi begleitete, und dessen »Sekretärin« waren sehr interessiert. Sie wollten ihre Tassen lesen lassen und wirkten danach eher beunruhigt, weil das, was herauskam, ihnen nicht wirklich passte.

Soussa

Weitere drei Stunden brauchten wir, bis wir in Soussa ankamen, wo wir in einem sehr schönen Hotel direkt am Meer mit Blick auf die Ruinen wohnten. Ich bewohnte hier eine traumhaft schöne Suite mit Blick auf archäologische Bauten und das Meer. Wir entschieden, die Meditationen in meinem Zimmer abzuhalten. Unbeschreiblich starke Energien wurden wachgerufen, die noch von der Sonnenfinsternis nachwirkten. Das Thema war: Tod und Neugeburt.

Am nächsten Tag folgte ein Ausflug in die Berge und ins Museum von Cyrene, das heute zum Welterbe der Unesco gehört, wo eine wunderschöne, archaische etwa zwei Meter hohe Sphinx, die auf einem Sockel steht, zu bewundern war. Sie datiert vom 5. Jhdt.v.Chr und wurde neben einem Grab entdeckt. Ich konnte mich kaum von ihr lösen. Leider war Fotografieren nicht erlaubt, ich habe jetzt im Netz eine wunderschöne Abbildung von ihr entdeckt.

Neben dem Museum führte ein herrlicher, mit alten Bäumen bestandener Weg zu einem nahegelegenen Tempel mit einer Sportstätte. Danach ging es weiter zu den fantastischen Ausgrabungen von Cyrene 631 v.Chr., wo Römer, Griechen und Ägypter ihre architektonischen Spuren hinterlassen hatten. Die Bäder und eine Sauna sind in Höhlen eingebettet, in die das Wasser ganz natürlich aus der Apolloquelle hineinfließt. Wir besuchten noch den Tempel der Göttin und eine Akropolis und sahen eine lebendige Schildkröte. Sie versinnbildlicht langes Leben. Wir genossen einen herrlichen Ausblick auf eine traumhaft schöne Landschaft.

Im nahe gelegenen Lokal, in einer Felsengruft, aßen wir zu Mittag. Das Ganze war sehr touristisch aufgezogen und das Lokal so voll besetzt, dass dem Restaurant die Teller ausgegangen waren. Eine Freundin konnte vor Ungeduld und Hunger nicht an sich halten und entriss dem Kellner wortlos einen vollen Teller, als er an unserem Tisch vorbeiging. Wir lachten über die Vehemenz, mit welcher sie zugriff. Der Kellner machte noch ein paar Schritte, grinste ebenfalls, kam zurück und nahm ihr beim Vorbeigehen den Teller unter der Gabel einfach wieder weg und brachte ihn weiter zum nächsten Gast. Wir kringelten uns vor Lachen. Das war echt filmreif! Es dauerte dann, vielleicht auch dank Sabines Eingreifen keine fünf Minuten, und wir bekamen unser Essen serviert. Der wunderbare Couscous entschädigte uns für die Wartezeit. Auf der Terrasse gab es nach dem Essen für diejenigen, die wollten, noch einen wirklich guten Kaffee.

Gegen Abend schauten wir uns noch in den Ausgrabungen bei Soussa um, wo der Tempel und das fantastische Teatro Romano uns begeisterten. Auch hier befindet sich noch ein Großteil der alten Stätten unter Wasser, sodass unsere Phantasie dahingehend angeregt wurde, was sich wohl dort noch alles verborgen hielt.

Die Energien dieser Gegend empfand ich als sehr nährend, auch wenn die kleine Stadt nicht unbedingt sehenswert ist.

Am folgenden Tag trafen wir auf unseren Beschützer, einen von der Regierung beauftragten Polizisten, der uns ab jetzt begleiten würde. Es gibt Orte, an die man nur in Begleitung eines Polizeibeamten gehen kann. Während der Kaffeepause erlebte ich zweimal einen tiefen Blickkontakt mit ihm, was mich erstaunte. Wir waren unbeschwert, und wie so oft lachten wir viel.

Wir fuhren zum Flughafen von Benghazi und würden von dort nach Tripolis fliegen. Mir war übel vor Erschöpfung und da wir festzusitzen schienen, suchte ich mir einen ruhigen Ort. Ich legte mich zur Erholung unter den Treppenaufgang, um ein wenig geschützt zu sein, einmal mehr auf einen sehr harten Boden. Für eine kurze Entspannung reichte es immerhin. Als es endlich weiterging, trafen wir doch mit sechs Stunden Verspätung in Tripolis ein. Den Anschlussflug nach Sabah um 18.30 Uhr hätten wir verpasst, wenn nicht auch dieses Flugzeug Verspätung gehabt hätte. Diesmal suchten wir zur Überbrückung der Wartezeit das Restaurant des Flughafenhotels auf. Das Buffet ließ kaum Wünsche offen. Ein sehr gutes Nachtessen mit frischen Salaten und allerhand Leckereien beglückte uns. Zum Kaffee erhielten wir als Dreingabe noch echte Schweizer Schokolade. In den Shops konnte man ebenfalls unzählige Schweizer Produkte kaufen. Ziemlich fortschrittlich schien dieses Libyen zu sein. Unser Weiterflug erfolgte dann endlich um 01.00 Uhr morgens, was bei dieser Route nicht unüblich sei. Ein Nachtflugverbot gibt es also hier nicht.

Ibrahim, der junge, gutaussehende Polizist, setzte sich im Flugzeug neben mich und versuchte, mehr über mich herauszufinden. Obwohl er sehr wenig English sprach, war doch offensichtlich, was er wissen wollte. Zuerst wunderte er sich über Vertraulichkeiten zweier Gruppenmitglieder und konnte nicht verstehen, dass die beiden kein Paar waren. Am Flughafen hatten sie sich umarmt gehalten, was zum Ärgernis unserer libyschen Begleiter führte. Sie wurden aufgefordert, sich anständig zu benehmen. Ibrahim wollte wissen, was ich von diesem Verhalten dachte. Als ich ziemlich klar kommunizierte, dass mich das überhaupt nicht störte, begann er leise, anzügliche Bemerkungen zu machen. Diese Worte in englischer Sprache schien er zu kennen. Er fragte mich, ob ich für Romantik mit ihm zu haben sei. Ich erklärte ihm, dass ich mich von der Wüstenromantik überraschen lassen würde und dass Freiheit für mich hieße, dass ich dann vor Ort entscheide, was ich will und was nicht. Es war wohl nicht ganz das, was er hören wollte.

Dieser Flug war einem Katzensprung gleich. Nach einer kurzen Fahrt erreichten wir erschöpft unser Nachtquartier, das aus hübschen Strohhütten bestand, wo ich eine zusammen mit den beiden Männern unserer Gruppe teilte. Ich kam in den Genuss lauten Schnarchens, was bereits eine Vorbereitung auf die Nächte in der Wüste war, wo jegliche Lärmdämpfung fehlen würde.

DIE WÜSTE

Drei Jeeps waren für die Fahrt in die Wüste geplant. Es hieß also, einige Koffer hierzulassen. Ich weigerte mich, so kurzfristig umzupacken und entschied, meine beiden Koffer mitzunehmen. Sie sahen bei der Rückkehr auch dementsprechend aus, und natürlich schlich sich während dieser Reise überall der feine libysche Sand ein.

Zuerst fuhren wir auf normalen Asphaltstraßen, doch die Gegend wurde immer karger. Das Abenteuer konnte beginnen. An drei verschiedenen Tankstellen hielten wir an, bis alle Reservekanister und Tanks gefüllt waren, um später in der Wüste genug Sprit zu haben. Warum an drei verschiedenen, entzog sich unserer Kenntnis. Es begann jedoch eine laute Diskussion darüber, welcher der Begleitmänner in welchem Auto mitfahren sollte. Erst später erfuhren wir, worum es ging. Ibrahim wollte unbedingt in meinem Wagen mitfahren. In meiner Naivität hatte ich nicht gemerkt, dass unser Polizist meine Nähe weiterhin suchte. Er gewann den kleinen Machtkampf. Der Fahrer und er saßen vorne, wir drei Frauen hinten.

Später hat der Chef ihn dazu verdonnert, schon aus Sicherheitsgründen, im vordersten, dem Küchenwagen, mitzufahren. Wir bekamen bereits eine Sitte des Landes mit. Es verstand sich von selbst, dass ausschließlich Männer vorne im Wagen sitzen. Unsere ehrenwerte Oma hatte das Privileg, auch mal vorne sitzen zu dürfen. Wenn wir jeweils am Zielort ankamen, ließ sich der Chef in seiner weißen Galabeya auf Kissen nieder, saß wie ein Krösus da und verfolgte entspannt, ob und wie gearbeitet wurde.

Die erste Lunchpause auf dem Weg in die Wüste genossen wir im Schatten einer Olivenhecke. Dieses erste Picknick im Grünen mit Kartoffelsalat, Sardinen und Tomaten mundete uns. Unsere Begleiter hatten derweil Holz gesammelt und auf das Dach des einen Jeeps geladen. Im Küchenwagen fuhr eine lebendige Ziege mit. Am Abend hatte, wie wir bemerkten, ihr letztes Stündchen geschlagen. Ganz dezent hatte sich der eine Begleiter mit der Ziege von der Gruppe entfernt und sie kurzerhand getötet.

Wenn wir jeweils unseren Schlafplatz eingerichtet hatten und wir gemütlich um ein Feuer saßen, meditierten oder plauderten wir, bis es Nachtessen gab. Das Fleisch der getöteten Ziege war für manches Gericht eine gute Ergänzung und hat gegrillt, aber auch in Eintöpfen köstlich geschmeckt. Das Essen war jederzeit ein Genuss. Der Koch verstand es meisterlich, zwischen seinem dreiteiligen Windschutz, der auch den Sand abhielt, auf einem Gaskocher die besten Gerichte herzustellen. Er kochte Kartoffeln jeweils für das Mittagessen des darauffolgenden Tages schon vor und machte herrliche Salate daraus. Zum Abendessen gab es Reis oder Couscous und dazu unterschiedliche frische Gemüse-Eintöpfe, ab und zu mit Fleisch angereichert. Meistens gab es eine scharfe Suppe als Vorspeise. Das Mittagessen bestand jeweils aus Salaten, öfter aus Kartoffelsalat mit Oliven und Thunfisch. Meinem Magen bekam das alles bestens. Die Toilettengänge in der Hocke empfand ich in der Wüste als anstrengend und unbequem. Manchmal war es so windig, dass man sich zum und nicht gegen den Wind aufstellen musste, um sich nicht selbst anzupinkeln. Dem nicht genug, galt es aufzupassen, dass das gebrauchte Toilettenpapier uns nicht um die Ohren oder in alle Richtungen davonflog. Man musste es richtig eingraben. Es hätte wohl noch lange gebraucht, bis ich da vollkommen entspannt das größere Geschäft verrichtet hätte. Ich habe mich bis zum letzten Tag nicht an diese unbequeme Kauerhaltung gewöhnen können.

Wir besuchten, als wir in Richtung Wüste fuhren, die Grabstätten der fünf Freunde des Propheten Mohammed. Ibrahim, der Polizist, schien sehr ergriffen, bekam plötzlich eine Ausstrahlung, die so stark war, dass ich fast ein wenig hilflos daneben stand. Ich nahm diese starke Energie in seiner Nähe sehr gut wahr, konnte sie nicht einordnen und entschied, mich zu entfernen und Richtung Bus zu gehen. Als er zur Gruppe zurückkam, nahm Elfriede ihn spontan in die Arme. Sie erklärte uns später, sie habe gesehen, wie er über sich ein riesiges Lichtfeld gehabt hatte und wie durch das Kronenchakra die Energie ungehindert und frei fließen konnte. Da er nicht wusste, wie ihm geschah, fühlte er sich hilflos und wie betäubt. Die Umarmung habe ihm geholfen, sich wieder zu erden und zu spüren. Er konnte diese Umarmung nicht einordnen. Man sah ihm seine Verwirrung an. Seine Erfahrung mit europäischen Frauen war wohl die, dass viele gerne mit ihm Sex gehabt hätten und umgekehrt. Doch klug, wie er war, bemerkte er bald, dass diese Annäherung rein freundschaftlich und als Unterstützung gesehen werden konnte. Bald war er wieder der Alte und hatte sich wieder gefangen. Ist es nicht erstaunlich? Man liest oder denkt das Wort *gefangen* und geht von einer positiven Entwicklung aus, doch im Grunde ist er wieder gefangen in seinen physischen Mustern, um zu funktionieren. Er erlebte einen Moment lang den Ausstieg daraus und hat dadurch eine nie geahnte Freiheit gespürt. Vielleicht war es besser für ihn, sie zu vergessen.

Jeden Abend gab es Diskussionen zwischen den Männern, und es herrschte ein (Macht-)Gerangel, wenn es darum ging, wer in welchem Auto mitfahren durfte. Auch wegen anderen Themen gab es Streit, das bekamen wir durch den Tonfall mit.

Die Fahrt ging nun tiefer in die Wüste hinein, wo plötzlich eine Oase mit Palmen und einem Salzsee auftauchten. Zum ersten Mal badete ich in so stark salzhaltigem Wasser. Wir waren nicht die einzigen Touristen. Wie aus dem Nichts tauchten die ersten Tuaregs auf, die uns ihren Schmuck anboten. Der See lockte, doch im Wasser empfand ich wenig Badegenuss. Der Auftrieb ist so stark wie im Toten Meer, dass man nicht richtig schwimmen kann und erfrischend ist es auch nicht. Am besten ließe man sich auf dem Rücken treiben und könnte dabei Zeitung lesen, wie es manchmal auf Werbeplakaten gezeigt wird. Tatsächlich sinkt man kaum ein. Beim Brustschwimmen, drückt es den Oberkörper nach oben, sodass man nur mit Mühe den Kopf hoch- und aus dem Wasser halten kann. Bald bekäme man eine Nackenstarre, wollte man länger so schwimmen. Als meine Schleimhäute zu brennen begannen, stieg ich aus dem Wasser. Meine Erkältung hatte sich zu einer Bronchitis entwickelt und ich war einer Stirnhöhlenentzündung nah. Blutig war mein Nasenschleim, da die Atemwege gereizt vom Einatmen des feinen Sandes waren. Obwohl Salzwasser gesund sein soll, konnte ich keine Nasenspülung im See vornehmen. Dank gezielten Yoga-Atemübungen und Akupressur hielt sich mein Unwohlsein in Grenzen, und das Salzbad dürfte vielleicht auch durch die Haut heilend auf die Erkältung gewirkt haben, so hoffte ich zumindest. Zwei Nächte lang glühte ich im Fieber und nahm Tabletten, um nachts schlafen zu können. Ich fühlte mich, abgesehen vom starken Husten, nicht einmal so krank. Sich durch die herrliche Gegend chauffieren zu lassen, war ja keineswegs anstrengend. Im Gegenteil, es war wirklich atemberaubend schön, diese Sanddünen zu durchfahren, ihre Formen und Farben zu bewundern. Plötzlich entdeckt man trockenes Gestrüpp, Wüstenblumen oder in der Ferne Kamele. Auf der Fahrt kamen wir an einem Brunnen vorbei, aus dem wir mit einem Eimer Süßwasser schöpften, um das Salz abduschen zu können.

An einem anderen Tag fuhren wir mitten in der Wüste an einem riesigen Schwefelbrunnen vorbei, wo das Wasser aus dem Boden gepumpt wurde und in dickem Strahl in ein großes Becken floss. Wir alle, Männlein wie Weiblein, die Frauen in Badeanzug, die Männer in Unterwäsche, genossen das kühle Nass. Wir haschten nach demselben Stück Seife, das uns glitschig immer wieder aus den Händen rutschte. Vermutlich hatten unsere Fahrer zu Hause nicht alle eine Dusche und erst recht keine Badewanne. Wir hatten jedenfalls alle unseren Spaß, genossen das Erlebnis und wurden dabei auch vom Sand befreit.

Die folgende vulkanische Landschaft mit den sieben Seen war eines der Ziele dieses Wüstentrips. Von diesen Seen sind die meisten ausgetrocknet und gleichen einer Mondlandschaft. Heiß, trocken und doch wunderschön entfaltete sich die Landschaft vor unseren Augen! Für mich war das mit Abstand die Schönste der Wüsten. Später, als wir die tief orangefarbenen Sanddünen sahen, überstieg das an Pracht noch alles Vorherige, was ich je gesehen hatte.

Es gab noch einen Zwischenhalt in einem kleinen Ort, wo wir wieder auf Reisepapiere warten mussten Danach besuchten wir einen schönen, recht großen Markt, und der Polizist wich wieder nicht von meiner Seite. Der nächste Halt war in einem Camp, das dem Camp in Sebah glich. Hier konnten wir uns endlich wieder einmal gründlich duschen und die Haare waschen – eine Wohltat nach fünf Tagen Katzenwäsche. Die kleinste Ritze war voller Sand. Ohren, Nase, Haare, Zehennägel. Es dauerte eine gute Weile, um sich davon zu befreien.

Mit halsbrecherischer Fahrt ging es dann über steilste Dünen, den schwarzen, also schwierigsten Skipisten nicht unähnlich, weiter. Unser Jeep schaffte es mehrmals nicht im ersten Anlauf über den Kamm der Düne, weil die Benzinpumpe defekt war und der Motor absoff. Jedes Mal kurz vor der Anhöhe stockte der Motor und starb ab, der Jeep glitt seitwärts oder rückwärts zurück. Mehrmals mussten wir aussteigen, damit er nicht vollständig abrutschte oder umkippte. Einmal steckte der Jeep so tief im Sand, hing so schief im Hügel, dass er wirklich umzukippen drohte. Sogar Big Boss Mohammed muss aussteigen und selbst hochkraxeln. Sein Übergewicht machte ihm zu schaffen, und nur langsam gelangte er schwer schnaufend bis oben hin und wäre dabei fast kollabiert.

Diese Tage und Fahrten in der Wüste gehörten zum Schönsten, was ich je erlebt habe! Das dunkel orangenfarbene Leuchten des Sandes, das so klar vom blauen Himmel abstach, begeisterte mich. Die Formen der Dünen wirkten visuell weich, ganz besonders die großen unberührten Flächen vermittelten Jungfräulichkeit und Reinheit.

Die weiße Wüste in Ägypten, die wir bald darauf besuchten, war ein weiteres Highlight. Sie ist wirklich schneeweiß, mit bizarren Kalkformationen. Schönheit und Härte zugleich und ein krasser Gegensatz zu den anderen abgerundeten und fließend wirkenden, sehr hohen Dünen, die wir vorher gesehen hatten. Wenn man darüber ging, hörte man die dünnen Flächen knacken und brechen.

Ein Hügel, bei dem wir anhielten, war besonders faszinierend. Er besteht zu 90% aus Kristallen und lauter Kristallspitzen. Teilweise musste man genau hinschauen, denn Sand bedeckte die glatten Flächen, und es wäre schade, etwas zu beschädigen. Es ist erstaunlich, dass man damals überall hintrampeln durfte. Vieles wurde dadurch beschädigt, und manch einer hat sich eine Kristallspitze mit nach Hause genommen.

Ich genoss die Abende und das Zusammensein beim Lagerfeuer, das Singen der Männer. Die Stimmung unter uns war familiär, fröhlich bis freundschaftlich. Die Männer trommelten auf Benzinkanistern und Töpfen, sangen, und wir tanzten dazu. Ich erfand mich selbst neu in diesem Ambiente und genoss die Entdeckung, in arabische Tanzweisen überzugehen. Ich wurde auch sofort klatschend begleitet. Meine Hingabe, die sich durch die Musik entfaltete, war fühl- und sichtbar. Meine Bewegungen waren fließend und sehr sinnlich, als wäre es eine Huldigung an die Göttin in mir.

Die Energie war sehr stark und ich so erschöpft von all dem Erlebten, all den Eindrücken und Bildern. Hinzu kamen die Nächte im kleinen Zelt, die nicht wirklich erholsam waren. Der Polizist, der eindeutig auf der Suche nach einem Abenteuer war, versuchte, es vor den anderen zu verbergen, doch sobald es dunkel wurde, hielt ihn nichts mehr. Er hatte als unser Bewacher ein eigenes Zelt und hätte dort wachen oder schlafen sollen. Zu diesem Zweck trug er ständig eine Pistole bei sich, und es war auch seine Aufgabe, um die Zelte zu zirkulieren. Die erste Nacht verbrachte er bei einer Blondine, die ihn anzog und die sich offensichtlich geehrt fühlte, berücksichtigt zu werden. Sie hatte ihn sehr direkt eingeladen, und welcher Mann würde da »nein« sagen? Sie teilte uns am Morgen mit, dass sie die Nacht mit ihm verbracht hatte, doch dass diese so ungewöhnlich gewesen war, dass sie von jetzt an darauf verzichten würde. Er hatte sie zu diversen Praktiken aufgefordert, die sie nicht mochte. Am zweiten Abend, nachdem er gemerkt hatte, dass sie ihn nicht mehr bei sich haben wollte, war ich an der Reihe. Ich hatte seine Anwesenheit gespürt, bevor er überhaupt eintrat. Meine Sinne in der Wüste waren geschärft und seine Energie stark. Also kroch er nun in mein Zelt, in der Hoffnung, bei mir übernachten zu können, und wollte mehr. Ich fühlte, dass uns energetisch etwas verband, was ich in Form von Nähe und Berührungen gerne zulassen konnte, doch mehr wollte ich nicht. In dieser Nacht wie in den folgenden habe ich ihn jeweils nach kurzer Zeit wieder rausgeschmissen, weil er einfach zu aufdringlich wurde und es ihm so schwerfiel, nicht über mich herzufallen. Ich verweigerte ihm meine Nähe nicht, wir küssten uns, berührten uns, doch ich war nicht bereit, mich seinem ungestümen Trieb hinzugeben. Mir war nicht nach einem solchen Abenteuer. Als er das endlich begriffen hatte, kam er jeweils zum Gutenachtsagen für eine halbe Stunde und verabschiedete sich ohne Murren. Romantisch war's auf alle Fälle und tat mir, nach all den Zurückweisungen von Kuno, sehr gut. Ich brauchte es, mich wieder einmal begehrt zu fühlen. Ibrahim wurde von mir nicht sexuell befriedigt, dafür lernte er einen neuen Umgang mit Frauen kennen, die eher die Qualität von mütterlicher Zärtlichkeit, Nähe und Berührung hatten, was er offensichtlich auch genießen konnte. Da ich ein inneres

Treuegelöbnis gegenüber Kuno verspürte, hatte ich trotz der langen Enthaltsamkeit zu Hause keinen Bedarf nach sexueller Befriedigung durch einen anderen Mann und es fiel mir nicht schwer, mich daran zu halten. Die Mehrheit der Fahrer ist selten abgeneigt, mit weißen Touristinnen zu schlafen, sie müssen sich aber hüten, die Touristinnen zu verärgern, das könnte sie den Job kosten. Zwei unserer Frauen waren sehr willig, was die Männer schnell herausfanden. Nur Marsou machte nicht den Eindruck, dahingehend Interesse zu haben.

Ich fuhr meistens im Jeep mit Fahrer Marsou. Er war eher schüchtern, ein halber Tuareg, also sehr dunkelhäutig und irgendwie auch ein Einzelgänger. Er verstand kaum Englisch. Eines Tages bemerkten wir, dass er nur schwer aufrecht gehen konnte und starke Rückenschmerzen hatte. Elfriede empfahl mir, ihn zu behandeln. Daraufhin gab ich ihm eine Behandlung, um seinen Ischias zu entkrampfen, was er dankbar annahm. Er war auch derjenige gewesen, der mir ohne Umstände Hustenpastillen aus seinem eigenen Vorrat an Medikamenten abgab und keinen Cent dafür wollte.

Die zwei andern Fahrer sprachen genug Englisch für einen einfachen Austausch. Es entstanden freundliche Gespräche und Kontakte. Die Beziehungen vertieften sich auf eine schöne Art. Wir wuchsen zu einer kleinen Familie mit gegenseitigem Respekt, gegenseitiger Anteilnahme zusammen, und die eine Freundschaft/kurze Liebschaft zwischen einem der Fahrer und einer der Frauen hielt danach noch fast zwei Jahre. Sie schrieben sich regelmäßig und sie besuchte ihn später noch einmal. Hellhäutige Frauen sind nun mal sehr begehrt. Unsere Oma, die schon 80 Jahre zählte, fand im Reiseleiter einen Verehrer. Es war berührend zu sehen, wie gut sie sich trotz sprachlichen Verständigungsschwierigkeiten unterhielten.

Bei der Verabschiedung unserer Fahrer am Flughafen gab es Umarmungen. Ich konnte nicht anders, als Marsou innigst zu umarmen und war sehr erstaunt, dass ich plötzlich weinen musste. In mir war eine tiefe Dankbarkeit für seine Liebenswürdigkeit und sein aufmerksames Wesen. Ich vergaß meine Turnschuhe in seinem Wagen, und vielleicht dienten diese nun einem seiner fünf Kinder. Noch Tage später verspürte ich eine Form von tiefer Trauer, wenn ich an ihn dachte, und manchmal kamen mir die Tränen vor Rührung – unerklärlich und doch schön, wie innig und auch unausgesprochen Verbindungen sein können. Ja, das war eine göttliche Beziehung auf einer absolut reinen Ebene, und ich denke, ich vermisste auch die Reinheit der Wüste.

Tripolis

Tripolis ist eine sehr schöne Stadt. Sie wirkt gepflegt, sauber, mit vielen schönen Bauten. Ich wünschte als einzige der Gruppe das sehenswerte Museum zu besuchen. So kam es, dass ich von »meinem« Polizisten persönlichen Begleitschutz bekam. Es wurde ein schönes Zusammensein. Wir hielten uns ab und zu mal an der Hand oder umarmten uns kurz. Wenn wir ein Bild, eine Statue oder sonst etwas gemeinsam betrachteten, flossen unglaublich starke Energien zwischen uns. Ich habe es nicht bereut, den Morgen in diesem einmalig schönen Museum verbracht zu haben, anstatt auf dem Basar. Als wir uns später den anderen angeschlossen hatten, verlor ich zweimal meine Leute aus den Augen und genau dann stand Ibrahim wie aus dem Boden gewachsen vor mir und lotste mich zurück. Ich fühlte mich sehr glücklich und beschützt.

Die Besichtigung der großen Siedlungsstadt Leptis Magna und die Ausgrabungen mit dem grandiosen Theater in Sebratha direkt am Meer boten eine verdichtete Geschichte aller Epochen.

Wenn ich heute daran denke, was wohl aus dieser Stadt, aus diesem Land und den Bewohnern geworden ist, fehlen mir die Worte.

ZURÜCK NACH ÄGYPTEN

Die letzte lange Busfahrt führte uns wieder nach Benghazi und zurück zur ägyptischen Grenze. Dort benötigten wir wieder volle drei Stunden für die Zollabfertigung. Wir standen in einer langen Schlange, die Richtung Ägypten fahren wollte. Hier mussten wir uns vom letzten libyschen Busfahrer und Ibrahim, dem Polizist, trennen. Ibrahim und ich hatten auf der Hinfahrt nebeneinandergesessen und unsere Finger waren ineinander verschränkt, schlummernd hatte er seinen Kopf auf meine Schulter gelegt, und ich genoss diesen Körperkontakt. Wie immer bildeten wir alle zum Abschluss einen Kreis, sagten ein paar Worte des Dankes an unsere Begleiter und überreichten Geschenke. Abschließend sangen wir ein Lied, und mit vielen Umarmungen besiegelten wir den Abschied. Ibrahim wünschte sich, ich solle ihn doch aus der Schweiz anrufen. Wohl wissend, dass sein Wortschatz zu gering ist, fragte ich mich, wozu das gut sein sollte. Unsere Verbindung würde auf anderen Ebenen weiterleben, und ich fühlte ihn telepathisch noch lange anwesend.

Wir fuhren mit unserem Reiseleiter Moustapha, Omas Verehrer, und dem ägyptischen Busfahrer Richtung Oase Siwa. Die Zollrituale hatten viel Zeit gekostet. Es wurde Mitternacht, bis wir dort ankamen. Die Hotelanlage passte ideal in die Landschaft. Das Hauptbaumaterial der Bauten bestand aus Lehm. Dieser hält die Hitze ab und konserviert an kalten Abenden die Wärme. Außerdem war alles sehr gepflegt und sauber. Die Menschen im Dorf, die mit den Eselskarren unterwegs waren, und die niedrigen Bauten des Ortes erinnerten mich sehr an meine Reise durch Südindien.

Ein schöner neuer Tag begann mit angenehmen Temperaturen, und während wir auf den Chauffeur warteten, machten zwei Teilnehmerinnen einen kurzen Rundgang auf einem Kamel. Kurz darauf fuhr unser Transportgefährt vor und wir besuchten einen Gräberberg mit einem Orakeltempel. Dieser Berg ist für schweizerische Begriffe eher ein

Hügel. Der Tempel ist teilweise verfallen, nicht sehr groß, hat jedoch eine sehr starke Energie für Vorsehungen und ist ein Kraftort. Hier haben bestimmt sehr weise Priester gewirkt. Wir ließen uns innerhalb der Mauern, die stark überwachsen waren, nieder und schlossen die Augen. Dann öffneten wir uns für die in uns wohnende Weisheit und verschmolzen mit dem Orakel. Unsere Absicht war, das Wissen aus der eigenen Orakelqualität schöpfen zu können. Das Zellbewusstsein weiß und verwirklicht dann, was möglich ist. Oft wird das Erlebte während der Meditation nicht in Worten fassbar, zeigt sich jedoch im Laufe der Stunden oder Tage wie eine Erinnerung oder Antworten fließen ein, die wie ein Schlüssel auf das richtige Schlüsselloch warten. In einer Art Hochstimmung und in tiefem Frieden fuhren wir weiter in die Wüstenlandschaft, bis wir zu einem großen Wasserreservoir gelangten. Dieses konnte auch zum Baden genutzt werden. In diesem großen, runden Becken, dessen Wasser aus der sogenannten Kleopatra Quelle kam, schwammen wir in klarstem Wasser. Sprudelnd und aufgeladen mit Sauerstoff stieg es vom Grund herauf. Es war herrlich erfrischend und eine wahre Freude, in diesem türkisblauen Wasser, in welchem sich der strahlende Himmel spiegelte, zu schwimmen. Es wäre noch herrlicher gewesen, nackt zu baden und dieses weiche Wasser am ganzen Körper zu spüren, was wir unterließen, weil wir ja nicht die einzigen waren. Da wir ein Picknick dabeihatten, ruhten wir uns nach dem Schwimmen in den gedeckten Nischen aus. Die Ruhe dieses Ortes schwang noch in uns nach, als wir im Hotel unsere letzte Meditation machten und uns über die Erfahrungen austauschten. Es ist oft so, dass eine von uns in Worte fassen kann, was auch andere erlebt haben und vieles läuft telepathisch ab.

Nun hieß es zum letzten Mal Koffer packen.

Am nächsten Tag fuhren wir einer Wüstenstraße entlang Richtung Kairo. Nach all der Reinheit der Landschaften empfand ich den Abfall und Unrat entlang der Straße als sehr belastend und die Achtlosigkeit und Hinterlassenschaften der sich nähernden, modernen Zivilisation deprimierend. Das letzte, gemütliche Mittagessen in einem typischen Restaurant rundete die Reise ab, bevor wir uns vor dem Flughafen freundlich von unserem Reiseleiter und Fahrer verabschiedeten.

Das Erlebnis der Wüste war absolut einmalig gewesen. Wo in der Nacht die totale Dunkelheit und absolute Stille herrscht, am Himmel Myriaden von Sternen funkeln, dann tagsüber unendliche Weiten und Einsamkeit uns umgeben, ist jenseits von Worten. Die Bilder von vor Hitze flimmernder Luft, all die Schattenspiele der Dünen, ihre unterschiedlichen Formen und dann wieder endlose Weite haben sich unvergesslich in mir eingebrannt. Die Schönheit der Wüste spiegelt unsere unberührte Seele wider.

12 TRANSFORMATION

AUSWANDERN?

Ich wünschte mir eine gründliche Veränderung. Außerdem war ich gesättigt von den Gruppentreffen, erfüllt von den vielen Erfahrungen und wurde das Gefühl nicht los, mich lösen zu müssen. Noch immer war ich auf der Suche nach meiner oder einer neuen Berufung, weil die gemeinsamen Visionen mit meinem Partner wie Sand zwischen den Fingern zerrannen. Alles, was er anfasste, ging gerade schief. War ich daran, in dasselbe Fahrwasser zu geraten?

Meine finanzielle Situation begann sich zuzuspitzen. Ich hatte minimale Einkünfte und lebte von den Ersparnissen, die immer weniger wurden. Ein Kilo Gold lagerte noch im Safe. Da dieses momentan Höchstpreise erzielte, würde ich es wohl verkaufen müssen. Im Notfall würde der Goldschmuck folgen. Wenn das alles nicht genügte, müsste ich dann irgendwann mein Haus verkaufen.

Ich war an einem Punkt angelangt, wo ich aktiv etwas für eine große Veränderung tun musste. Die Arbeit als Kursleiterin stagnierte immer mehr. Obwohl ich diverse Angebote im Bereich Gesundheitswesen und vom Vorstand bekam, was jedoch mehrheitlich ehrenamtlich gewesen wäre, sah ich darin keine Option. Meine innere Stimme sagte klar *nein* dazu. Die wenigen Bemühungen, einen Job zu finden, klappten nicht, sie waren ehrlich gesagt auch zu halbherzig. Ich gehöre nicht zu den Menschen, die hundert Bewerbungen schreiben. Ich folge intuitiv meinem Weg, weil sich das bisher bewährt hat.

Ich befürchtete immer mehr, in eine desolate finanzielle Situation zu geraten. Sollte ich auswandern in ein preiswerteres Land? Warum sollte ich nicht einen Traum verwirklichen und mit dem Geld, das ich noch hatte, eine Reise durch Indien unternehmen? Dort lebt man billig und als Ausländer gut. Indien fühlte sich, seit ich mit Yoga in Kontakt gekommen war, immer wie eine zweite Heimat an. Vielleicht wartete dort eine Aufgabe auf mich?

KARMA

Ich habe schon früher von meinem karmischen Erbe berichtet und bin überzeugt, dass ich auch indische Seelenanteile habe. Darin wurde ich während meiner ersten Reise bestärkt. Meine Erkenntnis über Karma oder den Glauben daran beinhaltet wertvolle Informationen, weil viel Vergangenes ans Licht kommt und uns einholt. Wir müssen aber nicht unbedingt in der Vergangenheit nach Lösungen suchen. Die Gegenwart gibt uns genügend Möglichkeiten zu lernen, mit schwierigen Situationen umzugehen. Ich wollte »es« wissen, und für mich war es hilfreich, um mein Erleben irgendwie einordnen zu können. Die Definition von Karma besagt, dass jeder Handlung eine Wirkung folgt und Ursache und Wirkung immer zusammenhängen. Es wird empfohlen, mit dem eigenen Willen gutes Karma zu schaffen. Nichts geschieht vollkommen unabhängig aus dem luftleeren Raum heraus. Jede Handlung und jeder Gedanke erschafft eine bestimmte Situation, hat also eine weitreichende Wirkung, und das über mehrere Leben, da diese Zyklen nicht linear verlaufen. In Indien ist Karma Alltagswissen, und dieser Glaube ist im Großteil der Bevölkerung vorhanden. Die Inder glauben, dass Akzeptanz von allem was ihnen widerfährt, Karma erlöst und je grösser ihr Leiden ist, umso besser für ihr Karma. Das bewirkt bei manchen Apathie und Lethargie. Das sehe ich nicht so. Ich glaube nicht, dass wir hier sind, um zu leiden oder in Elend zu leben, um Karma aufzulösen. Ich glaube auch nicht, dass wir alles mit Karma erklären müssen. Wenn uns das weiterbringt, sollten wir es nutzen. Das Leben einfach zu erdulden, wenn wir fähig wären, etwas zu ändern, ist nicht meine Wahrheit. Indische Lehrer bieten Meditation und Rückbesinnung an. Das erreicht jedoch nur wenige Teile des indischen Volkes, und das ist verständlich, wenn es um das tägliche Überleben in der Großstadt geht.

Meditation bedeutet, in die Stille des Geistes zu gelangen und kann wie ein großes Reinemachen gesehen werden. Man muss nicht tagelang nur sitzen, um richtig zu meditieren. Doch ein Meditations-Retreat tut immer gut. Meditation schenkt die notwendige Ruhe und Erkenntnis für bewusstes Handeln, im Einklang mit uns selbst und dem Umfeld. Auch dient Meditation dem Läuterungsprozess und in solchen Momenten fühlte ich oft eine Form von Erlösung von Ängsten.

Es gibt Menschen, die sich dem Göttlichen insofern verpflichtet fühlen, dass sie die Abgeschiedenheit suchen, um diesem nahe zu sein, was man Jnana Yoga nennt. Andere, die in bedingungsloser Hilfsbereitschaft arbeiten, praktizieren Karma Yoga, und Bhakti Yoga ist ein Weg der Liebe und Hingabe. Ich kann keinen dieser Wege ausschließen und sehe mich alle drei verkörpern.

Wenn die geistige Kraft durch Meditation gestärkt ist, verändert sich jedes Leben, wirklich jedes. Das kann ich bestätigen. Viele Menschen aus dem Westen folgen den Gurus in Indien, was den Vorteil hat, dass wertvolles Wissen auch auf unseren Kontinent herüberschwappt. So werden auch Verbindungen zwischen Ost und West geschaffen. Ich habe einige Menschen erlebt, deren Leben sich grundlegend verändert hat durch den Kontakt zu ihrem Guru, doch leider sah ich auch zu viele Abhängigkeiten. Ich fand Lehrer, doch keiner war ein Guru für mich und ich ging nicht nach Indien, um einem zu folgen. Jeder Lehrer, jeder Geliebte förderte mein Wachstum und meine Eigenständigkeit. Also bin ich mein eigener Guru, wenn man denn so will.

INDIEN SPIRIT – 2004

Meine erste Reise nach Indien machte ich in Begleitung von Jürgen, einem Deutschen, der schon lange in Indien lebt, zusammen mit einer spirituellen Gruppe. Als ich nach dieser traumhaft schönen, zweiwöchigen, spirituellen Reise aus Indien zurückkam, war es, als ob ich etwas mir zutiefst Vertrautes loslassen müsste, um mich in der Schweiz wieder heimisch zu fühlen. Ich war unendlich traurig. Jürgen war ein ausgesprochen guter Reiseführer gewesen und wusste sehr viel über das Leben in Indien und die Mythen. Wir waren eine kleine Gruppe von nur sechs Personen und besuchten spirituelle Zentren, wie in Pondicherry, den Ashram von Sri Aurobindo und Auroville, den rosafarbenen Ashram von Ama Amritamanda May und den Ashram von Ramana Maharshi am Fuße des Berges Arunachala. Bis auf Ama und Sai Baba waren die bekanntesten Gurus bereits verstorben. Diese Reise, die uns auch in den Süden Indiens führte bis hinunter nach Kerala, war so gut organisiert, dass es das reinste Vergnügen war. Natürlich lebt man dadurch am typisch indischen Alltag vorbei. Als allein reisender Tourist ist es komplett anders. Die wichtigste spirituelle Erfahrung möchte ich gerne hier noch beschreiben.

Arunchala - Ramana Maharshi

Der Arunchala erhebt sich auf ca. 980 Meter ü. M. und war zu Fuß von Tiruvannamalai, wo wir nächtigten, gut zu erreichen. Die Umrundung des Berges, dessen Namen übersetzt so viel heißt wie »Hügel des Lichts oder der Morgenröte«, begannen wir um vier Uhr morgens, noch im Dunkeln. Ich glaube mich zu erinnern, dass wir etwa 3 – 4 Stunden unterwegs waren. Langsam dämmerte es, und das Leben erwachte. Vor einem der Häuser wurde uns warmer Tee angeboten, den wir gerne annahmen.

Wir waren alle in einer sehr besonderen Stimmung, und es wurde wenig gesprochen. Wir nahmen diesen Weg und was uns begegnete, mit all unseren Sinnen auf und wurden von niemandem belästigt. Es war, als hätten wir eine eigene Gruppenaura um uns herum. Nach einem Frühstück in der Nähe des Ashrams waren wir bereit, den Ashram von Ramana Maharshi, am Fuße des Berges zu besuchen.

Als junger Mann lebte und meditierte Ramana Maharshi über längere Zeit in Höhlen, in tiefer Verzückung außerhalb seines Körpers. Immer häufiger pilgerten Menschen zu ihm. Man kommt auf dem Weg zu seiner späteren Klause daran vorbei. Als immer mehr Menschen ihn besuchten, entstand zuerst um die Höhle ein sehr einfacher Ashram, der wegen der Menge der Menschen vergrößert wurde. Er lebte fortan und bis zu seinem letzten Atemzug im Ashram. Später wurde gleich beim Eingang des Ashrams die größte Meditationshalle Indiens erbaut. Es wird ihm Zeit seines Lebens und heute noch nachgesagt, dass man, schweigend ihm gegenübersitzend, viele Antworten erhielt. Er predigte nie und sprach wenig, war jedoch zu hilfreich erklärenden Worten bereit, wenn es notwendig war.

Weiter oben war die Klause, in welcher seine Mutter und später er gelebt hatten. Man kann den kleinen Schlafraum, der etwa sechs Quadratmeter misst, besuchen. Gegenüber dieses Raumes gibt es einen kleinen Meditations- und Andachtsraum. An diesem Tag hielten sich nur wenige Leute dort auf. Ich meditierte eine Weile mit den anderen vor dem Altar. Meine Gruppe machte sich schon auf den Rückweg. Es herrschte inzwischen eine mystische Stille im fensterlosen Raum, der nur spärlich beleuchtet war. Einige Minuten genoss ich die fast heilige, andachtsvolle Stimmung. Nach dieser kurzen Meditation begab ich mich in seinen gegenüberliegenden, kleinen Schlafraum. Dort setzte ich mich auf den Boden neben das in Stein gehauene Bettpodest, über dem sein Bild zu sehen war. Ich spürte die Anwesenheit einer starken Energie, und plötzlich flossen die Tränen unaufhaltsam über mein Gesicht. Eine tiefe Ergriffenheit hatte mich in Besitz genommen, und ich hörte mich die Worte *Baba, Baba* murmeln. Dies bedeutet im Sanskrit *Vater*, was ich damals nicht wusste. Ich verspürte plötzlich eine so starke Verbindung und Liebe im Herzen, dass ich das Gefühl hatte, meinem wahren Vater begegnet zu sein. Es war wirklich, als wäre er immer noch präsent und hätte mich hier willkommen geheißen.

Langsam und ganz in Gedanken versunken, stieg ich den Berg hinunter und begab ich mich dann in die große Meditationshalle. Viele Menschen und meine Kollegen umrundeten gerade den Schrein, auf dem sein Bild zu sehen war. Viele saßen schweigend davor am Boden. Ich machte das eher wie in Trance und brauchte mich nicht mit dem Bild zu verbinden. Es war eine andere Kraft, die mich durchströmte.

Ich weiß, dass er jede Glorifizierung ablehnte und in großer Bescheidenheit lebte, nie bevorzugt werden wollte und den Menschen das gab, was ihm sinnvoll schien. Mir hatte er eine tiefe Seelenverwandtschaft gezeigt, obwohl er 1950 gestorben war, also im selben Jahr, als meine Seelenreise in meine irdische Familie begonnen hatte und abrupt durch den Schwangerschaftsabbruch unterbrochen wurde. Erst 1953 wurde ich in meiner Familie physisch hineingeboren. Meine Begegnung mit der Energie von Ramana Maharshi blieb lange Zeit als Erleuchtungserlebnis in meiner Erinnerung.

In vielen, vielen Meditationen bin ich danach wieder nach Indien gereist und habe mich mit der dortigen Energie verbunden. Nun werde ich also wieder physisch in Indien sein.

Zu wissen, dass in allem eine göttliche Führung oder diejenige des Höheren Selbst wohnt, erleichterte mir viele schwierige Momente.

Jetzt lockte mich das ferne, wunderbare Indien nochmals. Von mehreren Seiten wurde mir versichert, dass alleine zu reisen in Indien für eine Ausländerin nicht gefährlich sei. Frauen würden respektiert, Touristen wie überall eben oft abgezockt. Zuerst sah es so aus, als würde meine Tochter und einige Freundinnen die Reise teilweise mit mir machen wollen. Sie hatten sich ernsthaft dafür interessiert. Sechs Wochen waren ihnen dann doch zu lang, was ich verstand. Bei Nena wurde es durch ihre Berufsplanung zunichte gemacht. Am Ende trat ich die Reise alleine an. Ich hatte große Ängste, fürwahr. So ganz auf mich alleine gestellt zu sein auf einem anderen Kontinent. Würde ich das schaffen? Um mich selbst zu motivieren, sagte ich mir, dass ich nichts zu verlieren hatte, sondern nur gewinnen konnte, und sollte mir etwas geschehen, wäre das eben Schicksal. Ich war bereits ziemlich fatalistisch, also schon einer indischen Lebenseinstellung angeschlossen.

Ich buchte den Hin- und Rückflug nach Mumbai und plante nur zwei Standorte im Voraus. Der erste war Goa, der letzte New Delhi.

Die erste Woche in Indien sollte einer langsamen Anpassung an indische Verhältnisse dienen. Ich hatte mich deshalb für eine Woche Yoga mit einer deutschen Gruppe in Goa angemeldet. Wohin mich der Weg dann führen würde, war nur in groben Zügen geplant.

Mumbai

Es ist kurz vor Mitternacht, am Flughafen von Mumbai. Die Nacht wird hier sofort zum Tag, so quirlig und laut geht es zu und her. Entgegen der vorherigen Information in der Schweiz muss ich doch den Flughafen wechseln und bevor ich mich zweimal umdrehe, sitze ich bereits in einer kleinen Dreirad-Rikscha mit einem Fahrer, der kaum ein Wort English spricht. Ich bin eingequetscht mit meinem gesamten Gepäck auf dem Nebensitz, trage mein gesamtes Geld auf mir und bin mitten in einer chaotischen, extrem verkehrsreichen Stadt. Wenn das nur gut geht! Am Flughafen habe ich den Preis ausgehandelt für die Fahrt. Nach einigen Minuten – ich atme mal tief durch – sehe ich den Wegweiser zum Flughafen. Während ich aussteige, versucht der Fahrer, mir mit einem Lächeln mehr als die 50 Rupien abzuluchsen, doch meine Aussage, es sei genug, und ich bräuchte schließlich auch Geld für die weitere Reise, lässt er gelten.

Goa

Nach 7 Stunden und unzähligen Kontrollen des Gepäcks, Abtasten lassen und Papiere zeigen, sitze ich im Flieger nach Goa. Sicher landen wir im kleinen Flughafen. Dieser ist richtig schön, gepflegt und einladend. Ich fühle mich sehr sicher und fahre mit dem Taxi in das kleine Paradies mit dem Namen Casa Los Tres Amigos! Dort treffe ich auf die deutschen Lehrer, die aus demselben Yoga-Institut stammen, in welchem ich meine Ausbildung gemacht hatte.

Wir wohnen in einer kleinen Ansammlung von zweistöckigen Häusern, jedes in einem anderen Stil, umgeben von Blumen und Bäumen. Es gibt einen Swimmingpool und einen Versammlungsplatz. Wir genießen herrliches, indisches Essen, das unseren europäischen Mägen zuträglich ist. Der Besitzer, ein Deutscher, lebt seit vielen Jahren in Indien und organisiert Biker-Touren und auch Motorradtouren bis nach Tibet.

Vor dem Frühstück in der noch angenehmen Morgenluft treffen wir uns auf dem Versammlungsplatz, einem gestampften Boden aus Kuhdung, um Yoga zu praktizieren.

Wir sind verbunden mit den Elementen.
 – Erde (natürlicher Boden),
 – Wasser (fließende Bewegungen),
 – Feuer (die aufgehende Sonne),
 – Luft (Atem),
 – Äther (ein riesengroßer Raum zum Himmel).

Goa ist nicht das urige Indien, das wissen viele aus Erfahrung. Es erinnert eher an eine orientalische Côte d'Azur und wimmelt von Freaks. In Ajuna ist jeden Mittwoch Markt, farbenfroh und hip, mit viel Selbstgebasteltem, billigen Röcken, Schmuck und anderen Dingen, die man vielleicht braucht oder auch nicht. Kurz vor Sonnenuntergang ist Treffpunkt in einer Bar. Viele sind durch Drogen sichtbar und fühlbar high, andere haben ziemlich viel Alkohol intus. Es wirkt wie ein Geschwür, das in Europa keinen Platz hatte und sich nun in Indien ausbreitet. Aussteiger, die flüchtend vor dem europäischen Alltag sich in Indien aufhalten. Manche bleiben für drei Monate, andere länger. Sie leben im Glauben, hier sei alles einfacher. Natürlich ist es schön, Musik zu machen, am Meer zu tanzen, sich zu lieben, doch zu welchem Preis? Vielen sieht man den Zerfall an. Auch hier werden nur die Geschäftstüchtigen überleben. Bald geht die Fahrt zurück in unser gepflegtes und einladendes Wohnen.

Zum Nachtessen gibt es in der Casa Los Tres Amigos die King Prawns, die wir am Morgen am Hafen gekauft hatten, und dazu einen herrlichen Pinot Rosé. Nach dem Essen tanzen wir alle bei Vollmond und klarstem Sternenhimmel. Drogen benötigen wir keine, um glücklich zu sein. Die Luft ist geschwängert von Musik und Frieden. So langsam komme ich in Indien an, und die innere Spannung löst sich auf. Ich fühle, wie sich Ruhe in meinem Körper ausbreitet. Hier schwingen die Energien höher, schneller und das Nervensystem muss sich darauf einstellen. Es ist fühlbar als ein feines Vibrieren, das sich nun langsam im Körper verteilt. Um die Gehirnaktivitäten zu beruhigen und wie

Maresh sagt, um das Erinnerungsvermögen zu stärken, gönne ich mir zwei Massagen und einen Stirnguss aus wohlriechendem Öl, was auch meinem trockenen Haar sehr zugute kommt. Tatsächlich habe ich den Eindruck, das warme Öl befreie mich von Gedankenschlacken.

Ich habe inzwischen eine indische Sim-Karte und die entsprechende Handynummer erhalten. Indien nähert sich mir noch mehr an. Die Sim-Karte hat vorher jemand anderem gehört, möglicherweise einem Touristen, der sie weitergegeben oder verkauft hatte. Ich finde einige SMS, die ich lösche und bleibe ansonsten unbehelligt.

Es war für mich eine unbeschwerte, schöne Woche mit kleinen Ausflügen und der Erkenntnis, dass zu viele Europäer diesen Ort in Besitz genommen haben. Ein wenig bange ist mir vor den zukünftigen Orten, die ich besuchen werde. Ich organisiere die nächste Etappe der Reise, die mich an einen ungewöhnlichen Ort führen wird. Zum ersten Mal hörte ich von den Leuten im Hotel vom Ort namens Hampi. Diese sagten mir, dass ich dort angenehme Tage verbringen würde und dass Hampi sehr sehenswert sei. Also fahre ich per Taxi in den nahegelegenen Ort und ergattere mir mit einiger Wartezeit ein entsprechendes Busticket für den nächsten Tag.

Um 18 Uhr, also noch bei Tageslicht, besteige ich den Bus, und dieser fährt als *Lumpensammler* zuerst Richtung Süden nach Gokarna. Immer wieder hält er an, um Leute mitzunehmen. Um Mitternacht gibt es »Lunch«. Ich teile eine schmale Doppelliege mit einer fremden Frau, und bei jedem Ausweichmanöver des Busses, bei jeder Kurve oder Bremsung klammere ich mich an den Griff, um sie nicht zu stören. Ich war auf eine sehr lange Reise gefasst gewesen und zuversichtlich. Offiziell hätten wir nach neun Stunden ankommen müssen und stehen dann fünf Stunden im Stau wegen eines Unfalls. Tatsächlich gibt es einfach kein Weiterkommen, und geduldig bleibt unser Busfahrer in der Kolonne. Da es im Bus keine Toilette gibt, muss man sich jeweils die Momente des *Pipimachens* gut wählen, um dem Bus danach nicht hinterher rennen zu müssen. Der Morgen dämmert, und weiter geht die Fahrt. Es wird 11, dann 13 Uhr, und es gibt keinen Essenshalt mehr. Wir werden vertröstet, wenn wir uns beschweren. »Ja, bald, bald.« Was auch immer das heißt. – Endlich sind wir am Bestimmungsort und bekommen ein vorzügliches Essen. Eine halbe Stunde später erreichen wir Hampi. Die Logik, warum man uns so lange mit dem Essen hingehalten hat, war wohl, dass dort der Chauffeur eine Provision bekommt oder Verwandte berücksichtigen will.

Bei der Ankunft werden wir von einer Unmenge Taxifahrer bestürmt. Vom normalen Auto bis zur motorbetriebenen Rikscha, Tuk Tuk genannt, gibt es eine große Auswahl. Ich wähle einen jungen Fahrer, der mich zu seinem Dreirad–Gefährt führt, mit Namen *Third Eye*. Sein Name sei Guru, sagt er mir. Da ich nicht viel Gepäck habe, verstauen wir es problemlos auf dem Nebensitz. Er führt mich in eine Pension, deren Namen ich in meinem Reiseführer gefunden habe, und nickt, also scheint es passend zu sein. Die Pension befindet sich in einer Häuserzeile an der Hauptstraße. Einfache und saubere Räume laden mich ein. Es ist angenehm kühl dank des abgedunkelten Fensters. Eine kleine Klimaanlage rattert leise. Der Raum führt in ein einfaches, sauberes Badezimmer, typisch indisch ist die Dusche, einfach eine Brause an der Wand. Immerhin gibt es warmes Wasser, und die Toilette funktioniert auch. Das Restaurant befindet sich auf der Dachterrasse und bietet einen schönen Blick über den Ort bis hin zum Wasser. Das Zimmer kostet € 12.

Hampi

Auffallend ist, dass sich in der Nähe vom Dorf riesige runde, braunschwarze Steinbrocken befinden und aussehen, als wären sie vom Himmel auf die Erde gerollt. Ein Hügel der übersäht ist davon befindet sich am gegenüberliegenden

Ufer des Flusses. Was für eine überirdisch anmutende Landschaft!

Obwohl bisher alles relativ gut gelaufen ist, fühle ich mich am ersten Morgen nicht gut. Ich bin emotional bewegt und frage mich, was ich hier soll. Es ist eine grundsätzliche Frage und hat wohl nur indirekt mit Hampi zu tun. Also putsche ich mich mit einer Vitamintablette auf und gehe auf die Dachterrasse zum Frühstück. Der starke und gut gewürzte Kaffee bessert meine Laune augenblicklich, und los geht es dann mit meinem jungen Fahrer Guru, welcher bereits unten an der Straße auf mich wartet.

Er zeigt mir einen ersten, recht großen Tempel. Wir sind ganz alleine mit ein paar Affen, die uns misstrauisch beäugen. Ich erhalte eine private Puja (eine Zeremonie mit Segnung) vom dortigen Priester und werde mit einem roten Punkt zwischen den Augen gesegnet. Guru zeigt mir, dass die Säulen Töne von sich geben, wenn man sie anschlägt, denn sie sind innen hohl. Wir besichtigen mehrere Tempel und Bauten, einer schöner als der andere. Ich fühle mich sicher und liebevoll begleitet.

Touristen begegnen sich hier immer wieder, man tauscht sich aus, ist sich freundlich gesinnt. Ich bin oft alleine unterwegs und bin doch nicht alleine. Zudem will mir dauernd jemand Stickers, Postkarten, CDs (natürlich Raubkopien) und anderes verkaufen.

Meine indische Handynummer streikt und geht nur sporadisch, was ich seltsam finde. Ich aktiviere meine Swisscom Sim-Karte. Beruhigt stelle ich fest, dass diese zur Not funktionieren würde, die Roaming Gebühren sind viel zu teuer für den alltäglichen Gebrauch.

Nur sporadisch haben wir abends Elektrizität. Eine wahre Lotterie ist es, ob der Ventilator läuft oder das Licht angeht. Es ist notwendig, Kerzen oder eine Taschenlampe in Griffnähe zu haben. Mindestens einmal pro Tag fällt der gesamte Strom aus. Alle Lichter im Ort werden um 22 Uhr gelöscht und es wird richtig ruhig und friedlich.

Farbenprächtige Morgenrituale begeistern mich, die ich von der Frühstücksterrasse aus betrachten kann. Da wandern unzählige Frauen mit Kleiderbündeln auf dem Kopf zum Fluss, um die Wäsche zu waschen und auf den steinernen Treppen zum Trocknen auslegen. Ein herrlich buntes Durcheinander und Gewimmel geht am Haus vorbei. Kinder laufen mit, und bald verstehe ich das Gedränge. Es dauert nicht lange, da kommt auch der kleine Tempelelefant zum Baden an den Fluss. Dort wird er eingeseift und gebürstet und scheint es zu genießen. Und das im selben Wasser, wo alle baden, wo die Wäsche gewaschen, gespielt und einiges mehr erledigt wird. Am nächsten Tag will ich früher aufstehen, um dabei zu sein.

Die Ausflüge mit meinem jungen Rikscha-Fahrer machen mir Spaß und sind ein sehr positiver Anfang des Alleine-Reisens. Er nimmt mich am dritten Tag zu sich nach Hause und stellt mich seiner Familie vor. Eine einfache Blechhütte mit zwei Räumen für die ganze Familie. Wir haben abgemacht, dass er mich während der ganzen Zeit ausführt und dass ich ihn am Ende bezahle. Den Guten hat nach meiner Abreise die Malaria erwischt, was er mir noch per SMS mitteilte, danach ging der Kontakt leider verloren.

Nun will ich Richtung Süden weiter. aber vom Busfahren habe ich vorerst die Nase voll. Ich buche einen Wagen mit Fahrer. Ich habe den Preis für 350 Kilometer von 6'000 auf 4'000 Rupien heruntergehandelt. Natürlich muss ich dem Fahrer auch noch die Rückreise finanzieren. Pro Kilometer berechnet er 6 Rupien umgerechnet etwa 12 Cent oder 0,09 Rappen, der Rest ist für die Reisezeit. Da gerade ein Generalstreik sämtlicher Transportunternehmen angesagt wird, verzögert sich meine Abreise, was mein lieber Guru mitbekommt, und schon steht er wieder zu meiner Verfügung. Er bringt mich zum Fluss, damit ich in einem kleinen runden Boot aus Palmblättern eine schöne Fahrt machen kann, das man auch auf dem Buch-Cover sieht. Dann fährt er mich in ein terrassenförmig angelegtes, sehr gemütliches Restaurant, wo ich ihn zum Essen einlade und er freut sich sehr darüber. Den Sonnenuntergang genießen wir nochmals im Affentempel. Die Energie ist durchdrungen von Liebe und Harmonie, der Himmel leuchtet rosa, und wir blicken bis weit ins Land hinein. Ein Affenweibchen kommt und setzt sich zu uns. Ich versinke in Schweigen. Nach der Meditation interessiert sich Guru für das, was ich wahrnehme und möchte mehr über die Chakren wissen.

Mit jedem Tag, den ich hier verbringe, werde ich ausgeglichener, und die Zeit vergeht wie im Flug.

Am nächsten Morgen geht es nun doch weiter mit dem gemieteten Taxi. Die Landschaft ist wieder atemberaubend schön und führt uns an einem malerischen Fluss entlang, der jedoch wenig Wasser hat. Dann wird es bergig. Wir fahren durch einen Nationalpark, in dem es Tiger geben soll. Leider begegnen wir keinem. Wir fahren bis zum höchsten Punkt, der auf etwa 1.112 Metern liegt. Die schöne Aussichtsplattform nutzen wir für eine Pause. Vor uns wogt ein Meer aus Palmen und reicht fast bis in die Unendlichkeit. Bei der Weiterfahrt passieren wir ziemlich scharfe Haarnadelkurven, aber mit dem kleinen Auto geht das problemlos. Übrigens – mein Fahrer fährt hauptsächlich mit der Hupe, so kann er das Gas- und Bremspedal schonen. Ich höre genau hin und bemerkte, dass sich daraus so etwas wie eine Hupsprache zwischen den Autos entwickelt, die ich auch bald verstehe.

Karkal

Ankunft im Ort Karkal, wo ich im Haus von Anneliese, deren Mann ich aus dem Indienforum des Internets zuvor kennengelernt habe, unterkommen werde. Wir entfernen uns von der Hauptstraße und fahren durch Kokoswald, und wie aus dem Nichts taucht plötzlich eine schöne, befahrbare Brücke auf (früher mussten alle, auch Anneliese mit den Kindern, durch den Fluss waten, um auf die andere Seite zu kommen, wurde mir später berichtet). Die Brücke ist erst 5 Jahre alt. Bei einem feudalen schmiedeeisernen Tor sind wir am Ziel.

Das erste, was ich sehe, ist ein strahlendes, herzliches Lachen von Sundary, der herzensguten Frau, die mich sofort mit »Mamma Sofia« begrüßt und sagt, Mamma Anneliese sei noch unterwegs. Jemand mit Mamma anzusprechen, deutet auf einen höheren Status. Ich gelange über einen sehr gepflegten, wunderschönen Auffahrtsweg Richtung Haus. Man könnte nun eine Luxusvilla erwarten, doch ich stehe vor einem einfachen, zweigeschossigen Gebäude mit einer kleinen Veranda. Innen ist es eher düster wegen der kleinen Fenster, die man mit Klappläden schließen kann. Das Esszimmer ist ungemütlich. Ein schmaler, düsterer Raum, mit kaltem Steinboden und einem sehr einfachen Holztisch. Das Ganze wirkt eher wie in einer alten Burg.

Mein Zimmer liegt im Obergeschoss und ist heller, der Boden aus knarrenden Holzdielen. Das Badezimmer im Erdgeschoss ist nur von der Veranda her zugänglich. Warmes Wasser gibt es nur sporadisch, denn der Boiler funktioniert nicht richtig und das elektrische Licht brennt nach eigenen Launen.

Auf der schmalen Veranda werde in den nächsten Tagen viele Stunden verbringen. Von hier bietet sich ein traumhafter Ausblick auf die Plantage und in die weit entfernten Berge an.

Nun kommt auch Prema, um mich zu begutachten, und die Plantagenarbeiter beäugen mich aus der Ferne. Ein pfeffriger Geruch hängt in der Luft. Er ist nicht unangenehm, sondern riecht ein wenig süßlich. Es rauscht plötzlich, als ob es regnen würde, doch das sind die Sprinkler, welche die Plantage bewässern. Um mich herum gibt es viele Kokos-, Betelnusspalmen und Pfeffersträucher, deren Früchte für den Verkauf geerntet werden. Für den Eigengebrauch gibt es frische Salate und Bittergurke. Später wird noch ein Bereich des Grundstücks mit Kautschukbäumen bepflanzt werden, weil die im Moment sehr gefragt seien. Die Autoindustrie sei ebenfalls im Ausbau begriffen. Tatsächlich gibt es hier viele indische Automarken. Dies erfahre ich im Verlauf meines Aufenthaltes.

Bald trifft Anneliese, die Besitzerin ein, die mich freundlich und doch ein wenig distanziert begrüßt. Wir essen gemeinsam. Reis, grüne gehackte Bohnen und ein Auberginencurry, das rot und nicht gelb ist, also mit Chili gewürzt, sowie Padam, ein salziges, flaches Brot. Das gibt es nun täglich zweimal. Es schmeckt sehr gut und scharf, wird von Sundary mit viel Liebe, in der offenen Küche auf dem Feuer gekocht. Zum Frühstück gibt es jeweils Doshas, das sind Reisfladen mit einem scharfen grünen Chutney. Nachdem es während sechs Tagen immer dasselbe Essen gegeben hat, wünsche ich mir zur Abwechslung Früchte. Ich wundere mich, dass Anneliese nicht häufiger Früchte einkauft, die es in Indien im Überfluss gibt. Auf Wunsch besorgt sie mir dann Äpfel, kleine sehr süße Mandarinen und eine leckere Ananas. Ananas wird hier auch angepflanzt. Die Früchte sind erst birnengroß.

Am ersten Tag meditiere ich vor dem Haus und lasse meine neuen Klangschalen aus Hampi erklingen. Hier herrschen Einfachheit und viel Ruhe. Den Frieden genieße ich sehr, nach dem so geschäftigen Hampi. Am zweiten Tag mache ich mich zu Fuß alleine auf den Weg. Es ist sehr heiß, und so dient mir der Regenschirm als Sonnenschirm. Bald entdecke ich einen kleinen Kiosk, wo ich eine Sesammilch bekomme, die wunderbar schmeckt. Weiter geht es zu Fuß, obwohl einige Busse an mir vorbeifahren. Ich sehe keine Autos, höchstens Motorräder. Keravase ist die Endstation des Busses. Es ein kleiner Ort mit wenigen Läden. Ich wandere weiter, abwechselnd an Feldern und hohen Büschen, die schöne, großzügig gebaute Häuser verbergen, vorbei. Es handelt sich möglicherweise um Bauten, die den Plantagenbesitzern gehören und worin die Erntehelfer wohnen. Mal versteckter, mal etwas breiter zeigt sich der

Fluss. Auch eine christliche Schule und ein Tempel säumen meinen Weg. Der Tempel ist leider abgeschlossen. Nach zweieinhalb Stunden Marsch fahre ich mit dem Bus zurück bis Keravase und gehe das letzte Stück zu Fuß zur Plantage. Sehr bald nehme ich wahr, dass sich die Besitzerin Anneliese als Opfer der Pflichten fühlt. Sie jammert und beklagt sich, und ich weise sie darauf hin, dass es doch ihre Entscheidung ist, ob sie in Indien oder Deutschland bei ihrem Mann leben wolle. Sie ist mit meiner unabhängigen Denk- und Lebensweise überfordert. Nun wird sie von Tag zu Tag unnahbarer, und ich übe, gelassen zu bleiben und es nicht persönlich zu nehmen. Im Großen und Ganzen genieße ich es sehr in dieser Oase mit den wenigen Menschen und Tieren. Drei Kühe, ein Hund namens *Rambo*, einem mageren, sehr lieben Tier, das von Reis und Zwieback lebt, und einer schwarzen, trotz sichtbarem Skelett, doch edlen *Kuze*, wie es in Tulu heißt.

Ich meditiere jeden Morgen auf der Veranda und chante das Gayatri Mantra. Die Angestellten nehmen es wahr und wundern sich wohl über mich, sagen aber nichts. Normalerweise kommen sie auf mich zu, wenn sie mir etwas zeigen, für mich extra kochen oder mir etwas geben wollen. Obwohl ich kein Tulu spreche und sie nur wenige Brocken deutsch, klappt die Kommunikation mit einer Gestik, die von Herzen kommt. Die Panikattacken, die ich zu Hause oft am Morgen hatte, waren in Goa ganz verschwunden und kehren jetzt zurück. Ich fühle, dass die Mauern solche Energien bergen. Ich weiß nicht, um was für Ängste es sich genau handelt, es sind nicht meine. Ich brauche mich ihnen jedoch nicht auszuliefern und kann sie jeden Tag ein wenig mehr neutralisieren.

Dharasthala

Heute fahre ich mit Jaya, dem Nachbar, der ein Taxi hat, nach Dharmasthala, denn es ist Shivaratry, ein großer Feiertag in Indien. Anneliese bleibt auf der Plantage, weil eine neue Wasserpumpe installiert wird, aber vermutlich wäre sie auch sonst nicht mitgekommen.

Im großen Tempel in Dharmasthala geleitet mich mein Fahrer Jaya zum Eingang und erbittet für mich eine Verkürzung der Wartezeit. Dann überlässt er mich meinem Schicksal, indem er mir noch seine Handynummer angibt. Die Leute stehen Schlange, dicht an dicht. Nach zehn Minuten bin ich mitten im Gedränge. Viele Männer mit nacktem Oberkörper, aber auch viele Frauen stehen an. So stehen und gehen wir Haut an Haut. Mal fühlt es sich heiß, mal kühler an. Erstaunlicherweise ist es angenehm riechend und nicht so wie bei uns, wenn es heiss ist. Ich erinnere mich daran, dass Harry uns erklärt hatte, dass die Europäer schlecht riechen, weil sie viel Käse, Wurst und Fleisch essen. Die Qualität eines Lebensmittels, inklusive dessen Geruch, durchlaufe den Verdauungsprozess und werde über Gase oder verschiedene Duftnoten wieder über die Haut ausgedünstet. Auch der Stuhl rieche danach. Wen wundert's also, dass die Europäer beim Schwitzen unangenehm riechen? Es wird gedrängelt, geschubst, und ich frage mich, wo da die innere Ruhe und die tiefere Verbindung zu Gott bleibt, dem sie Ehre erweisen. Ein Mann wird auf dem harten Steinboden herumgerollt. So werde er von seinen Schmerzen oder von seiner Schuld erlöst. Es ist faszinierend zu sehen, was sich die Leute hier für ihren Glauben antun. Mir erscheint das irgendwie absurd. Einen kurzen Moment kann ich innehalten und mich mit den Menschen verbinden, und schon wieder werde ich gestoßen und weitergeschubst. Jetzt verstehe ich, warum Jaya, der Fahrer, nicht mitkommen wollte. Wer nicht tief gläubig ist, tut sich das nicht an. Vor dem innersten Heiligtum bleibt kaum Zeit zum Verweilen. Ein Altar, Räucherstäbchen, ein Priester, Kerzen, viel Gold und rote Farbe. Man läuft einmal darum herum und ist bald wieder auf dem Rückweg.

Draußen erwartet mich mein netter Begleiter bereits und will mir unbedingt das Automuseum zeigen. Vor dem eigentlichen Museum stehen alte Prozessionswagen mit wunderbaren Schnitzereien. Das Museum ist leider wegen des Feiertages geschlossen. Auf der Weiterfahrt sehen wir auf einem Hügel die große Bahubali-Statue, ein ungefähr 14 Meter hoher, behauener Monolith, ein wahres Prachtstück.

Wir fahren weiter zu einer moderneren Tempelanlage. Es herrscht eine andachtsvolle Stimmung. Wir sind ganz alleine. Hier wandle ich ungestört im Heiligtum herum. Vor einer der Statuen mache ich Halt. Etwas an ihr hat mich gerade tief berührt. Sie ist wunderschön, und ich spüre die Energie, die von ihr und den sie umgebenden Statuen ausgeht, fühle mich umarmt. Eine erstaunliche Wirkung, obwohl sie doch relativ neu sind! Und weiter geht's.

Ja, heute ist ganz offensichtlich ein Tempeltag. Schon folgt der nächste. In der großen Halle sitzt ein Swamiji. Ich will mich wieder entfernen, doch die Männer machen eine Gasse und rufen mich nach vorne. Swami Nietananda spricht sehr gut Englisch, entschuldigt sich für seine fehlenden Vorderzähne. Sie seien schuld, wenn ich nicht alle Worte verstehen würde. Humor hat er, und sein strahlendes Lächeln erwärmt mich. Er sei 81 Jahre alt. Mit geschlossenem Mund wirkt er jugendlich und höchstens wie 50. Wir unterhalten uns einige Zeit, und ich bin berührt von so viel Freundlichkeit und Bescheidenheit. Er lädt mich in das Tempelrestaurant ein, nicht ohne sich vorher gründlich zu erkundigen, ob ich das auch vertrage. So werden mein Fahrer und ich in den Essensbereich geführt und genießen echt gutes indisches Essen. Nur die Magermilch lasse ich stehen, da mein Fahrer mir davon abrät, sie zu trinken. In der Plantage bei Anneliese trinke ich normalerweise Wasser vom Brunnen. Wie in alten Zeiten wird es mit einem Eimer hochgeholt und durch einen Tonkrug gefiltert.

Dann besuchen wir die riesige Statue des Bahubali. Er ist Teil eines Jaintempels. Jaya will es sich nicht nehmen lassen, mir auch noch eine christliche Kirche zu zeigen, die von außen aussieht, als stünde sie in Disneyland. Mit vielen bunten Türmchen irgendwie ganz seltsam. In Südindien leben, wie ich später lese, 75 % Christen, die in ganz Indien 2,3 % der Gesamtbevölkerung ausmachen.

Immer wieder sind wir heute durch grüne, satte, sehr fruchtbare Landschaft gefahren, obwohl der Fluss kaum Wasser führt. Ein sehr schöner Sonnenuntergang beendet diesen reichhaltigen Ausflugstag.

Am vierten Tag meldet sich noch ein Motorradfahrer zu Besuch. Er ist ebenfalls Europäer und bringt eine gewisse Leichtigkeit in die restliche Zeit meines Aufenthaltes.

Fast gleichzeitig verlassen wir zwei Tage später Anneliese und die mir lieb gewordenen Hausmädchen.

Mangalore

In Mangalore wohne ich in einem Hotel direkt am Strand. Ich bin noch unschlüssig, ob ich wirklich in den Anand Ashram gehen oder direkt nach Hassan weiterfahren soll. Ich lasse mich mal ein wenig treiben. Das Hotel ist gut, das Zimmer bequem, das Essen schmeckt mir. Es gibt keine Eile, schließlich bin ich in Indien. Also bleibe ich mal zwei Tage hier.

Schon sind die ersten drei, sehr kurzweiligen Wochen um. Es war mir immer wieder möglich, per E-Mail mit der Schweiz Kontakt zu halten, sofern ich das wünschte. In jedem größeren Ort gibt es mindestens einen Internetshop. Ich bin froh, überhaupt mit dieser komischen Tastatur zurechtzukommen und mit Windows! In diesem Shop, wenn ich die Finger von der Tastatur löse, springt sie mir entgegen, weil die Platte darunter federt … ä und ü gibt es nicht, z und y befinden sich an anderen Stellen. Die Taste für die Großbuchstaben funktioniert hier auch nicht. Es ist eine Geduldsprobe, aber um die wichtigsten Informationen zu bekommen und Mails zu schreiben, genügt es.

Anandashram

Am nächsten Morgen fahre ich per Taxi zum Anandashram. Ich glaubte, es seien 30 Kilometer, und dann werden es doch 90 Kilometer sein. Ja, so unzuverlässig sind hier die Angaben.

Sehr freundlich werde ich empfangen, da ich mich per Mail angemeldet hatte. Ich bekomme ein eigenes Zimmer mit eigenem Bad zugeteilt, was gar nicht selbstverständlich ist, wie ich nachher erfahre. Es ist Essenszeit. Vor dem Eingangsportal stehen 35 Frauen wartend, die Einlass begehren. Die Frau an der Rezeption meckert ein wenig, aber lässt sie dann hinein. Der Essraum ist recht groß, und ich stelle mich in die Schlange der Frauen. Margret, eine Deutsche, sagt, ich sei jetzt ihr Trainee, und sie führe mich hier ein. Sie erklärt mir, wie es im Speisesaal funktioniert. Die Tischwahl ist frei und man kann sich hinsetzen, wo man will. Bei einem Tisch gibt es gefiltertes Wasser für Europäer oder Tee. Danach zeigt sie mir den Ashram und die Andachtshalle mit den Bildnissen der Gurujis. Man sagte mir vorher, es gäbe keine Regeln, ich stelle jedoch fest, dass indische Verhältnisse einer Europäerin doch nähergebracht werden müssen.

Wieder draußen höre ich, dass gesungen wird und als Margret mich durch den Ashram führt, erklärt sie mir, dass im Hause des Grabes von Swami Ramadas den ganzen Tag dasselbe Mantram gechanted werde. Eine halbe Stunde singen die Frauen und eine halbe die Männer. Dasselbe im Wechsel am andern Tag am Grab von Matiji. Sie war der weibliche Guru in diesem Ashram und stand Ramadas nahe. Also auch eine weitere Regel. Margret verlässt mich mit den Worten, ich sei nun mehrheitlich eingeweiht ☺. Immer wieder wird sie wie aus dem Nichts auftauchen, wenn es etwas zu erklären gibt.

Nach zwei Tagen bin ich vollends aufgeklärt. Die tägliche Ashram Routine lässt mir viel Spielraum, weil alles freiwillig ist. Es ist wohltuend, Rituale zu haben und sich doch frei zu fühlen. Das wirkt auf mich sehr beruhigend.

Um 6 Uhr früh weckt mich der laute Ruf *Kofi-Ti*. Ein Inder bringt morgens ein erstes warmes Getränk, sofern wir unsere Tassen oder Becher vor der Türe deponiert haben oder sie ihm noch schnell hinreichen.

Das Mittag- und Abendessen besteht aus Reis und Dahl, einmal scharf, einmal mild und dazu Chapati und Sauermilch. Es gibt wenig Abwechslung, doch alles schmeckt hervorragend.

Es ist auffällig, dass es hier wenige Ausländer hat. Berühmte Ashrams sind überlaufen von Europäern und Amerikanern, doch dieser scheint eher unbekannt zu sein. Schätzungsweise 5 % der Besucher sind Europäer. Die Inder die sich hier aufhalten, haben sich die meisten ganz diesem Ashram verschrieben und wohnen auch ständig hier.

Nach dem Frühstück gehe ich in die große Bajan Halle. Die beiden Hauptgurus, die schon länger verstorben sind, sitzen in Form von lebensgroßen Pappbildern in der großen Halle und wirken so lebensecht, dass man zweimal hinschauen muss. Sie sind tatsächlich nicht echt, doch ihre geistige Energie ist sehr präsent und vermittelt den Eindruck, als würden sie geradezu auf uns warten.

In dieser Halle wird mit mehr Variationen gesungen, Mantren gechanted, und es wird musiziert. Jeden Morgen werden von einigen Frauen für uns wunderschöne Blumengebinde gemacht, welche wir in den Haaren tragen oder sie jeweils den verstorbenen Gurus bzw. deren Statuen darbieten. Es wird von morgens 6 Uhr bis abends 21.30 Uhr fast ununterbrochen gechanted. Zweimal am Tag sind die Kinder für eine halbe Stunde an der Reihe. Das Hauptmantram lautet: OM SRI RAM JAI JAI RAM und erklingt von morgens bis abends. Es gibt für dieses Mantra etwa fünf verschiedene Klangvariationen.

Der Ashram ist nicht groß und je mehr ich hier innerlich ankomme, desto mehr wird mir die Heiligkeit bewusst, die dieser Ort ausstrahlt. Ich setze mich am Nachmittag zu einer Gruppe Frauen und empfinde, dass sie besonders herzlich singen, und viele strahlen mich an. Später an diesem Tage erfahre ich, dass es sich um die Angestellten handelt, die gegen Bezahlung ihre Arbeit tun und nicht unentgeltlich arbeiten wie viele, die hier wohnen. Im Grunde hätte ich dort nichts zu suchen gehabt, sagt man mir, aber die Inder sind sehr tolerant. Diese Frauen haben sich herzlich gefreut, dass ich dabei war.

Gegen Abend wird Chitananda, der Meister und Heiligste, mit dem Rollstuhl in den Garten hinausgefahren, doch nur, wenn sein Zustand nach dem Schlaganfall es erlaubt. Wie ich vernehme, sei es das erste Mal seit längerer Zeit, dass er sich wieder zeigt, weil seine Gesundheit es vorher nicht zuließ. Ich nehme das als Geschenk an meine Präsenz an und bin zutiefst berührt von dieser feinen Ausstrahlung und wie zerbrechlich er wirkt. Mir kommen die Tränen, so schön, ja friedlich ist es, in seiner Nähe zu verweilen. So viel Liebe und Verständnis strahlt er aus, obwohl er so hinfällig wirkt und kaum ein Wort sagt. Man weiß von ihm, dass er die Erleuchtung, wie er sie sich vorgestellt hatte, nicht gefunden hat, und doch leuchtet sein Wesen vor Hingabe, Bescheidenheit und Liebe. Ein ganzes Gefolge kommt und verneigt sich vor ihm, manche legen sich flach auf den Boden. Ich neige den Kopf und grüße in indischer Manier, mit gefalteten Händen vor dem Herzen. Sein Blick durchdringt mich auf eine angenehme Art und Weise. Echt übertrieben finde ich das ehrerbietige Getue einiger. Bei anderen sehe ich eine tiefe Verbundenheit aufleuchten. Viele sind neugierig, und wieder andere benehmen sich ganz normal. Diese kleine Spazierfahrt dauert eine halbe Stunde, und dann entschwindet er wieder. Eine schöne Erinnerung bleibt mir vom Abend, als er vor dem Badjan Hall im Garten mit seinem Rollstuhl verweilt. Wir setzen uns zu seinen Füßen. Seine Krankenschwestern und Betreuer stehen um ihn herum. Natürlich singen wir gemeinsam das Hauptmantram des Ashrams. Eine erhebende, freudvolle Stimmung und ein starkes Einheitsgefühl ergreift die Anwesenden.

Tag um Tag vergeht ohne Hektik oder Zwänge. Nichts Besonderes geschieht, und doch ist jeder Tag, jede Begegnung etwas Spezielles. Jede Stunde ist erfüllt von einem friedvollen Sein, weg vom üblichen Alltag. Nach drei Tagen beschließe ich, noch einen weiteren zu bleiben und noch einen und noch einen und noch einen, bis daraus eine ganze Woche wird. Dieser Frieden, der sich in mir ausgebreitet hat, ist sehr wohltuend. Es ist wahrlich eine einfache und so starke Erfahrung, während der ich keinerlei Ungeduld fühle.

Die Tage laufen nach dem immer selben Schema ab. Frühmorgens um 5 wird man durch den Gesang der »Alten« geweckt. Um 6 Uhr bringt jemand Tee oder Kaffee vor die Türe, also kann wer will um 7 Uhr zum Chanten oder zur Meditation in den großen Raum gehen. Danach gibt's Frühstück, alsbald je nach Bedarf, wieder chanten, spazieren, ruhen, Mittagessen, lesen, vielleicht an einem Vortrag teilnehmen und immer wieder chanten, Tee trinken, spazieren, essen, chanten, bis es dunkel wird. Ich bin immer wieder anders eingestimmt. Manchmal berührt mich das lange Klingen bis tief hinein in die Seele, manchmal beruhigt es mich, und dann wieder rührt es mich zu Tränen, weil ich so viel Liebe spüren kann. Ein so unkompliziertes Lachen und Offenheit strahlen hier mehrheitlich aus den Gesichtern der Inder, die ihr Leben dem Ashram gewidmet haben und ich verstehe, warum mir Jürgen, mein Reiseleiterfreund, diesen empfohlen hat. Die Bewohner haben ihr gesamtes Vermögen freiwillig dem Ashram übergeben und bekommen Kost und Logis und dürfen bis zum Lebensende hier wohnen. Sie haben die Gewissheit, sich hauptsächlich der Spiritualität widmen zu können und nur zu arbeiten, wenn sie es wollen. Viele arbeiten aus Liebe zum Nächsten und für gutes Karma und weil der Guru es, als er noch lebte, gefördert hatte. Seine Partnerin hatte sich auch um gesundheitliche Aspekte gekümmert, was hier nicht vernachlässigt wird. Andere arbeiten und werden dafür bezahlt. Ich entdecke eine gewisse Erschöpfung in den gewissenhaften Alten, die wohl rund um die Uhr ihren selbst auferlegten Pflichten nachkommen und so auf Erleuchtung hoffen.

Ich bekomme eine Zimmergenossin. Petra, eine Deutsche, ist wie ich nur für ein paar Tage da. Als wir eines Abends in ein benachbartes Privathaus gehen, wo man das Internet nutzen kann, meint der Familienvater, es sei schön, dass wir so herzlich lachen können. Die meisten anderen Europäer seien immer so ernst.

Eines Morgens mache ich einen Ausflug mit einem Franzosen, mit Barethy und dem Rikshafahrer Manzy zu einem Waldtempel. Die dortige Quelle soll vom Ganges her kommen. Niemand kennt ihren genauen Ursprung. Das Wasser ist herrlich frisch und klar. Nyietananda (nicht zu verwechseln mit dem Priester, den ich in Dharmasthala getroffen hatte), der einige Jahre dort lebte, hat lange Zeit in einer winzigen Höhle verbracht. Wir kriechen zu dritt hinein, mehr Leute hätten nicht Platz gehabt. Totale Stille. Ich höre Planetentöne und das Rauschen meines Blutes, so dicht ist diese Stille.

Es ist um die Mittagszeit, und die Menschen, die diesen Tempel betreuen, kochen zu Mittag und laden uns ein, daran teilzunehmen. Danach waschen wir die Teller mit Asche und unter fließendem Wasser ab. Am folgenden Tag, als ich mit Petra nochmals hinfahre, entdeckt sie in der Höhle Hunderte roter Fröschchen, die etwa 2 cm groß sind. Diese waren am Vortag mucksmäuschenstill gewesen.

Das Meer ist nicht weit entfernt, also begeben wir uns Richtung Strand. Der Hinweg führt vorbei am großen Ashram von Nyietananda, der sehr berühmt ist. Wir begegnen keiner Menschenseele. Neben dem Tempel befinden sich 44 Nischenhöhlen zum Meditieren. Manche sind so klein, dass man sich kaum vorstellen kann, dass darin ein ganzer Mensch Platz findet. Vielleicht ist es eine Form der Selbstkasteiung, sich dort hineinzuquetschen? Hier umschwirren uns Unmengen von Fledermäusen. Wir haben nun genug gesehen und gehen zum nahen Strand. Dort genießen wir es, im Sand zu hocken und unsere Füße im Meer zu baden und beenden damit den Ausflug.

Beim Abschied vom Ashram erhalte ich von Muktananda ein Päckchen mit Proviant. Niemand ist verpflichtet, etwas zu bezahlen. Natürlich lasse ich eine schöne Geldgabe zurück, denn der Ashram kann das Geld verwenden für den fahrenden Arztbus und die Schule und andere Projekte. Ich fühle, dass das Geld hier gut verwendet wird.

Mangalore

Zurück in Mangalore organisiert Muchinandra, den ich von meinem letzten Aufenthalt her kenne, einen Ort, wo ich mein Gepäck aufbewahren kann. Ich kaufe ein Ticket für den Sleeper-Bus. Es wird also eine nächtliche Fahrt nach Mysore.

Diesmal bleibt genügend Zeit für die herrliche Tempelanlage von Mangalore. Ich verbrenne mir dabei fast die Fußsohlen, da man barfuß gehen muss, doch es lohnt sich. Ich sehe eine der schönsten Bronzestatuen Indiens. Danach geht es einen steilen Hang und viele Stiegen hoch. Zu sehen ist dort die beeindruckende Figur von Hanuman, die etwa 15 Meter hoch und sehr bunt bemalt ist. Noch weiter oben befinden sich kleine Kapellen, und vor der einen lasse ich mich erschöpft nieder. Zum ersten Mal werde ich hier von einem Mann angemacht. Nach den üblichen freundlichen Fragen sagt er, dass er Sex mit mir haben möchte. Ich sei eine so schöne Frau.

Er wiederholt ziemlich plump: »Ich möchte Sex mit dir haben.« Ich bedanke mich leicht pikiert und erkläre, dass mein Interesse hier spiritueller Natur sei und ich nicht an einem Abenteuer interessiert sei. Nach seinem erneuten Nachfragen und weil er nicht aufgibt, entferne ich mich ziemlich irritiert und bin froh, dass er mir nicht folgt. Ich erfrische meine glühenden Füße im Brunnen des Tempels und bin leider einem Hitzschlag nahe. Nicht wirklich erfreut mich der Gedanke, dass ich noch bis zum Abend in der Stadt bleiben muss.

Nicht weit vom Tempel entfernt entdecke ich ein Restaurant, wo ein Rikschafahrer auf Fahrgäste wartet und ich bitte ihn, mich an einen schönen Ort zu fahren. Er fährt mich zu Pinicula, einem Park, der etwa 12 Kilometer außerhalb liegt. In dem Park befinden sich ein kleiner künstlicher See, viel Rasen und Blumenbüsche. Es ist ein idealer Ort für Sonntagsausflügler. Heute ist es überaus friedlich. Bald bin ich wieder im Lot und erhole mich, umgeben von Grünflächen, Blumen und Wasser. Auf der Rückfahrt bedrängt mich der Fahrer, ich solle unbedingt mit seinem Bruder sprechen, weil der sich enorm freuen würde. Alsbald reicht er mir sein Handy rüber. Sein Bruder spricht gut Englisch und will mich unbedingt kennenlernen. Ich lehne freundlich ab, denn ich höre nur Neugierde heraus und den Wunsch, eine Exotin (in diesem Falle mich) zu treffen. Was ist das nur für ein Tag, dass ich ständig belästigt werde oder zumindest mich belästigt fühle?

Wieder in der Stadt begebe ich mich in eines der besseren Hotels und genehmige mir einen wohltuenden Toilettengang in gepflegter Umgebung. Bei einer Tasse Tee mache ich es mir mit einem Buch gemütlich. Durchatmen und genießen ist angesagt!

Bevor mein Bus abfährt, treffe ich nochmals Muchinandra und seine Frau. Sie schenken mir tatsächlich ein zweites schönes Kleid, und ich schenke ihnen ein Buch vom Anand Ashram. Wir tauschen Adressen aus, und ich vernehme, dass ihr Sohn möglicherweise für Google nach Europa gehen wird, und mit mir Kontakt aufnehmen möchte. So sei es drum.

Um 22.30 Uhr fährt mein Sleeper-Bus, einer der luxuriöseren Sorte, nach Mysore. Diesmal fahren wir erstaunlich pünktlich weiter. Ich habe einen einzelnen Liegeplatz gebucht, binde meine Sachen an einer Stange an und kann sogar einige Stunden schlafen. Vom Schaukeln her habe ich

das Gefühl, eher in einem Boot auf einem Fluss als im Bus
zu sein. Sprich: die Straße ist grottenschlecht. Wir kommen
sogar pünktlich um 6.00 Uhr in der Früh an.

Mysore

Die Stadt ist hell beleuchtet, und die prächtigen Bauten ste-
chen hervor. Architektonisch ist alles eine wahre Freude.
Das Hotel, das ich ursprünglich ausgewählt hatte, ist belegt.
Ich steige in einem der besseren, aber immer noch beschei-
denen Hotels ab und falle müde in die Kissen. Um 9 Uhr
beim Verlassen des Hotels wird mir unterwegs das Dasaka-
presh Hotel ganz in der Nähe empfohlen. Es sei ruhiger
und preiswert. Tatsächlich hat es einen schönen Innenhof,
und ich genehmige mir erst mal ein richtiges Frühstück. Es
ist ein schönes Hotel und gefällt mir, doch umziehen möchte ich nicht. Als ich zurück in mein Zimmer gehe, um mir
die Zähne zu putzen, spricht mich an der Rezeption ein
netter junger Mann an. Er sei Australier und auch das erste
Mal in Mysore. Ich gebe ihm meine spärlichen Infos weiter
und nenne ihm meine Zimmernummer und meine Handynummer.

Danach wandere ich alleine durch die großzügig angelegten Straßenzüge und werde von einem kleinen Jungen
angesprochen. Es gäbe ein Festival und deutet in eine Richtung weiter hinten. Als ich nicht darauf eingehe, verschwin-
det er wieder. Nach fünf Minuten steht er schon wieder
neben mir und erzählt, es gäbe einen *Contest*, wo es darum
gehe, wie viele Räucherstäbchen in einem Tag geschafft
würden und nennt die Zahl von 12'000. Er beschwatzt mich
und umschwirrt mich wie eine Fliege. Natürlich hat er mich
doch langsam neugierig auf die Stäbchenproduktion gemacht. Wir nehmen eine Rikscha, landen in einer Seiten-
straße und betreten ein kleines, grünes Haus. Im ersten
Zimmer sitzen zwei Frauen am Boden, welche Räucherstäbchen herstellen, wovon bereits viele fertig vor ihnen

liegen. Sie rollen die Holzstäbchen sehr gekonnt in einer Art Paste und legen sie zum Trocknen hin.

Der Junge begleitet mich in ein Nebenzimmer, und ich werde zu einem Chai eingeladen. Er legt mir ein Buch nahe, das ich einsehen darf. Darin haben viele Europäer ihre Erfahrungen in diesem Haus geschildert. Natürlich durchwegs positiv, und es ist von Produkten die Sprache. Nun erscheint auch der Hausbesitzer Mr. Anan, und begrüßt mich, nennt mich sofort Sonja Ghandi und umgarnt mich regelrecht. Ich bin ziemlich sauer, weil ich nun, anstatt einem Wettbewerb beizuwohnen, bei einem Kaufmann sitze, der Öle vertreibt. Später finde ich heraus, dass das Festival und die Geschichte mit dem Wettbewerb eine Masche ist, die rege praktiziert wird, weil man damit Leute ködern kann.

Dr. Anan sagt, ich sei eine Skeptikerin und denke zu viel nach. Da mache ich meinem Unmut Luft, dass ich mir unter einem Wettbewerb etwas anderes vorgestellt hätte. Ich bin echt genervt. Er beruhigt mich: »Sonja Ghandi, du bist zu nichts verpflichtet. Einfach mal riechen, zum Beispiel am Lotus Öl, das beruhigt deine Gedanken.« Er massiert mir einen Tropfen Öl bei den Schläfen ein. Das riecht wirklich gut.

Dann analysiert er: »Du hast einen zu niedrigen Blutdruck«, und massiert ein weiteres Öl in meine Armbeuge, und ich merke, dass er tatsächlich ein professioneller Therapeut/Arzt ist, der sehr gute Kenntnisse der ayurvedischen Gesundheitslehre hat. Zuletzt kaufe ich vier verschiedene Öle. Sandelholz ist die Spezialität von Mysore. Ich kaufe auch ein Öl, das Mücken abhalten soll. Er zeigt mir Bilder seiner Plantage und Bestellungen von Leuten aus aller Welt, und ich kann die Preise nachrechnen. Immerhin stellt sich heraus, dass hier alles seriös ist und keine gepanschten Öle verkauft werden. Wir haben uns für den Abend verabredet, weil Doktor Anan mir eine Massage geben wird. Mein Rücken ist total verspannt und schmerzt, und das würde mir gut tun. Inzwischen habe ich Vertrauen gefasst.

Es ist bereits mitten am Nachmittag. Ich gehe zurück ins Hotel mit meinen Schätzen und ruhe mich aus. Da die Straße unter mir sehr laut ist, setze ich Kopfhörer auf, um schöne Musik zu hören und döse vor mich hin, bis ich Hunger verspüre.

Lange suche ich nach einem Lokal fürs Nachtessen. Endlich finde ich ein einigermaßen passabel aussehendes Restaurant, aber oh je, als ich den Putzlappen sehe, mit dem der Tisch abgewischt wird, graust mir, und ich möchte am liebsten wieder abhauen. Kurz vorher war ich in einer Bar gelandet, voll besoffener Männer, die ich fluchtartig wieder verlassen habe. Ich bin halb verhungert, also froh, überhaupt etwas gefunden zu haben, und überwinde mich und bestelle mein Essen trotzdem. Da ruft mich Petra an, die mit mir im Ashram war. Sie meldet, sie sei soeben in Mysore angekommen. Wir verabreden uns für den nächsten Tag.

Am Abend kommt Dr. Anan in mein Hotelzimmer. Er zieht sich bis auf seine Shorts aus, sein Verhalten bleibt respektvoll. Ich liege zugedeckt und nur mit einem Höschen bekleidet unter einem Tuch. Seine Massage ist professionell und tatsächlich hervorragend. Ich bin ja auch Profi und kann beurteilen, wie er arbeitet. Er entscheidet jedoch, jeden Bereich meines Körpers mit einzubeziehen, und ich sage JEDEN, also inklusive Genitalbereich. Mir geht das Ganze zu weit und zu nah, und ich wehre ab. Er meint: »Ihr Europäerinnen seid halt scheu«, was mich doch sehr wundert. Wie ist das denn mit den Inderinnen? Immerhin ist das ein sehr intimer Bereich und er fährt mit seinem Finger in den Scheidenhals, um diesen zu massieren. Tatsächlich gibt es auch dort wichtige Akupressurpunkte. Wenig später breche ich in Tränen aus. Er hat durch diese Berührungen etwas in mir gelöst. Besonders traurig bin ich beim Gedanken, dass ein fremder Mann mich genital berührt und nicht ein liebender Partner.

Er stoppt die Massage und will wissen: »Habe ich dir weh getan?«

Ich beruhige ihn: »Nein, aber es ist genug für mich und auch alles in Ordnung, wenn jetzt Schluss ist.«

Er respektiert meinen Wunsch, trocknet sich den Schweiß mit einem Handtuch und zieht sich an.

Ich frage: »Massieren Sie indische Frauen auch im Intimbereich?«, worauf er antwortet: »Indische Frauen gehen immer zu meiner Frau. Ich darf zu Hause keine Frau massieren. Meine Frau würde das nicht schätzen, obwohl ich mehr Kenntnisse habe.«

Aha so ist das also! Er verabschiedet sich und fragt nochmals, ob alles in Ordnung sei. Ich bin sehr müde und bejahe es. Am nächsten Tag sind meine Rückenschmerzen vollständig verschwunden. Er hat einiges in mir aufgewühlt, jedoch alle vorhandenen Spannungen aufgelöst. Darüber bin ich sehr froh, doch mir ist nicht nach einer Wiederholung, obwohl es ursprünglich so abgemacht war.

Am folgenden Morgen schreibt mir Moshe, der Australier, einen kleinen Brief, den er mir unter der Zimmertüre hindurch schiebt. Er habe versucht, mich am Abend telefonisch zu erreichen und warte auf mich unten in der Lobby, falls ich mit ihm frühstücken wolle. So ziehen wir gemeinsam los. Petra schließt sich zum Frühstück im Dasaprakash an, wo wir sehr herzlich von den Kellnern willkommen geheißen werden. Mit jedem Tag freuen sie sich mehr, uns wiederzusehen.

Petra und ich fahren ohne Moshe zum Ashram von Swami Ganapati Satchitananda. Moshe als Jude hat kein Interesse am Ashram. Die Busfahrt dauert nicht lang, und wir stehen vor einem großen Eingangstor. Welche Pracht entfaltet sich vor unseren Augen. Wieviel Sorgfalt wurde hier verwendet, um alles zu gestalten. Besonders der liebevoll angelegte Park, den man meditativ begehen kann, ist wunderschön.

An der Rezeption treffen wir einen sehr freundlichen Deutschen mit strahlend blauen Augen, der uns einiges erklärt und erzählt, es checke heute eine Schweizerin aus und falls ich im Ashram wohnen wolle, könne es klappen. Ich werde auf das Büro des Managers verwiesen. Auf meine Erklärungen hin, dass ich keine Antwort auf meine Mail erhalten hatte und die Telefonnummer nicht funktionierte, ich darum direkt hierhergekommen sei, meint er nur, ich solle in meinem Hotel bleiben und täglich herkommen. Der deutsche Ashrambewohner erklärt uns, Swami weise nie Menschen ab. Da er abwesend sei, übernähmen eben andere das Zepter. Also begegnet mir hier das übliche Machtthema. Da ich die Nähe des Gurus nicht suche, mich weder verpflichtet noch traurig fühle, nehme ich die Tatsache, nicht im Ashram wohnen zu können, gelassen hin. Ich lebe meine Spiritualität dort, wo ich bin. Alles paletti.

Als wir hinausgehen wollen, verlaufen wir uns in dem großen Gelände und landen in einem schönen Andachtssaal mit den Figuren aller wichtigen Heiligen aus verschiedensten Kulturen und gehen an einem traumhaft schönen Bonsaigarten vorbei, der leider geschlossen ist und finden endlich den Ausgang. Also fahren wir nun Richtung Stadt und essen zu Mittag und beschließen, noch einmal herzukommen, wenn mehr los ist.

Ich werde in meinem Hotel bleiben, weil das Zimmer sauber ist, das Bad auch und weil alles funktioniert. Der Rummel vor dem Haus ist mal mehr, mal weniger störend.

Zurück in der Stadt, rufe ich Moshe, unseren neuen Freund, an. Vor nur fünf Minuten war er ins Hotel zurückgekehrt, als hätten wir uns abgesprochen. Wir verabreden uns, um den großen Maharadja Palast zu besuchen. Ein wenig kompliziert ist es, weil man nur von der Rückseite her Einlass bekommt, und wir müssen das Palastgelände zwei Kilometer umfahren. Jetzt also: Ticket kaufen, Kamera abgeben, Handy abstellen, und wir sind bereit. Sofort werden wir von nicht-autorisierten Führern bedrängt. Erst im Palast wählen wir einen der offiziellen Führer, die seriös und billiger sind, wie wir nachträglich erfahren. Welcher Reichtum ist doch in diesen Räumen zu sehen, die eher überladen wirken. Die meisten sind sehr bunt verziert, mit echten englischen Fliesen und Halbedelsteinen versehen. Hier spüre ich eine Energie, die alles abgerundet und harmonisch ineinander fließen lässt, obwohl das Ganze gar nicht meinem Geschmack entspricht. Wir besichtigen auch einen Saal, der, wie wir hören, für Geheimsitzungen benutzt wurde. In einem anderen befinden sich Gemälde, die dreidimensional sind. Wenn man den Personen auf den Bildern in die Augen schaut und weitergeht, begleiten sie einen, egal in welche Richtung man sich begibt. Echt faszinierend.

Vor dem Palast wird gerade ein Bollywood-Film gedreht, und wir lassen uns fasziniert nieder. Natürlich ist das hier vor dem Palast ein idealer Schauplatz. Es schauen hauptsächlich Männer zu. Kein Wunder, bei so vielen hübschen Tänzerinnen. Danach begeben wir uns in ein gemütliches Lokal zu einem frühen Nachtessen.

Am darauffolgenden Tag mieten wir eine Rikscha, die uns auf den Chamundi Hill bringt. 1000 Stufen führen hinauf zum Tempel und werden von Gläubigen ehrfürchtig begangen.

Wir wählen die bequeme Straße, die uns direkt vor den Tempel führt. Dort wird gerade ein Auto mit Feuer und Rauch getauft. Im Tempel ist es eng. Beim Eingang herrscht Gedränge und der Raum des Tempels ist überfüllt. Wir wollen hier keine Puja und auch keine x-fachen Segen mehr von Priestern, um uns dem Himmel nahe zu fühlen. Wieder draußen, herrscht ein Gewimmel von Verkäufern, und wir werden dauernd angesprochen. Das ständige Abwimmeln von Angeboten ist anstrengend und als ich nicht achtsam bin, trete ich prompt in einen warmen, herrlich frischen Kuhfladen. Zum Glück ist die Toilette ganz nah und ich wasche meinen Fuß und den Schuh. Als wir aus einem Textilshop kommen, intensiv besprechen, was wir gesehen haben, schwupps, lande ich mit dem andern Fuß in einem Kuhfladen. Der Ausgleich ist also nun gegeben und die Erdung vollständig. Gemäß dem ayurvedischen Prinzip ist der Geruchsinn dem Erdelement zugeordnet und die Füße halten ja auch Verbindung zum Boden. Nach einer erneuten Reinigung beschließen wir, zu Fuß die Treppe hinunter zu laufen. Nach 300 Stufen gelangen wir zum Kalb, das Nandi von Shiva. Es ist riesig und pechschwarz. Hier genießen wir die frisch angebotenen Früchte. Wieder begegnet uns ein Priester, der eine Puja vollzieht. Also machen wir uns unsichtbar. Ich wandere ein Stück weiter und finde eine kleine Höhle, die als Shivatempel bezeichnet ist. Darin steht ein kleiner Altar, und im Hintergrund sitzt ein Priester. Ich setze mich zu den drei Indern auf den Boden, und damit ist die Höhle voll. Ich beginne das Meditieren und spüre starke Energien und eine tiefe Ruhe, die einfließt. Der Priester bleibt zurückhaltend und scheint auch zu meditieren.

Nach einiger Zeit begebe ich mich zurück zu den anderen, die am Reden sind und wir machen uns weiter auf den Weg den Berg hinunter. Bevor wir die nächste Stufenserie erreichen, sehen wir eine junge Frau in einem sackähnlichen, bräunlichen Kleid, die bei jeder Stufe in die Knie geht und diese küsst. Fasziniert bleiben wir stehen, bis sie die oberste Stufe erreicht. Ich begrüße sie und sehe ihr in die Augen. Die Verzückung und Hingabe, die auch Moshe in ihnen entdeckt, berührt uns beide tief, und sie ist wohl ebenso erstaunt, Touristen zu Fuß auf der Treppe zu sehen. Petra scheint für solches nicht empfänglich zu sein. Sie redet und erzählt ohne Unterbruch von ihren Erlebnissen in Thailand und scheint den Moment nicht genießen zu können. Sie führt mir vor Augen, wie ich selbst jahrelang funktioniert habe und teilweise noch funktioniere. Wenn die Energien stark sind, zerrede ich sie manchmal. Danke, Petra! Ich gehe voraus und mag nicht reden, denn der Weg schenkt uns wunderschöne Ausblicke auf Mysore, die ich gerne schweigend in mich aufnehme.

Während des gemeinsamen Essens beschließt Petra, ihre Weiterreise zu planen. Moshe und ich gehen ins Hotel zurück, um ein wenig auszuruhen. Aber welch ein Lärm. Von der Gasse her, ein dauerndes Hupen der vielen Rikschas, Rufe und Motorenlärm. Die lauten Reden, das Geschrei, jeder will den andern übertrumpfen. Es nimmt kein Ende und je mehr es mich stört, desto lauter scheint es zu werden. Ich bin nach dem Erlebnis vom Chamunda Hill in einer empfindsamen Stimmung und stöpsle mir die Ohren zu, höre eine CD mit einer geführten Meditation, und befinde mich sofort auf einem anderen Level, und draußen dröhnt der Lärm von Mysore weiter, ohne zu stören. Es ist, als wäre ich in einer anderen Dimension, die voller Frieden ist. Später bummeln Moshe und ich durch die Gassen und finden einen neuen Coffee-Shop mit verführerischen Süßigkeiten. Mysore ist berühmt dafür.

Gegen Abend machen wir Frauen uns nochmals auf zum Ashram und gehen diesmal direkt in die Halle zu den Bajan-Gesängen. Wie anders ist doch hier die Atmosphäre als im Anand Ashram. Die Haupthalle ist riesig und reich geschmückt. Auch hier sitzen Männlein und Weiblein getrennt. Sehr kraftvoll und variationsreich klingen die Badjans, und es gibt für jeden Tag, wie wir erfahren, eine bestimmte Abfolge. Der junge Swami erscheint und unterstreicht mit seiner schönen Stimme die Lieder. Lustig ist, wie die Leute eintrudeln, wieder gehen, es ist eigentlich ein dauerndes Kommen und Gehen, aber die Sitzenden lassen sich davon nicht stören. Wir verlassen den Raum bald, um der Privat-Audienz des Swami zu entgehen.

Vor dem Ashram winken wir einen Kleinbus heran und quetschen uns hinein. Der Bus ist voller Männer, und nur eine Frau sitzt noch drin. Petra erhält einen Sitzplatz. Ich muss gebückt stehen und mich ziemlich gut festhalten bei der rasanten Fahrt. Alle Fenster sind offen, und vom Fahrtwind weht mein Rock ständig hoch. Glücklicherweise habe ich weite indische Hosen darunter, sonst wäre ich mir

sehr exponiert vorgekommen, da sich die Augen der Männer so oder so immer wieder auf uns heften. Wir gelangen
ohne Schwierigkeiten innert sieben Minuten ins Zentrum
und haben eine billige und abenteuerliche Fahrt hinter uns.
Wir haben uns zum Nachtessen mit Moshe verabredet, der
unserem Bericht interessiert zuhört.

Am kommenden Tag, dem 4. März, ist Holy, ein Fest,
wo sich die Leute mit Farbe bewerfen und gegenseitig be-
schmieren. Wir bleiben verschont, sehen aber sogar den
Hotelmanager mit bunten Haaren herumlaufen, und an-
derntags sind viele Straßen noch bunt von den verspritzten
Farben.

An diesem besonderen Tag lasse ich mich doch dazu
verleiten, in einem Seidengeschäft einen Sari anzuprobieren.
Ich werde mir keinen kaufen, denn das Anziehen ist sehr
umständlich, und ich glaube nicht, dass ich damit zurecht-
kommen würde außerhalb von Indien, wo mir keiner helfen
kann. Das sieht wirklich edel aus, doch ich ziehe es vor,
einfache Baumwollkleider zu bestellen, die am nächsten Tag
fertig sein werden. Was ich gerne trage, sind die blusenarti-
gen Tunikas bis oberhalb der Knie, darunter eine lockere
Hose und einen breiter Schal. Dieser Schal dient dazu, vorne meine Bauchtasche mit meinen Papieren und Geld zu
verbergen oder bei Sonnenschein den Kopf zu bedecken,
bei Durchzug meine Schultern zu schützen.

Mein Kleid aus Mangalore lasse ich hier nochmals ändern. Sehr lausig wurden die ersten Änderungen gemacht.
Der Versuch in diesem Geschäft ist ebenso unbefriedigend,
und ich gebe es auf. Die Hose passt zum Glück auch zu
anderen Oberteilen. Vermutlich werde ich dieses Überkleid
nie mehr tragen. Es ist wirklich schade um den schönen, mit
Perlen bestickten Stoff.

Meine beiden Freunde sind nun weitergereist. Ich habe
Glück. Jürgen Berg, der Reiseführer von meiner ersten Indienreise, ist soeben eingetroffen. Wir hatten Kontakt über

das Handy gehalten. Er begleitet zwei Schweizerinnen auf ihrer Rundreise. Ursprünglich hatte ich gehofft, zwei Wochen gemeinsam mit ihnen zu reisen, doch das hat sich zerschlagen. Da ich inzwischen telefonisch Kontakt mit Jürgen aufgenommen habe, weiß ich, in welchem Hotel er wohnt, und wir verabreden uns für den nächsten Tag zum Abendessen.

Den letzten Tag verbringe ich mit Packen und versuche, mich auszuruhen und weiteres zu planen. Der Lärm in der Straße bringt mein System auf 100, dass ich es nicht mehr aushalte. Ich beschließe, in den Zoo zu gehen, was sich als eine gute Idee erweist, denn er ist als wunderschöner Park angelegt, wo ich mich auch gemütlich eine Zeitlang in die Wiese lege. Später verweile ich lange bei den Elefanten, wo ein junger Elefant gerade gebadet und dann gefüttert wird. Auch die herrlichen und seltenen weißen Tiger kann ich ausgiebig bewundern, und sie würdigen mich sogar eines Blickes. Ausgeruht und zufrieden lasse ich mich zurück ins Hotel fahren.

Auf gut Glück schaue ich bei Jürgen im Hotel vorbei, das er soeben verlassen will. Mit dem Privatchauffeur holen wir seine Kundinnen ab und fahren zum Palast, der jeden Sonntag von 19 bis 20 Uhr mit Abertausenden Glühbirnen beleuchtet wird. Die Pracht ist überwältigend, und ich knipse drauflos. Eine Kapelle spielt, und eine Schar Polizisten sorgt für Ordnung, damit man hinter den Absperrungen bleibt. Die Verkäufer müssen draußen bleiben. Es wimmelt von Leuten, die staunend diese herrlich beleuchteten Gebäude betrachten, und alles läuft sehr geordnet und diszipliniert ab.

Ich fühle mich wie im Märchen und spüre eine starke Verbundenheit mit allen Menschen hier und mit Indien. Diese Herzenergie wird auch auf den Fotos sichtbar, denn es zeigen sich viele Orbs, diese kreisrunden Wesen, die man bei den digitalen Kameras öfter auf Bildern sieht, die immer ein Ausdruck einer starken Energie sind.

Nachdem Jürgen die Schweizerinnen mit dem Chauffeur in ihr Luxushotel zurückgebracht hat, fahren wir gemütlich essen. Es ist sehr schön, einander wiederzusehen nach so vielen Jahren. Es ist auch spannend zu hören, wie es ihm als Reiseführer weiter ergangen ist. Das Restaurant, in das er mich führt, ist mit Bambus-Baugerüsten bestückt und voller Pflanzen. Wir befinden uns fast in einem kleinen Urwald, und es mutet sehr exotisch an. Das Essen ist ausgezeichnet, und die Räume sind mit indischer Livemusik geschwängert. Natürlich wimmelt es hier von Europäern. Das scheint ein für Touristen bekannter *Geheimtipp* zu sein.

Ich erzähle Jürgen von meinen weiteren Reiseplänen. Mir bleiben noch knapp zwei Wochen, die mich weiter Richtung Norden führen werden. Zuerst New Delhi und danach Varanassi. Jürgen liebt Varanassi, was der neue Name von Benares ist. Es sei seine indische Heimat, und er möchte am liebsten mit mir kommen. Er verbringe, wenn möglich, jedes Jahr mindestens einen Monat dort, denn es sei auch ein Mekka für Musiker, und er ist ein begeisterter, wenn nicht professioneller Sitar-Spieler. Er nennt mir die Pension, in welcher er immer logiert, und ich stelle fest, dass ich bereits in derselben Pension ein Zimmer gebucht habe, weil sie in meinem Reiseführer empfohlen wurde.

Am nächsten Tag heißt es Abschied nehmen von Mysore. Per Zug fahre ich nach Bangalore und mit mir reisen fünf herzige Tibeterinnen in selben Abteil. Wir unterhalten uns telepathisch und mit Händen und Füßen, ich freue mich ob deren kindlichen Verhaltensweisen, wie sie staunend alles betrachten und gleichzeitig den Rosenkranz murmeln. Die Perlen laufen so schnell durch ihre Finger, dass ich denke, das Gebet umfasst gerade zwei Buchstaben. Dann wieder schauen sie unbeschwert kichernd in meine Richtung.

Pünktlich fahren wir ab, und wieder genieße ich die Zugfahrt. Es ist tatsächlich viel gemütlicher als in einem Bus, besonders in der ersten Klasse. Man erhält zu essen und zu trinken und hat sogar ein relativ sauberes westliches sowie ein indisches Klo zur Verfügung. Ich wähle hier das indische und versuche richtig zu zielen, denn alles in allem ist es doch hygienischer. Ich binde meinen Koffer nicht an, obwohl ich ein Sicherheitsschloss dabei hätte. Ein Mann macht mit einer schweren Kette den Koffer am Gepäckträger fest. Mein Koffer ist so oder so zu schwer, den klaut so schnell keiner. In Bangalore angekommen geht es gleich weiter mit einem Prepaid-Taxi zum Flughafen. Das ist echt teuer für hiesige Verhältnisse, nämlich 450 RS. Der Weg ist ziemlich weit und da es ein Government Taxi ist, wird der Tarif vermutlich schon stimmen, so denke ich.

Bei Jet Airways sind die Computer gerade ausgefallen, und so werden wir von Hand abgefertigt, aber wir starten pünktlich, und der Service während des Fluges ist super.

New Delhi

Ankunft in Delhi, als es bereits dunkel ist.

Diesmal klappt es problemlos mit dem Prepaid-Taxi, denn während des Fluges habe ich mich kundig gemacht und habe erfahren, dass ich das Geld auch vorher an einem dafür vorgesehenen Schalter hätte bezahlen müssen. Ich vermute, in Bangalore war die Liste fingiert, und der Kofferträger, der mich zum Taxi führte, hat schön mitkassiert.

Auf der langen Fahrt vom Flughafen zum Hotel fällt mein Blick bereits auf schöne Monumente. New Delhi ist eine moderne, ziemlich gepflegte Stadt mit breiten Straßen. Der Verkehr ist hektisch, wie in allen großen Städten.

Wie abgemacht treffe ich Chander, den ich aus dem Indien-Forum kenne, im Hotel. Wir gehen in einem chinesischen Self-Service essen. Obwohl der Abend ziemlich kühl ist, sitzen wir draußen. Inmitten der Tische befindet sich eine große Schale. Darin schwimmen rote Rosenblätter und Schwimmkerzen. Das ist sehr romantisch für einen Self-Service, finde ich. Ein junger Mann als Charly Chaplin verkleidet macht Faxen und will so einige Rupien verdienen.

Das Essen ist mehr schlecht als recht. Es spielt keine Rolle, denn ich bin so was von müde, und bald nehmen wir eine Fahrrad-Rikscha für die 800 Meter zum Hotel. Das kostet umgerechnet fünf Cent.

Ich habe hier ein echt luxuriöses Zimmer, sogar frische Früchte, Süßigkeiten, Knabberzeug liegen bereit. Es bleibt während der Nacht ruhig, bis um 6 Uhr morgens im Flur herumgeschrien wird. Ich erlaube mir so gut es geht auszuschlafen. Nach dem Frühstück fahre ich per Rikscha ins Zentrum zu Chander, der in einem Reisebüro arbeitet. Da besprechen wir meine weitere Reise. Das Ticket nach Varanassi haben wir schnell gebucht. Es scheint schwierig zu sein, ein Zugticket für die Rückfahrt zu bekommen. Also werde ich es dann später vor Ort versuchen.

Es ist immer noch Holy Week, das Fest, wo sich Menschen mit Farben bewerfen oder bemalen. Sogar Tiere werden nicht verschont. Schon zu Krishnas Zeiten kannte man diesen Brauch. Das wird im Norden speziell gefeiert. Darum ist alles voller Farbe, Wände, Straßen, die Menschen, die damit bespritzt wurden. Ich spaziere alleine los, um das Viertel zu erkunden. Während meines Erkundungsmarsches werde ich dauernd von jungen Männern angequatscht. Ach, ich habe das gerade so satt! Ich beschleunige meine Schritte und laufe wie ein blindes Huhn einfach weiter, nur um sie mir vom Hals zu halten und habe plötzlich keine Ahnung mehr, wo ich mich befinde. Ich sehe eine schöne Kirche und flüchte mich hinein. Im Kirchenvorhof gibt es Astern von der Größe von Handtellern, wie ich sie noch nie gesehen habe, und es ist hier ruhig und total friedlich. Mindestens eine halbe Stunde verweile ich in der Stille mit den Anwesenden, bevor ich erholt die Kirche verlasse. Dann lenke ich meine Schritte in Richtung einer goldenen Kuppel und lande beim Eingang in einem größeren Vorhof. Da werde ich gebeten, die Schuhe auszuziehen und den Kopf zu bedecken. Es ist ein Sikhtempel. Wunderbar ist die Stimmung und noch schöner die Musik. Hier sitzen alle einträchtig beisammen. Frauen mit ihren Kindern und Männer nebeneinander. Nach kurzen Ritualen begeben sich Leute in andere Bereiche des Tempels, erhalten draußen Manna in Form von gezuckertem, mit Butter gebundenem Mehl.

Erholt verlasse ich das Gebäude und gelange auf Umwegen zum Coghnut Circle, wo sich das Reisebüro von Chander befinden sollte. Die Straßen sind in Ringform gebaut, haben jedoch eine für mich unlogische Nummerierung, sodass ich den F-Block von Chander nicht finde. Hier gibt es wunderschöne Geschäfte und wieder einen eindrucksvollen Tempel, eine weitläufige Wiese, auf der sich nur Affen tummeln. Ich gehe in eine Kaufhaushalle, doch die ist nicht sehr einladend, und ich verlaufe mich noch gründlicher, dass ich zurück zu Chander eine Rikscha nehmen muss. Die bringt mich durch die verwirrenden Straßenbezeichnungen zum Ziel. Es wären immerhin ganze 2 Kilometer bis dahin gewesen.

Am darauffolgenden Tag besuche ich das Humayuns Grab und sehe einen prunkvollen Rundbau vor mir, der für seine Frau erbaut wurde. Das gesamte Gelände misst 12'000 Quadratmeter, darauf ein riesiger Bau aus Marmor und rotem Sandstein. Alles wirkt sehr gepflegt. Ich genieße Park und Rundsicht. Verwunderlich, was da viele Jahre nach dem Tod eines einflussreichen Mannes noch zelebriert wird, und das nur, damit er unvergessen bleibt. Alles ist kunstvoll verziert. Bestimmt ist eine Unmenge an Arbeitszeit notwendig, um das Gelände in so gepflegtem Zustand zu erhalten. Ein unglaubliches Rattern zerstört die Stille, und ich sehe ein Unding von Rasenmäher, sehr breit, grün, rostig und ziemlich vorsintflutlich herumfahren. Und er funktioniert tatsächlich noch gut. Wenig später begegne ich einem sehr gutaussehenden, kultivierten Inder, der sehr gut Englisch spricht. Wir unterhalten uns eine Weile nett, dann gehe ich weiter. Wenn dieser Mann eine Europäerin zur Frau möchte, ich bin sicher, er hätte gute Chancen, eine zu begeistern.

Aus dem Indien-Forum weiß ich, dass viele deutsche Frauen sich in Inder verlieben, was nicht immer unproblematisch ist. Zu unterschiedlich sind die Mentalitäten.

Nach zähem Verhandeln mit einem Rikschafahrer geht es weiter zum Lotus Tempel, einem Bau in Form einer geöffneten Lotusblüte, der umgeben von Wasser ist. Der Innenraum ist sehr schlicht, ALLES ist aus strahlend weißem Marmor, was Größe vermittelt, aber nicht zum langen Sitzen einlädt, da es auf den Steinbänken keine Kissen gibt. Ich kann mir vorstellen, dass es bei Temperaturen um 40° C sehr angenehm sein dürfte, hier drinnen zu sitzen, doch zurzeit sind es nur etwa 25° C. Die jungen Frauen, die als Aufsicht dienen, laufen in dicken Wollsocken rum, denn Schuhe sind nicht erlaubt. Es ist ein Tempel, der allen Religionen zugänglich ist. Wir werden vor dem Eingang über die hier gültigen Regeln instruiert und dann in Gruppen eingelassen. Gerade singen drei Menschen, jeder eine kurze Lobeshymne, die ich nicht verstehe, deren Klänge jedoch dank der Akustik jeden Winkel füllen. Die Einfachheit des Rituals ist bestrickend und nimmt mich in seinen Bann. Ja, ich empfinde die Klarheit, die hier herrscht, als sehr wohltuend.

Mein Fahrer fragt mich, ob er mich in ein Kaufhaus fahren dürfe. Er erhalte Provision, auch wenn ich nichts kaufe. Zuerst verneine ich, doch Inder lassen sich nie vom ersten Nein abschrecken. Da dieses sich direkt gegenüber vom Saga Hotel befindet, wo ich meine Koffer sowieso abholen muss, bin ich dann doch einverstanden. Es ist tatsächlich ein prächtiges Kaufhaus mit luxuriösen Artikeln, das jeglichem westlichem Kaufhaus den Rang ablaufen würde. Wie gerne würde ich jetzt hier einkaufen, doch ich unterlasse es, denn ich bin ja daran, meinen Haushalt zu verkleinern. Auch die Kleider sind verlockend schön. Ich komme ja vor der Heimreise nochmals nach Delhi. Vielleicht passt es dann, noch etwas zum Anziehen zu kaufen. Nun kommt jemand direkt und strahlend auf mich zu. Es ist der gutaussehende, nette Inder von vorhin, der mich sofort wiedererkennt und mich freundlichst umarmt. Eine echt schöne und unerwartete Begegnung. Er erklärt mir, er sei Fremdenführer und mit seinen Kunden hier und meint:

»Schade, dass Sie die Stadt schon verlassen müssen.«
»Ja, wirklich schade«, antworte ich – oder vielleicht doch besser so? Ich erwähne jedenfalls nicht, dass ich noch einmal zurückkommen werde.

Wenig später lasse ich mich zum Bahnhof fahren. Es geht weiter Richtung Varanasi. Ich bin zwei Stunden zu früh da, doch das kann nicht schaden. Da sitze ich also und betrachte das Gewimmel, habe dabei meine große Tasche und den Rucksack im Griff und im Auge. Ich spiele nebenbei mit zwei süßen Mädchen, deren Mutter und Tante noch einmonatige Zwillinge im Arm haben. Zuerst sind die kleinen Mädchen recht friedlich, doch dann werden sie übermütig und zupfen an mir herum, dass ich sie zurechtweisen muss. Wenn die Inder auf einen Zug warten und in den Wagen mit nicht reservierten Sitzen einsteigen wollen, bilden diejenigen für die normalen Abteile einen großen Haufen und kleben förmlich aneinander. Wenn der Zug da ist, gibt es ein beängstigendes Geschiebe, Stoßen und Gerangel um den Platz. Ich bin sehr froh, einen reservierten Schlafplatz zu haben. Keine Ahnung, wie ich es geschafft hätte, mit meinem Gepäck in ein nicht reserviertes Abteil einzusteigen, denn auch so wird es für mich ein Kraftakt. Glücklicherweise sind die Waggons so gut beschriftet, dass ich mein Abteil sofort finde.

Wieder fährt der Zug pünktlich ab. Ich teile mein Sechserabteil mit einem frisch vermählten Paar. Die Verliebtheit steht ihnen ins Gesicht geschrieben. Beide haben sehr ausgewogene, schöne Gesichtszüge und erscheinen mir wie aus einem Märchen. Die Frau ist wie eine Prinzessin gekleidet. Das schöne Kleid ist pink und mit goldenen Stickereien verziert. Sie hat wunderschönes langes Haar, das vorher von einem herrlichen rosaroten Schleier bedeckt war und erzählt mir, sie habe es seit 8 Jahren nicht mehr geschnitten. Netterweise teilen sie ihre Süßigkeiten und Früchte mit mir. Ein Mitreisender, der sich neben mich gesetzt hat, liest stoisch auf meinem Bett sitzend seine Zeitung.

Da kommt ein Bahnangestellter und fragt: »Breakfast? Five o'clock« Ich denke natürlich an fünf Uhr morgens und bestelle Kaffee und Brötchen, und eine Stunde später, nämlich um 17 Uhr, wird es mir serviert. Das Nachtessen um 22 Uhr lasse ich dann wohlweislich aus.

Wir fahren durch grüne Landschaft und kleine Dörfer, und einen Moment lang sehe ich die glühend rote Sonne am Horizont über einem kleinen Gewässer. Es sind vielleicht zwei Sekunden, aber sie war zum Greifen nah. Nun wird es schnell dunkel. Mich überfällt Müdigkeit, und ich frage meinen Sitznachbarn, ob er sich bitte nach oben in sein Bett begeben könne, damit ich mich für die Nacht einrichten kann. Wir haben zwei frische Leintücher, ein Kissen, eine Decke und ein Frottiertuch für die Nacht erhalten. Sicherheitshalber binde ich jetzt meinen Koffer und Rucksack am Bett fest. Nicht, dass ich meinen direkten Nachbarn nicht trauen würde. Es gibt aber immer wieder Leute, die vorbeigehen, und warum sollte ich etwas riskieren? Ich habe meine große Tasche gegen eine kleinere eingetauscht und habe Dreiviertel des Gepäcks bei Chander zurückgelassen. Warum ausgerecht jetzt ein anderer Sitznachbar seine Musik auf volle Lautstärke stellt, ist mir ein Rätsel. Es scheint niemanden außer mir zu stören, keiner meckert. Diesmal brauche ich die Ohrstöpsel wirklich, und es gelingt mir, ein wenig zu schlafen.

Um 3 Uhr morgens werde ich unruhig. Ich habe keine Ahnung, wann genau wir ankommen werden. Der Zug hält immer mal wieder an einer Station, also steige ich kurz aus und frage bei einem Schaffner nach. Er sagt, dass wir um 5 Uhr in Varanasi sein werden. Ich lege mich nochmals aufs Ohr und erwache kurz vor 5 Uhr. Es wird 6.30 Uhr, bis wir ankommen.

Meine Indienreise nähert sich dem Ende, und ich habe mir für den Abschluss die intensivste Stadt ausgesucht. Es ist die älteste und heiligste Stadt Indiens, und das spüre ich. Die Energien sind stark und überwältigend.

Varanasi

Früher bekannt als Benares gilt Varanasi als die heiligste Stadt Indiens.

Ich werde am Bahnhof abgeholt und direkt in die Pension gefahren. Während der Fahrt quasselt mich der Taxichauffeur voll: »Sie müssen aufpassen, nicht übers Ohr gehauen zu werden. Besonders in Stoffgeschäften werden viele Stoffe als Seide angeboten, dabei sind die Stoffe synthetisch, aber so gut nachgemacht, dass man es kaum merkt. Gehen Sie nur in Government Shops. Ich stehe Ihnen auch am Nachmittag zur Verfügung. Mit mir sind Sie sicher.« Dann erfahre ich von ihm, er mache auch Führungen. Er zeigt mir ein Buch mit zufriedenen Kundenstatements. Das scheint in Indien eine Masche zu sein, die funktioniert. Es folgen weitere Warnungen und Anpreisungen seinerseits ohne Ende. Ich möchte gar nichts mehr hören, bin sehr erschöpft und wimmle ihn, kaum bin ich ausgestiegen, ab. Ich will endlich mein nächstes Bett sehen.

Das Sahi River Guest House befindet sich am hintersten, dem Assi Ghat. Gemäß Jürgen ist es das angenehmste und ruhigste und die Pension gemütlich und sauber. Der Besitzer Mr. Sahi begrüßt mich freundlichst. Ich fühle mich willkommen und fast sofort zu Hause in dem kleinen und so liebevoll ausgestatteten Haus. Als erstes genieße ich ein leckeres und ausgiebiges Frühstück, mit Blick auf den Ganges, da mein Zimmer erst um 11 Uhr bezugsbereit ist. Vor dem Guesthouse stehen einige niedrige Bruchbuden und Steinhaufen, weil die Straße neu gebaut wird. Frauen werden als Steinträgerinnen eingesetzt. Dann liegen oder stehen überall heilige Kühe herum, die direkt vor dem Hotel ihren Fladen hinterlassen. »Pass auf, wo du hintrittst«, gilt für alle.

Zum Glück werden die Fladen dann eingesammelt. Sie dienen der Weiterverarbeitung zu Ziegeln, Mauerschmuck, ja sogar richtig schöne Reliefs entstehen daraus. Der Rest wird als Brennmaterial verwendet.

Endlich ist mein Zimmer bereit, doch das Geschehen auf dem Ganges und der Lärm halten mich wach. Auf dem Fluss, Mamma Ganga wird er genannt, wimmelt es von Booten. Von meinem Balkon könnte ich dem Geschehen stundenlang zuschauen, ohne mich zu langweilen. Ich befinde mich in sicherer Distanz und bleibe unbehelligt. Doch obwohl ich wirklich müde bin, stehe ich nach einer Stunde wieder auf, um mir diese Umgebung und das quirlige Geschehen aus der Nähe anzusehen. Also spaziere ich den Ghat entlang. Die Ghats, es sollen an die 100 sein, sind längliche Steinstufen, sogenannte Badetreppen, am Ganges entlang. Man stelle sich vor:

Auf der untersten Stufe stehen Menschen ganz oder bis zu den Hüften im Wasser. Sie waschen sich oder ihre Wäsche im Ganges. Gleich daneben erledigen einige ihre Notdurft. Auf den höheren Stufen sind Kinder und Verkäufer von Seelenschiffchen, Kerzen, Hüten, Schirmen. Weiter oben Rikschafahrer, die Kunden hier abfangen und Bootsbesitzer oder ihre Helfer, die einem eine Bootsfahrt schmackhaft machen wollen. Ich empfinde die Vielfalt und das Chaos faszinierend und anstrengend zugleich.

Während meines Aufenthaltes sehe ich unzählige Tauf-, Verbrennungs-, Reinigungs- und Anbetungsrituale, denn es ist die Zeit des Shiva-Festes. Es übersteigt fast jegliches Vorstellungsvermögen, was da alles los ist. Ich bin froh, im hintersten, ruhigen Ghat zu wohnen.

Man sieht hier sehr viele Ausländer, besonders junge Europäer, und viele erlebe ich total im Banne dieser Stadt. Aussteiger, Künstler, Tramper. Einigen sieht man an, dass sie sich schon länger hier niedergelassen haben. Dann die vielen Sadhus, die selbsternannten Heiligen oder Priester, die zu speziellen Festen hierher pilgern. Eine Vielzahl Inder pilgert für eine besondere Angelegenheit zum Ganges. Benares/Varanasi ist das beliebteste Ziel für spirituelle Erfahrungen oder eine Beerdigung. Man erhofft sich wohl dort den direkten Zugang zum Paradies.

Kurz nach dem Eindunkeln gehe ich zurück in die Pension, genehmige mir einen Chai und lege mich schlafen. Jetzt ist es erstaunlich ruhig geworden. Schon um fünf Uhr morgens geht es dafür wieder los. Jeden Morgen werde ich geweckt von Gesängen oder vom Geschrei der Menschen, aber auch von Rabengekreisch und Motorenlärm der Boote oder deren Brummen.

Der Ganges ist eine dunkel grün-gelb-braune Brühe, und scheint heute dunkler als gestern zu sein. Grund ist der graue Himmel. Bei dieser riesigen Bandbreite der Aktivitäten ist auch kein klares Wasser zu erwarten. Für mich einfach überwältigend und kaum zu glauben, dass neben den üblichen Reinigungssituationen die Leichen als letzte Segnung vor der Verbrennung hinein getaucht werden. Kühe baden darin, Menschen stehen meditierend und betend im Wasser, und direkt daneben erleichtern sich andere. Ein anderer putzt sich mit demselben Wasser seine Zähne, die Mutter wäscht ihre Wäsche und den Po ihrer Kinder. Zu alledem sind die Abwasserkanäle offen und schieben noch einen Rest der Häuserschlacken ins Wasser. Es ist grausig! Wie durch ein Wunder scheint Mutter Ganga kaum Kolibakterien zu enthalten, denn die Leute sind erstaunlich gesund, auch wenn sie mit diesem Wasser in Kontakt sind. Es soll hier ab und zu Fluss-Delfine haben, doch ich spüre ihre Anwesenheit nicht. Die Energie ist viel zu dicht. Was ich hier in Varanasi erlebe, ist eine wahrhaftig gelebte Beziehung zum Tod und Leben. Ich sehe, wie große Holzstöße für die Feuerzeremonien vorbereitet werden. Beim Nachmittagsbummel erlebe ich, wie die Toten in herrlich golden oder orangefarbigem Alu verpackt durch die Stadt transportiert und dann auf einen für sie bestimmten Holzstoß geladen werden, um verbrannt zu werden.

Eine kleine Bootsfahrt am Abend ist sehr eindrucksvoll. Wir werden nahe an einen der größeren Zeremonienplätze und an die Feuer herangefahren. Ich sehe sogar noch ein Paar Füße herausragen, was mich jedoch ziemlich gleichgültig lässt. Ich werde von einem Mann angesprochen, der mir erklärt, dass viele Menschen nach Varanasi kommen, um zu sterben. Manche kommen alleine und begeben sich in ein Sterbehaus. Es sind fremde Menschen, die sie dann bis in den Tod begleiten und für die ordnungsgemäße Feuerbestattung sorgen. Das nennt man in Indien Bhakti Yoga, barmherziger Dienst am Nächsten. Auch das ist für die Inder ein Weg zur Karmabefreiung.

Am nächsten Tag besuche ich die Universitätsstadt. Sehr schöne Häuser und Gärten, die ein besinnliches Leben ermöglichen. Es gibt separat ein Frauen-College, wo Kunst, Archäologie, Sprachen und vieles mehr gelehrt werden. Es wurde mir gesagt, dass etwa 10'000 Studenten und Studentinnen hier wohnen. Besonders interessant finde ich, dass es am anderen Ende der Stadt eine Sanskrit Universität gibt.

Am vorletzten Tag unternehme ich einen Ausflug mit einem jungen Paar aus China, die in Mumbai Hindi lernen und für ein Studentenaustausch-Programm hier sind. Sie sprechen mich beim Frühstück an, ob ich mit ihnen zehn Kilometer außerhalb von Varanasi einen Buddhistischen Tempel besuchen wolle. Da der junge Chinese Hindi spricht, hat er einen guten Preis für die Fahrt ausgehandelt. Zuerst sehen wir den Ort, wo Buddha seine fünf ersten Schüler gefunden haben soll. Es ist ein Bollwerk aus Backstein auf einem Hügel, von dem man einen sehr schönen Ausblick hat. Wir treffen im Buddhistischen Tempel der Chinesen einen Mönch, der uns erzählt, er sei zu Fuß von China nach Indien gewandert. Inzwischen lebe er alleine in diesem kleinen Kloster. Er könne auch nicht mehr zurück nach China, da er ein kaputtes Bein und kein Geld habe. So freut er sich riesig über unseren Besuch und erzählt gerne noch mehr von sich. Es sei eine Ehre für ihn, hier zu sein, wo Buddha seine erste Predigt nach der Erleuchtung gehalten habe. Genügsamkeit und viel Ruhe strahlt er aus. Ja, eine besondere Energie ist hier spürbar. Ganz anders als in Varanasi. Als ich meine Hände zum Abschied in die Seinen lege, sehe ich Tränen in seinen Augen, und er segnet mich. Auch ich bin zutiefst berührt von dieser schönen Begegnung.

Danach besuchen wir einen japanischen und dann einen tibetischen Buddhistentempel. Wir dürfen auch in den Tibeter Tempel hinein, und ich genieße einen der schönsten und friedlichsten buddhistischen Tempel seit langem. Nicht nur strahlen die Figuren eine göttliche Ruhe aus, auch der Tempel selbst ist erfüllt von einer sanften Schwingung. Ein junger Mönch rezitiert, ohne uns zu beachten, heilige Texte, und seine Worte fließen wie reichhaltige Tropfen in die Wellen dieser Energien. Wir sind die einzigen Anwesenden.

Was ich hier fühle, geht tiefer als alles, was ich in den indischen, hinduistischen Tempeln erlebt habe. Oft ist Andersgläubigen der Zutritt zum Innersten des Tempels verwehrt. In großen Tempeln sorgt ein Polizeiaufgebot dafür, dass viele Verbote eingehalten werden. In diesen so kontrollierten Tempeln herrscht die Angst vor Anschlägen der Muslime. An solchen Orten bleibe ich möglichst geerdet und neutral, was wir *Stabilität halten* nennen. Ich durfte feststellen, dass eine solche Haltung viele Situationen beruhigt hat.

Das anschließende Essen in einem ganz einfachen, tibetischen Restaurant, wo Chinesen und Tibeter einander problemlos begegnen, strahlt ebenfalls eine friedliche Atmosphäre aus. Wir haben den Fahrer eingeladen, mit uns zu essen, was nicht die Regel ist. Er erzählt, er sei von einem Amerikaner, der jeweils einen ganzen Monat in Varanasi verbringt, jedes Jahr als Fahrer berücksichtigt worden. Dieser habe ihm beim zweiten Besuch 200'000 Rupien gegeben, damit er sich diese Rikscha kaufen konnte. Also steht er ihm nun jedes Mal zur Verfügung. Jetzt verstehen wir, warum er so gut englisch spricht. Ich denke kurz an Hampi zurück. Vielleicht hätte ich Guru finanziell auch mehr behilflich sein können? Am Ende der Reise ist man meistens schlauer.

Auf der Rückfahrt entdecke ich, dass der Rikschafahrer meinen Aufkleber von Krishna einfach an sein Fenster geklebt hat. Ich hatte ihm diesen auf Wunsch gezeigt und nicht sogleich zurückverlangt. Auf meine Frage, warum er das getan habe, meint er in kindlicher Manier: »Der hat mir so gut gefallen und passt doch ideal auf mein Gefährt.« Ich bin im Moment ziemlich perplex.

Letzter Tag. Endlich kann ich mich aufraffen, um 6 Uhr morgens, also vor Sonnenaufgang, rauszugehen. Heute ist es ungewöhnlich ruhig und die Stimmung wettermäßig ein wenig düster. Tatschlich habe ich drei Anläufe gebraucht, habe mich drei Mal umgedreht, und wollte jedes Mal weiterschlafen. Etwas hinderte mich daran. Der bequeme Teil wurde vom abenteuerlichen, der meckerte, übertrumpft und es blieb mir nichts anderes übrig als aufzustehen und dann gab's kein Halten mehr.

Es kostet mich auch jedes Mal Überwindung, die ruhigen schützenden Mauern meiner Pension zu verlassen. Sofort werde ich von irgendwelchen Verkäufern, Reiseführern oder von Bootsführern verfolgt, von Rikschafahrern angesprochen. Das braucht gute Nerven, erst recht vor dem Frühstück. Auch Kinder folgen mir, die Lichter verkaufen wollen, die man dann brennend auf das Wasser legt. Nachdem ich mich für einen Bootsführer entschieden habe, besteige ich eines der kleinen Boote. Einige hundert Meter weiter sehe ich die jungen Chinesen, mit denen ich am Vortag in den Tempeln war, am Ghat spazieren. Der Bootsführer winkt ihnen zu und erklärt mir, er habe sie bereits gestern Abend herumgefahren. Wahrlich ein lustiger Zufall und als sie mich sehen, steigen sie mit ins Boot. Sofort wird unser Bootsführer von den Konkurrenten beschimpft, weil er sich bereits außerhalb seines Reviers Kunde auflädt.

Eine Bootsfahrt auf dem Ganges, egal um welche Zeit, ist etwas ganz Besonderes, weil man vom Wasser aus alles noch besser betrachten kann und auch die schönen Gebäude vorbeiziehen sieht. Jeder Tourist macht mindestens einmal eine solche Fahrt mit. Andere Boote sind mit Indern auch für Rituale unterwegs. Heute erwartet uns unverhofft ein spezielles Erlebnis. Nach einigen Minuten wird der graue Himmel auf der einen Seite ganz dunkel. Ich traue meinen Augen nicht, denn es sind tatsächlich schwere Gewitterwolken. Auf der einen Seite wird der Mond zugedeckt, und auf der gegenüberliegenden Seite beginnt die Sonne, die kurz vorher aufgegangen war, ebenfalls zu verschwinden. Der vom Wind aufgewirbelte Sand, der in der Luft hängt, färbt sich, noch von der Sonne durchdrungen, golden. Es ist ein äußerst ungewöhnliches Bild, auf der einen Seite die beleuchteten, hellen Wolken, auf der anderen die schwarze Wolkenwand. Dort tobt schon ein Gewitter, und es folgen große Blitze, welche die ganze Stadt erleuchten. Nun beginnt es sehr heftig zu regnen. Es wäre gefährlich, auf dem Wasser und ungeschützt im kleinen Boot zu bleiben. Wir retten uns in das naheliegende Ghat. Es war per Zufall eines der Burning Ghats. Wir finden einen Unterschlupf, in dessen unmittelbarer Nähe zuvor eine Leiche verbrannt wurde Ein lebleos wirkender Mann liegt neben den Resten des Feuers am Boden und merkt nichts vom Unwetter. Wenig später ziehen ihn die andern Männer zu uns unters Dach. Er ist stockbetrunken und war bei der wärmenden Glut eingeschlafen. Wir warten zusammen mit unzähligen Hunden und den Männern, bis das Gewitter vorbeigezogen ist.

Die beiden Chinesen bleiben auch danach bei mir, und so spazieren wir, als der Regen nachgelassen hat, Richtung Hotel. Wir kommen an einem Zelt vorbei, das gegen den Ganges den Blick frei gibt. Darin sitzt ein Sadhu, der uns hereinruft. Er hat lange Rastazöpfe und ist am Oberkörper mit irgendwelchen Farben bemalt und nur mit einem Lendenschurz bekleidet. Das kleine Zelt ist mit Teppichen ausgelegt, ein kleines Feuer brennt in der Mitte, und seitlich befindet sich ein Gaskocher. Er kocht für uns Milch mit Kaffee und sitzt in stiller Andacht einfach mit uns zusammen. Als er einige Sätze mit uns wechselt, bemerken wir, dass sein English recht gut ist. Wenig später setzen sich vier andere Männer zu uns und beginnen zu plaudern. Einer dreht einen Joint, den sie gemeinsam rauchen. Wir verbringen eine halbe Stunde in angenehmster Gesellschaft. Unangenehm ist, dass der Wind den Rauch des Feuers und der Pfeife immer in meine Richtung bläst, bis ich selbst wie ein rauchendes Etwas rieche. Nachdem man uns nach Geld aus unserem Land gefragt hat, was ich leider auf mir trage, bietet mir der Sadhu für den nächsten Tag an, mir eine Kette mit einem Mantra zu schenken, doch ich müsse zuerst duschen und rein sein. Da ich heute abreise, wird nichts daraus werden. Außerdem begleitet mich das Mantra aus dem Anand Ashram, das ich auf meinem Handy aufgenommen hatte. »Ohm Sri Ram Jai Ram Jai Jai Ram«.

Vieles von der Feierlichkeit und den Meditationen am und im Wasser wirkt in mir nach. Spürbar in der Luft schwingt die Hingabe vieler Menschen, die hoffen, mit Ritualen sich selbst, Trost oder Erleuchtung zu finden.

Es bleibt noch genügend Zeit, vor dem Mittagessen in die kleine Buchhandlung neben meiner Pension zu gehen und mich nach Mira zu erkundigen, die eine Geliebte von Krishna war. Ich finde zwei Bücher über sie. Satjamira ist mein spiritueller Name, den ich in einer Gruppenmeditation geschenkt bekam. Das eine Buch heißt: »Mirabai, the emancipated women«. Sie war zwar verheiratet und liebte Krishna über alles. Er war sowieso ein Frauenliebling. Also begann sie, die Verehrung in Form von Poesie niederzuschreiben und sich vermehrt der Spiritualität zu widmen. Sie ist neben Rada, der Frau von Krishna, eine wichtige Frau in seinem Leben gewesen.

Nun habe ich auch eine Verbindung zu meinem spirituellen Namen gefunden, von dem ich nicht gewusst hatte, was »mira« genau bedeutet.

Am Nachmittag besuche ich mit Jenny, die ich im Buchladen kennengelernt habe, das Museum von Varanasi. Drei volle Stunden können wir dort verweilen und uns satt sehen. Wunderschöne Miniaturen, Statuen aus diversen Tempeln, Brautschmuck und andere Ornamente, sowie beeindruckende Bilder von Anneliese Bogner. Diese lebte viele Jahre in Varanasi und konnte sich sehr tief in die Energie der indischen Tänze einfühlen und die Figuren danach modellieren. Einem Tänzer hat sie durch ihre Skulptur zu Ruhm verholfen. Nachdem die Menschen diese gesehen hatten, wollten viele den Tänzer erleben.

Außerdem hat sie ein sehr schönes Triptychon von der Schöpfung gemalt. Darauf sind Vishnu/Brahma/Shiva abgebildet. Vishnu verwirklicht das schöpferische Element. Brahma ist der Gott, der in allem wohnt und für die Zerstörung steht Shiva. Diese drei Bilder enthalten so viele Symbole und Geschichten, dass man sich einen ganzen Tag damit befassen könnte. Alice Bogners visionäre Kunst erinnert mich an die Bilder von Emma Kunz, die mit der göttlichen Geometrie sehr vertraut war. Zurück in meinem Guesthouse entdecken wir neben dem Aufgang zu unserem Hotel eine Plakette: Alice Bogner Institute. Ich erfahre jetzt, dass sie dort gelebt hat. Wieder ist festzustellen, wie gewisse Seelen automatisch an dieselben Orte geleitet werden.

Heute um 19 Uhr startet meine Rückreise per Zug, die wieder zwölf Stunden dauern wird. Sicherheitshalber bin ich wieder zwei Stunden vorher am Bahnhof und obwohl wir fast pünktlich abfahren, erreichen wir New Delhi erst mit fünf Stunden Verspätung, also gegen Mittag. Ich hatte vorgesehen, am Tag der Ankunft noch Agra und den Taj Mahal zu besuchen, was ich deswegen auf den nächsten Tag, dem Tag meiner Heimreise in die Schweiz, verschieben muss. Entgehen lasse ich mir diesen absoluten Glanz- und Höhe-

punkt nicht. Nach einer kurzen Erholung im Hotel beschließe ich, das Red Fort zu besuchen, das 1639 erbaut
wurde und inzwischen dem Weltkulturerbe angehört. Es
diente als Festung und als Palastwohnsitz der Mogulen.
Interessant ist die Halle mit dem riesenhaften Thron, wo
jede Woche eine Audienz stattfand und sich die Bürger der
Stadt beim Mogul beklagen oder Rat holen konnten. Im
Areal gibt es ein schönes Badehaus, mehrere Wohnbauten
und auch einen schönen Pavillon, der den Bewohnern des
Forts Unterhaltung wie Konzerte, Theater und anderes bot.
In der Neuzeit wurde es zum Teehaus umfunktioniert, also
gönne ich mir, weil es zu regnen anfängt, einen Tee mit
Süßigkeiten und erlaube mir, mich zu entspannen.

Am Abend schaut Chander im Hotel vorbei. Wir lassen
uns ein Bier ins Zimmer bringen, denn außer in Bars und
Luxushotels bekommt man in Indien keinen Alkohol. Mit
einem einfachen Essen in einem chinesischen Restaurant,
das nur aus zwei Tischen besteht, gleichzeitig Reisebüro und
Ticketverkaufsstelle ist, lassen wir es uns schmecken. Tüchtig, wie die Chinesen halt sind, planen sie und lassen jedoch
die Inder für sich arbeiten.

Chander teilt mir mit, dass meine Reise für morgen organisiert sei und ich einen geschäftseigenen Wagen mit
Chauffeur für den Ausflug haben werde. Das sei für mich
bequem und sehr sicher. Ich freue mich auf morgen und
verabschiede mich von Chander mit einer herzlichen Umarmung.

Taj Mahal

Heute heißt es um 5.30 Uhr aufstehen. Ich werde also von
einem Privatchauffeur, der weiße Handschuhe trägt, empfangen. Die Reise im sehr bequemen Personenwagen, dessen Polster mit einem weißen Stoff bezogen sind, kann los-
gehen. Der junge Mann ist sehr freundlich und hilfsbereit,
fährt sicher und ruhig. Er spricht sehr wenig English, trotzdem fühle ich mich gut aufgehoben. Nach einem kurzen

Kaffeehalt treffen wir um 11 Uhr in Agra ein. Ich stehe mir selbst überlassen vor dem ersten Eingang.

Auf dem Weg zum Haupteingang des Taj Mahal Geländes werde ich noch auf Schritt und Tritt von lärmenden und mir lästigen Verkäufern oder Reiseführern bedrängt. Sobald ich meinen Eintritt erstanden habe und durch das Haupttor des mittleren Bereiches hindurch bin, verändert sich die Energie schlagartig. Es wird ruhiger. Alles scheint sich zu verlangsamen. Eine andächtige Stimmung ergreift mich schon, als ich den ersten Anblick des herrlichen Bauwerks erhasche. Es ist, als würde ich auf eine andere Ebene katapultiert. Vielleicht ist das der Grund, dass ich von nun an unbehelligt von Fotografen und Fremdenführern bin, als wäre ich unsichtbar. Gleichzeitig fühle ich mich spürbar verbunden mit all den Menschen, die dieses Wunderwerk geschaffen haben und denjenigen, die es jetzt bewundern. Keine Menschentrauben, sondern überschaubare Gruppen lassen viel Raum und freie Sicht auf das Wunderwerk. Die Ausdehnung meiner Energiekörper, die Herzöffnung, die ich erlebe, ist so groß, dass es mir vorkommt, als würde ich das ganze Gebäude in meinem Herzen aufnehmen können. Ich bin vollkommen von Glück und Liebe durchströmt. Es wird spürbar, dass dieses strahlende Mausoleum zu Ehren von Mumtaz Mahal (was Juwel des Palastes bedeutet), eine über alles geliebte Frau, erschaffen wurde.

Das jungfräulich weiße Marmordenkmal, das durchscheinend wirkt und wunderbar ziseliert ist, wirkt wie ein Gebäude aus einem anderen Universum. Zuvor noch war der Himmel bedeckt, und es schien eingebettet in die Wolkengebilde und sich in der Landschaft aufzulösen, und jetzt, eine halbe Stunde später, kommen die ersten Sonnenstrahlen durch, der Himmel wird blau, so dass es in allerschönster Pracht leuchtet. Am Vortag hatte es immer wieder geregnet, und der Himmel war grau gewesen. Dank der Verschiebung um einen Tag profitiere ich nun von idealen Wetterbedingungen.

Im Inneren ist die Architektur ausgewogen und in perfekter Harmonie. Auch der Sarkophag strahlt in der Reinheit einer Jungfrau. Hier drinnen bin ich eine gute Weile lang ganz alleine und werde eins mit dem Gebäude. Ich atme diese hohe Schwingung ein und genieße die Wirkung, die mich euphorisch werden lässt. Nur zögernd begebe ich mich nach draußen und zur Rückseite des Denkmals. Dort schaue ich in die Weite, sehe einen Fluss und eine wenig bebaute Landschaft befinden.

Beflügelt von diesem Erlebnis, schwebe ich in einer Art Glückseeligkeit (meine Wortschöpfung für glückliche Seele) die Treppen in den Park hinunter, schaue mir noch ein Seitengebäude an, lasse mich vor dem Denkmal fotografieren. Fast zu schnell ist die Zeit vergangen.

New Delhi

Ich muss wieder Richtung Delhi respektive zum Flughafen, um den Heimflug zu erreichen. Die 200 Kilometer bis zur Stadt bringen wir zügig hinter uns, doch eingangs New Delhi beginnt ein Riesenstau. Ich werde immer unruhiger, je länger wir im Stau stehen. Ich verspüre einen immer stärker werdenden inneren Druck und schaue alle paar Minuten auf die Uhr. Als wir ankommen, beeile ich mich, in die Abflughalle zu kommen. Doch verflixt nochmal, da steht nirgends Mumbai auf der Abflugtafel, und ich stelle entsetzt fest, dass ich am falschen Flughafen bin. Der Chauffeur hat mich zum Internationalen Flughafen gefahren, obwohl ich einen Inlandflug habe. Es ist dasselbe Problem wie bei der Ankunft, nur dass jetzt die Zeit immer knapper wird. Ich kann dem Reisebüro keinen Vorwurf machen, da die ja glaubten, ich würde direkt in die Schweiz fliegen. Also nichts wie raus. Verzweifelt suche ich ein anderes Taxi, um mich zum dreißig Kilometer entfernten National Airport zu fahren und wieder stehen wir im Stau. Ich durchlebe die ganze Palette möglicher Ängste und Panik. Prompt verpasse ich den Flug von Delhi nach Mumbai. Der nächste sollte planmäßig eine

Stunde später fliegen, hat jedoch eine zusätzliche Stunde Verspätung. Es würde also sehr knapp werden, den Langstreckenflug noch zu erreichen. Ich bin bereits ein Nervenbündel und fühle mich gehetzt. In Mumbai angekommen, dauert es zu allem anderen hin noch ewig, bis ich mein Gepäck habe, da ich es nicht durchchecken konnte. Eine halbe Stunde vor dem Abflug nach Zürich schließt das Gate, und ich habe keine Chance mehr, meinen Flug zu erreichen. Ich verpasse dadurch meinen Heimflug und fühlte mich hilflos und ausgeliefert wie schon lange nicht mehr. Wenn ich also noch vor Stunden total abgehoben war, lande ich nun wieder hart auf dem Boden der Wirklichkeit. Der Angestellte der Fluglinie will mir erklären, es sei mein Fehler, wenn ich den Flug verpasst hätte. Dass der Inlandflug Verspätung hatte und mein Koffer nicht rechtzeitig, sondern als letzter auf dem Förderband erscheint, dafür trage ich wohl kaum die alleinige Verantwortung. Alsbald erbarmt er sich meiner und bietet mir als Alternative in derselben Nacht einen Flug nach Frankfurt an. Um direkt nach Zürich zu fliegen, müsste ich drei Tage länger hierbleiben. Drei Tage alleine in Mumbai, das will ich wirklich nicht, sondern nur noch heim. Ich verbringe die Nacht im Flughafengebäude und werde zusehends ruhiger. Mit dem Flug nach Frankfurt klappt alles. In den europäischen Gefilden löse ich mein Ticket nach Zürich. Leider wählt die Angestellte einen Flug, bei welchem der Weg zum Gate sehr knapp berechnet ist. Da der Flughafen riesig ist, muss ich mich sputen. Ich dränge mich bei den Kontrollen verzweifelt vor und treffe zum Glück auf verständnisvolle Mitmenschen. Eine Minute, bevor der Schalter des Gates geschlossen wird, schlüpfe ich durch die letzte Kontrolle. Geschafft!

Alles läuft danach glatt. Liebevoll schaue ich auf Zürich hinunter. Ja du hast mich wieder.

Ich konnte mir in Delhi regelrecht zuschauen, wie ich rotierte und wie alle vernünftigen Gedanken, es ruhig anzugehen nichts nützten. Die verzweifelte Hoffnung, es in der Zeit noch zu schaffen, schüttete literweise Adrenalin aus und noch mehr, wenn ich daran dachte, eine alternative Lösung finden zu müssen. Ich fühlte mich, als ginge es ums Überleben. Seltsam, wusste ich doch genau, dass ich so oder so irgendwann zu Hause sein würde. Also warum diese Panik und Hetze? Vielleicht brauchte ich das, um wieder ganz in meinem Körper zu landen und mich so auf das Leben zu Hause vorzubereiten. Was da auf mich wartete, war ja dann auch nicht ganz ohne. Auf der Reise hatte ich den inneren Slogan: »Ich bin in jedem Moment geschützt und im Vertrauen.« Tatsächlich ist mir nichts widerfahren, mit dem ich nicht hätte fertig werden können, weder des Nachts auf Busbahnhöfen, wo es offensichtlich gefährlich sein kann, noch anderswo. Andere Frauen wurden belästigt, angegrapscht oder bestohlen, wie ich erfuhr. Bei einer Europäerin wunderte ich mich nicht darüber, weil wir meistens irgendwie auffallen.

Die junge Blondine im sehr knappen Top beklagte sich bei mir: »Die Inder sind unmöglich. Die lassen mich nicht in Ruhe und machen obszöne Bemerkungen oder Angebote.«

Ich antwortete: »Du forderst ja die Situation mit deinem Verhalten und deiner Kleidung geradezu heraus. Es ist kein Zufall, dass die Männer auf dich reagieren.«

»Klar, dich grapscht keiner an, du bist ja viel zu alt.«

Es stimmt, die Inder haben Respekt vor älteren Frauen und Müttern. Außerdem obliegt es jeder einzelnen Frau, ob sie sich exponiert oder auffällig, sprich unangemessen kleidet. Beachtet sie die Regeln eines Landes, dann hat sie auch kaum Probleme. Es gibt schicksalhafte Begegnungen mit Gewalttätigkeit. Das weist auf karmische Verstrickungen hin und ganz bestimmt auf das Gesetz der Anziehung, sprich Resonanz.

Meine größten Bedenken vor der Reise waren, wie ich mit der unglaublichen Armut umgehen und dem Elend vieler Kinder begegnen würde. Nicht, dass ich abgestumpft wäre, ein Teil ist Selbstschutz und dann das Wissen, dass Schuldgefühle niemandem nützen. Ich ging auf die endlosen Betteleien nicht ein, insbesondere wenn ich Verstümmelungen sah. Dann sagte mir meine innere Stimme, dass ich mit Mitleid die Tendenz zur Verstümmelung und Quälerei nur fördere. Schreiende Babys oder solche, die apathisch wirken, wecken mehr Mitleid und können dadurch mehr Geld aus den Touristen herausholen. Wenn ich einem Kind etwas gab, war ich sofort umringt von vielen anderen.

Es waren nicht äußere Dinge, sondern innere Anstöße, die mich veranlassten, jemandem etwas abzukaufen, das ich gar nicht benötigte, oder den Kindern zu essen zu geben, wenn ich etwas übrig hatte. Manchmal musste ich über die Gerissenheit mancher Leute und auch Kinder grinsen, denen es gelang, mir ein paar Rupien oder kleine Vermögen abzuluchsen. Ich erkannte auch sehr viel Tapferkeit bei den Menschen, die fast nichts hatten. Da Feilschen an der Tagesordnung ist, war ich ab und zu an meine Grenzen gekommen und unfähig, trotz besseren Wissens um einen angemessenen Preis zu feilschen. Auch das eine gute Möglichkeit, um ein wenig Ego loslassen zu können und aufzuhören, mich über mich selbst zu ärgern. Dann dachte ich wieder an die Gesetzmäßigkeit, dass alles seinen Ausgleich sucht, irgendwo und irgendwann und Gutmütigkeit nicht bestraft werden muss.

Ich habe schon während meiner Reise feinstofflich gesehen und gefühlt, wie ich in Verbindung mit verschiedenen Energiekörpern von Gruppen war. Verbindung fühlte ich ganz stark zur spirituellen Gruppe in der Schweiz und es war, als würden einige mit mir reisen. Bildlich fühlte es sich so an, als würde sich ein Band aus Licht hinter mir befinden, das sich mit jedem Schritt verlängerte. Es war oder ist ein Band aus Bewusstsein von Einheit und Liebe. Ankerpunkt war mein Herz. Damit rundete ich Geschehnisse aus früheren Leben, aber auch aus diesem ab, so dass sich ein Kreislauf bei gewissen Themen schloss, der mich befreite. Da fast alle unsere spirituellen Gruppenreisen über Frankfurt führten, machte es plötzlich Sinn, dass ich diesmal ebenfalls über Frankfurt heimgekommen war. In unserem Leben schließen sich immer wieder Kreisläufe, wenn wir etwas vollenden oder loslassen. Zudem ist Frankfurt eine wichtige europäische Drehscheibe, und wir können von der Energie etwas mitnehmen und auch dort lassen. Nichts ist Zufall, kein Weg, keine Begegnung, kein Umweg und kein Geschehen. Im multidimensionalen Bewusstsein hat alles einen tieferen Sinn, ob wir ihn verstehen, ist irrelevant. Das ist mein Credo, seit ich denken kann. Wenn ich vor der Reise daran gedacht hatte, die spirituelle Gruppe zu verlassen und die Treffen nicht mehr zu besuchen, habe ich doch gefühlt, dass mir während dieser Reise der Gedanke an diese Freunde immer wieder eine starke Stütze war. Ich fühlte mich angeschlossen und als Teil von ihnen und sah keinen Grund mehr, aus der Gruppe auszusteigen. Das Gegenteil war der Fall. Diese Verbindung hat sich wieder vertieft.

Im Nachhinein bin ich tief erfüllt und zufrieden mit mir. Ich habe diese sechs Wochen gemeistert, viele Ängste überwunden, mir in vielen Situationen zu helfen gewusst und so viel Schönes erleben dürfen. Viele Freunde haben mich dafür bewundert. Tatsache ist, dass ich mich oft von feinstofflichen Helfern umgeben fühlte, und sehr oft kamen sie in Form von sehr hilfsbereiten Menschen auf mich zu. Sehr weise Menschen getroffen zu haben, die durchdrungen waren vom Göttlichen, brachte mich meinem Kern näher. Sie brachten etwas in mir zum Klingen. Ihre Einfachheit, Demut und ruhige Ausstrahlung hatten mich umarmt. Nun bin ich erst recht davon überzeugt, dass Indien ein Teil meiner inneren Heimat ist, doch den Ruf, dort zu bleiben, verspürte ich nicht mehr.

13 VIELES KLÄRT SICH

BITTERE ERKENNTNIS – ODER AUCH NICHT?

Nun hatte ich erkannt, dass Indien mir keine Zukunft bieten wird.

Viele Fragen waren offen:
    -Was wird meine zukünftige Arbeit sein?
    -Was ist das Beste für unsere Beziehung?
    -Wie stark will ich noch Teil der Gruppe sein?
    -Wie lange kann ich mir mein Haus noch leisten?

Ich hatte die Arbeit beim Berufsverband aufgegeben. Es schien abwegig, mich für die Institutionalisierung eines Heilberufes einzusetzen, wenn ich selbst immer unabhängiger von einengenden Strukturen wurde.

Zu Hause angekommen, sah es zuerst nach einem schönen Beginn unserer Beziehung aus. Kuno hatte sich rührend um alles gekümmert. Die Katzen waren wohlauf, der Garten gepflegt und das Haus sauber. Er wirkte auch glücklich, mich wieder zu Hause zu haben und schien ganz aufgeregt, mir alles zeigen zu können. Die Freude währte leider nicht lange. Denn kaum konnte er mir wieder die Verantwortung für alles überlassen, zog er sich in sich zurück und war nicht mehr ansprechbar.

Er sprach so oft von Wahrhaftigkeit, dass ich begann, sie in unserer Beziehung zu suchen. Was ich fühlte, war Verbundenheit, doch wodurch und auf welcher Ebene? Sehr oft schien er weit weg zu sein, driftete ab in seine Welt der Musik, des Komponierens, des Philosophierens über dieses oder jenes Thema. Vieles, worüber er nachdachte und sprach, klang utopisch. Ich bekam immer häufiger den Eindruck, dass es ihm an Durchsetzungsvermögen fehlte, da ich ihn bei einigen Projekten auf den Boden der Realität ziehen musste. Es war wirklich wie verhext. Er begann ein Projekt, das positiv klang, und dann brachte es ihm meistens Verluste ein. Es wurde für ihn und auch für mich unerträglich, weil er seine Versprechungen nicht einlöste, seine Pläne nie aufgingen, und weil er finanziell von mir abhängig war. Wenn ich ihm Anregungen gab, konnte er sie nicht annehmen. Mir war, als müsste ich einen Ballon, der versuchte, weg zu schweben, an einer Schnur am Boden festhalten. Es wurde immer anstrengender für mich. Gar keinen Erfolg hatte er, wenn er sich auf ein Stellenangebot bewarb. Wegen seines Drogenkonsums kippte seine Gemütslage ständig von einem Extrem ins andere, und oft entzog er sich mir. Mal war er hyperaktiv, dann wieder ließ er sich gehen. Ich war es, die nun den alleinigen Lebensunterhalt bestritt. In einem seiner klaren Momente half er mir, meinen Goldschmuck zu Geld zu machen. Dank seiner Umsicht erzielte ich einen besseren Preis, der uns noch für drei Monate ein gewisses Polster geben würde. Kurz darauf kam es zu einem Eklat.

Während eines Ausfluges über die deutsche Grenze benahm er sich gekonnt hilfsbereit und versuchte, mir gute Ratschläge zu geben. Nachdem er sich in der Bank, bei welcher ich ein Euro-Konto eröffnete, dauernd in das Gespräch mit der Bankangestellten einmischte, konnte ich kaum an mich halten.

Im Auto rastete ich dann aus: »Wenn du glaubst, mir sagen zu müssen, was das Beste sei, dann nutze das mal gewinnbringend für dich.«

Beleidigt stieg er aus, knallte die Autotür zu und entfernte sich. Ich fuhr langsam neben ihm her und versuchte, ihn zu bewegen, wieder einzusteigen.

»So etwas brauche ich mir nicht anzuhören.« und läuft weiterhin davon. Wieder neben ihm herfahrend, öffnete ich das Fenster auf der Gehsteig-Seite, und das nutzte er, um mir den Hausschlüssel ins Auto zu werfen. Diese Botschaft war angekommen. Er war so sauer, dass er mich über hatte. Also ließ ich ihn gehen und fuhr davon. Ich wusste, dass er kein Geld bei sich hatte, nur ein T-Shirt und seine offenen Latschen trug. Er sah aus, als würde er nur schnell mal zum Briefkasten gehen. Wütend entschied ich, dass er selbst schauen sollte, wie es in seinem Leben weitergehen sollte, und blickte nicht mehr zurück. Ich fühlte mich während der Heimfahrt im Recht und wusste, dass ich das einzig Richtige getan hatte, nämlich Klartext zu reden. Sorgen brauchte ich mir keine um ihn zu machen, denn ich wusste, er würde sich irgendwie zu helfen wissen.

Zu Hause angekommen, rief mein Ex-Mann an und fragte mich, ob ich mit ihm und seinem Vater auswärts essen möchte. Ich war froh um diese Ablenkung und sagte gerne zu. Es wurde ein gelungener, schöner Abend, und ich fühlte mich von einer Last befreit. Ich verschwendete kaum einen Gedanken an Kuno.

Kuno blieb drei Tage weg, ohne mich zu kontaktieren. Dann rief er endlich an, und ich erfuhr, dass er es locker geschafft hatte, eine Mitfahrgelegenheit zu finden, um in die Schweiz zurückzukehren, wo er bei seinen Freunden unterkam. Er klang sehr einsichtig und bat darum, vorbeikommen zu dürfen.

Wir setzten uns friedlich zusammen, und er sagte: »Ich habe verstanden, was du meinst, und du hat Recht. Ich muss endlich Fuß fassen, neue Wege einschlagen und Verantwortung für mich übernehmen. Ich werde nach Deutschland zurückgehen und mich dort neu organisieren.«

Ich atmete auf, denn das schien die beste Lösung zu sein. Das Gespräch verlief bis zum Schluss friedlich und danach packte er das Nötigste zusammen. Wir einigten uns auf eine vorläufige Trennung. In Deutschland fand er Aufnahme bei Freunden in einer Wohngemeinschaft. Als ich ihn dort besuchte, war ich entsetzt. Ich sah, dass er am Boden im Wohnzimmer auf einer Matratze schlief und erfuhr, dass er sich hauptsächlich aus Büchsen ernährte. Vermutlich lebte er hauptsächlich vom Kiffen. Er war wieder in denselben Freundeskreis, den er nach seiner Scheidung aufgebaut hatte, zurückgekehrt. Mit ihnen hatte er eine seiner abenteuerlichsten Zeiten der Goa-Partys erlebt, von der er mir auch stolz berichtet hatte. Ich sah darin keine Zukunft für ihn.

In größeren Abständen und wenn er gerade etwas Geld übrig hatte, tauchte er an Wochenenden bei mir auf. Sein Zimmer war nach wie vor mit seinen Klamotten, Musikinstrumenten und Papieren belegt. Er wusste ja nicht wohin damit. Ein wahrlich Heimatloser.

Ich lebte wieder alleine, und einmal mehr hatte ich das Gefühl, dass das Leben so viel einfacher sei und es mir sehr besser ginge ohne ihn. Mein Herz war offen, ich war gesund, fühlte mich geliebt. Das einzig Bedrohliche war mein Bankkonto, das leerer und leerer wurde und mich kaum mehr schlafen ließ.

Nachdem ich an manch einem Morgen angsterfüllt, ja oftmals mit Panikattacken erwachte, wusste ich, dass ich eine Lösung brauchte. Ich würde das Haus sonst nicht halten können, da ich von keiner Seite her Einkünfte hatte. Familiär war ein Konflikt entstanden, der mir keine Hoffnungen auf Unterstützung machte. Vater hatte inzwischen einen amtlichen Beistand, der über die Finanzen entschied. Obwohl ich wusste, dass Vater mir geholfen hätte, waren ihm jetzt die Hände gebunden.

Eines Morgens, ich hatte gerade die Angst weggeatmet, lag endlich entspannt im Bett und fragte innerlich: »Was soll ich tun?«, hörte ich daraufhin die Antwort klar und deutlich: »Such dir einen zahlenden Untermieter.«

Nach dem Frühstück setzte ich mich an meinen Mac und platzierte ein Inserat in einer Suchbörse für WG-Zimmer, für Wohngemeinschaften. Zwei Stunden später kam die erste Anfrage. Die zweite kam von einer jungen Frau, die sich telefonisch meldete, um sich das Zimmer am folgenden Tag anzuschauen. Nach der Besichtigung konnte ich den ersten Mietvertrag am selben Abend abschließen.

Bereits bevor ich Kuno kennengelernt hatte, schwebte mir ein Angebot mit therapeutischem Wohnen vor. Ich konnte meine Fürsorge in meinem schönen Zuhause anbieten und dachte an Menschen in Übergangssituationen, die eine Möglichkeit suchten, wieder Fuß zu fassen und dann eigenständig einen Neustart zu wagen. Ich hatte mich in der Psychiatrischen Klinik für ein neues Projekt gemeldet, in welches ich jedoch nicht einbezogen wurde. Man erklärte mir, ich wohne zu weit weg von der Stadt und tatsächlich war es damals noch umständlich, mit dem ÖV nach Zürich zu gelangen. Ich strebte nach bedingungslosem Dienen. 1

---

1 Siehe meinen Roman »Notfall-WG«

14 Überraschende Wendung

DER DUALSEELENANTEIL

Unsere Tochter weilte für einen Sprachaufenthalt in den USA, und ich hätte sie sehr gerne besucht. Ich fand heraus, dass ihr Vater ebenfalls diese Absicht hatte, seine Partnerin jedoch zeitlich eingeschränkt war. Wir entschieden uns, gemeinsam zu reisen. Zum ersten Mal im Leben konnte ich Business Class fliegen. Wir machten es uns also gemütlich und ließen uns bedienen. Kurz vor der Landung bemerkte ich, dass wir immer noch über dem Wasser flogen und sah plötzlich die Piste unter uns. In mir schoss der Gedanke hoch: »Das klappt nicht mit der Landung« und tatsächlich zog der Pilot im selben Moment wieder die Nase hoch. Ich war ganz stolz auf mich, dass ich das richtig eingeschätzt hatte. Die Windverhältnisse hatten bewirkt, dass das Flugzeug abgetrieben wurde und nicht rechtzeitig die Landung anpeilen konnte. Wir drehten ein paar Zusatzrunden, bis die ideale Position eine ungefährliche Landung erlaubte.

Boston, wir kommen! Ich genoss den ungewohnten Luxus. Das Hotel, das ich gewählt hatte, war nicht weit vom Zentrum entfernt. Natürlich hatten wir ein Doppelzimmer gebucht, da er mit seiner eingeschränkten Sehfähigkeit und räumlichen Desorientiertheit auf Hilfe angewiesen war. Wir verbrachten eine ausnehmend harmonische Zeit zusammen, sahen jedoch nicht viel von unserer Tochter, da sie zur Schule musste. Wenn wir uns trafen, genossen wir das Zusammensein sehr. In Erinnerung geblieben ist mir eine sehr tiefe seelische Begegnung mit Titus.

Aus dem Moment heraus geschildert lief es so ab:
Wir teilen ein Zimmer. Unsere Betten stehen etwa 50 cm auseinander. Früh am Morgen befinden wir uns beide noch im Halbschlaf. Ohne ein Wort gesprochen zu haben, kommt Titus plötzlich zu mir ins Bett, schlüpft unter die Decke. Er nimmt mich in die Arme, drückt mich ganz fest an sich und murmelt mit großer Zärtlichkeit einige Worte, die ich jedoch nicht verstehe. Ich halte ihn ebenso fest umarmt und bin einerseits erschreckt, erstaunt, aber auch erfreut über so viel Nähe. Zum ersten Mal erlebe ich ihn jenseits jeglicher sexuellen Anziehung und spüre die Verbindung, die wir auf Seelenebene haben. Ja, ich bin ein wenig verunsichert und beschließe, ganz ruhig abzuwarten und es zu genießen. Plötzlich scheint er wie aus einer Trance zu erwachen und wird sich bewusst, was gerade geschehen ist. Sehr schnell begibt er sich wortlos zurück in sein Bett. Wir haben uns nie darüber ausgetauscht.
Ich erkläre mir das so, dass die Seele gesprochen hat, und sofort hat sich der Verstand eingeschaltet. Auf Seelenebene sind wir immer eins gewesen, als Mann und Frau, und nun, da die Herzenergie ungehindert fließen konnte, durfte die Liebe sich auch in einer Innigkeit zeigen, die fern von anderen Einflüssen oder Besitzdenken war.

DAS war ein Moment göttlicher Beziehung und Liebe. Keine alten Muster, keine Einmischung von außen, keine Erwartungen, einfach aus dem Moment heraus eine tiefe Begegnung zu erleben, die sehr beglückend ist.

Erfahrungsgemäss ist es ziemlich schwierig, einen solchen Zustand lange zu halten, so schön und innig er auch ist und man ihn ewig genießen möchte. Allzu schnell greift der Alltagstrott wieder. Mir gelang es, das Gefühl während der Tage in Boston aufrecht zu erhalten, weil ich das Zusammensein sehr bewusst erlebte und wir beide frei voneinander und doch auf einer Ebene verbunden waren. Wieder zu Hause, war der Umgang untereinander freundschaftlich.

Was meine Tätigkeit betraf, wusste ich immer noch nicht, wie weiter.

Bald tauchten wieder Momente der Nutzlosigkeit auf. Worin bestand der Sinn meines Daseins?

Die Antwort floss mir langsam zu:

»Lerne zu SEIN!

Wisse, dass du wirkst, durch dein SEIN, ohne zu tun.

Wenn es zu tun gibt, dann wirst du es wissen.«

Ich hatte also die nicht einfache Aufgabe zu lernen, dass ich im *Nicht–nützlich–Sein* genauso nützlich bin. Die Phasen von Nichtstun sind genauso wichtig wie die des Tuns, weil Energien ständig fließen. Manchmal erfolgt dadurch ein Ausgleich in unserem eigenen Leben. War man lange sehr aktiv, brauchte es auch wieder Passivität. Es hat nichts mit Faulheit oder Lethargie zu tun, sondern ist ein Zustand des Seins, in Verbindung mit dem, was gerade ist. Wenn ich in meiner Mitte, in Liebe bin, erfülle ich auch einen Job. Jede Begegnung, jedes Wort, jeder Gedanke erhält eine Bedeutung und wirkt. Das machte ich mir jetzt jeden Tag bewusst.

NEUE AUFGABEN

Mein Ex-Mann kam auf mich zu, weil er wieder einmal auf Hilfe angewiesen war. Er musste seine neu gekaufte Wohnung planen und einrichten. Es machte mir Spaß, ihn zu beraten, da es nach wie vor eine meiner liebsten Beschäftigungen ist, ein Haus, eine Wohnung oder ein Zimmer einzurichten. Als Gegenleistung bot er mir eine finanzielle Entschädigung für meine Zeit an. Das Schicksal hatte mir wieder eine aktive Rolle zugeteilt.

Es ist so viel einfacher, wenn man sich frei und ohne Erwartungen begegnet, den anderen sein lassen kann, wie er ist. Ganz wichtig scheint mir auch die Tatsache, dass vieles einfacher wird, wenn es keinerlei sexuelle Anziehung gibt. Es war unausgesprochen und sehr klar, dass dieses Thema zwischen uns keines mehr war. Es war so viel Leichtigkeit in unsere Begegnung gekommen, dass ich mich schon manchmal wunderte, warum das nicht möglich war, als wir noch verheiratet gewesen waren.

Wäre es einfacher, ganz ohne Sexualität eine Partnerschaft zu leben? Vielleicht – vielleicht auch nicht. Wie ist es bei Paaren, die darauf verzichten? Kommt einer zu kurz? Wenn beide herausgefunden haben, welche Qualität ihre Beziehung stärkt und worauf ihre Beziehung basiert, wird der sexuelle Akt eher nebensächlich.

Meistens treffen zwei Menschen mit gegensätzlichen Bedürfnissen aufeinander. Während der Partnerschaft geschehen manchmal Angleichungen oder Verschiebung. Man muss lernen, diese Zeiten zu überbrücken, indem man gemeinsame, befriedigende Alternativen findet. Es würde nicht funktionieren, die Sexualität einfach willentlich auszuschließen, wenn der Körper sich danach sehnt, das hatte ich inzwischen begriffen.

Warum spielt Sexualität eine so große Rolle, wenn das Leben doch ohne so viel entspannter wäre? Hier wirken die Polaritäten, die Extreme, die einander anziehen oder abstoßen. Es ist der Kick des Neuen, der belebend ist und einen in andere Sphären katapultiert. Wir deuten es als Liebe, nach welcher sich alle Menschen sehnen und bekommen dadurch ein falsches Bild von der wahren Liebe, glauben, dass Sexualität dafür ein Beweis ist.

In Beziehungen, vor allem den intensiven, werden viele Menschen von Eifersucht, Besitzergreifen und Verlustängsten geplagt. Es sind solche Energiefelder, die viele Partnerschaften beherrschen. Unsere Erwartungen und Vorstellungen verhindern Spontaneität, Leichtigkeit und Kreativität.

Die Beziehung driftet in ein Spiel der ständigen emotionalen Anziehung und Abstoßung hinein oder in die Gleichgültigkeit.

Es gibt ihn, den Schlüssel für Frau und Mann. Zusammensein, Sexualität, Liebe in Harmonie. Der Weg dahin verlangt eine Auseinandersetzung mit sich selbst. Was mir durch mein Erleben und auch in einigen meiner Beratungen klarer wurde, war, dass jede Beziehung durch etwas Drittes, sei es eine gemeinsame Vision, gemeinsame Interessen, Kinder, Arbeit und nicht zuletzt durch eine Drittperson genährt, gestärkt, herausgefordert oder unterstützt wird. Einiges wird als Bereicherung, anderes wird als Konkurrenz empfunden. Richtig betrachtet sind es immer ideale Ergänzungen für etwas, das fehlt. Dieses dritte Element dient der Entwicklung eines jeden und führt auch zu einer tragenden Partnerschaft. Eine Ergänzung kann alles sein, was uns emotional bewegt, und genau das wäre und ist die Bereicherung.

Viel Belastendes aus der Zeit der Ehe und danach war geheilt. Unsere Beziehung war nahezu ideal und für uns wie unsere Tochter sehr beglückend. Wir verbrachten schöne Zeiten zusammen, feierten Weihnachten zu dritt, und jeder lebte doch sein eigenes Leben.

Kuno besuchte mich sporadisch, etwa einmal im Monat. Seine Besuche strengten mich an, weil ich den Eindruck bekam, dass er noch mehr Probleme hatte als vorher. Obwohl ich ihn nach wie vor sehr mochte, sah ich wenig Perspektive für eine gemeinsame Zukunft. Da er seinen Kram immer noch bei mir lagerte, weil ihm der Platz in der Wohngemeinschaft fehlte, wohnte er also mit einem Fuß noch bei mir, mit dem anderen in Deutschland. Am Neujahrstag setzten wir uns zusammen und besprachen unsere Zukunft und ob es eine gemeinsame noch geben könnte.

Ich erklärte ihm: »Ich ertrage den Gedanken nicht, dass ein Mann mit so viel Potential wie du in einer Zimmerecke am Boden eines Wohnzimmers haust. Es ist deiner nicht würdig, wie ein Hund zu leben.«

Er: »Du hast recht, ich habe mich auch schon nach einer neuen Bleibe umgesehen, aber nichts gefunden. Eine meiner Anfragen wurde noch nicht beantwortet. Ich könnte da ja mal anrufen.«

»Ja, tu das sobald wie möglich.«

»Ich muss dir übrigens noch etwas gestehen, was meine Gesundheit anbelangt. Du lagst richtig, als du mir geraten hattest, mich wegen der Muttermale untersuchen zu lassen. Ich habe das allerdings schon viel früher gemacht, und die Diagnose lautet, dass ich Hautkrebs habe und der Verlauf nicht eindeutig bestimmbar ist. Einige der Male habe ich auch schon wegoperieren lassen, doch sie kommen immer wieder. Ich wollte dich schonen und hatte gleichzeitig Angst, dir reinen Wein einzuschenken. Darum habe ich auch nie an eine langfristige Partnerschaft mit dir gedacht.«

Ich schluckte schwer und konnte es kaum glauben. Wo war diese von ihm so oft zitierte Wahrhaftigkeit?
Ich sagte: »Das ist nicht das, was ich unter einer guten Beziehung verstehe. Vieles hätte ich akzeptieren oder besser einordnen können, weil mir jetzt auch klar ist, wie viele Ängste dich geplagt haben, weil du nicht ganz gesund bist.«

Das war für mich wohl eine der deprimierendsten Enthüllungen, nach all dem, was wir zusammen durchgemacht hatten. Wie traurig, wenn man von Wahrhaftigkeit spricht und dann so unehrlich handelt.

Oft lügen wir aus Angst. Ich kann sehr konsequent sein, wenn es mir oder der Beziehung dient. Das ist natürlich unbequem und das muss man dann auch ertragen können. Ich beherrschte mich, um mich nicht in Rage zu reden, denn es war so leicht, ihm Schuldgefühle zu machen, und was hätte das jetzt noch geändert?

Nachdem ich das geschluckt hatte: »Für mich kommt das einem Vertrauensbruch gleich. Vielleicht hast du mir dadurch tatsächlich einiges erspart, und doch ist es sehr bedauerlich, dass ich das erst jetzt erfahre. Du wirst verstehen, dass ich noch mehr Gründe habe, nicht mehr so weitermachen zu wollen.«

Er schwieg, und wir ließen das Thema für den Rest des Tages ruhen.

Am nächsten Tag rief er den besagten Vermieter an, der ihn sofort einlud, das freie Studio zu besichtigen, und eine Woche später hatte er den Mietvertrag in der Tasche. Ebenso die Zusage, dass sein Leben durch Hartz 4 finanziert würde. Wie durch ein Wunder schien es nun vorwärts zu gehen. Als er das nächste Mal kam, um einige Dinge zu packen, erklärte ich:

»Jetzt möchte ich, dass du dieses Zimmer vollständig räumst. Du wirst nicht mehr bei mir wohnen, denn du musst endlich in Deutschland Fuß fassen, und ich kann dein Zimmer dann weitervermieten.«

Wir packten also alles in mein Auto, und ich fuhr ihn in sein neues Zuhause. Die Villa war sehr schön gelegen und befand sich in einem gepflegten Quartier. Er war in einem angrenzenden Gebäude, das zu mehreren Einzimmerstudios umgebaut worden war, untergebracht. Nachdem Kuno seine restlichen Sachen verstaut hatte, gingen wir in ein nettes Lokal essen und als ich heimfuhr, fühlte sich alles rund an. Die Früchte dieser Partnerschaft waren offensichtlich eine Form von bedingungsloser Liebe. Ich hatte alles mit ihm geteilt. Hatte Demütigungen in Akzeptanz verwandelt, Akzeptanz, die Grenzen sprengte, erlangt. Es wurde mir dadurch möglich, Lügen verständnisvoll zu betrachten, und ich hatte trotz der Schwierigkeiten immer wieder auf neue Möglichkeiten gehofft. Ebenso wichtig war für mich, dass es mir gelang, sexuelle Bedürfnisse umzuwandeln, ohne zu leiden. Alles in allem war die Beziehung zu Kuno eine überaus wertvolle Erfahrung. Es war das letzte Mal, dass wir uns begegneten. – Später traf ich eine Frau bei Facebook die ihn kennengelernt hatte und mir mitteilte, er sei von seinem Hautkrebs vollständig geheilt, sein mentaler Zustand sei jedoch desolat. Wenn er von mir erzähle, erwähne er oft, was wir zusammen erlebt hätten und sagt, es sei eine der schönsten Zeit seines Lebens gewesen.

15 DIE GÖTTIN LEBT

ES PULSIERT IN MIR

Meine Wahrnehmungen veränderten sich weiterhin. Ich nahm sexuelle Energien wahr, die in der Luft hingen, wurde noch feinfühliger, dass ich plötzlich die Anwesenheit von Liebespartnern physisch spürte, obwohl keiner da war und ich mich auch nicht auf einen Mann konzentrierte. Es war ähnlich wie in Island, als wir uns in Gruppenmeditationen mit dem Vulkan und dem Geysir verbunden hatten. Es wurde zu einem wiederkehrenden, erfüllenden körperlich spürbaren Erlebnis. In manchen Meditationen war es, als würde mich aus dem Erdboden eine Kraft durchdringen, in meiner gesamten Wirbelsäule hochsteigen und sich auch im Rest des Körpers verteilen. Ein feinstofflicher Springbrunnen schoss innerlich hoch zum dritten Auge, dann zum Kronenchakra und von dort außerhalb des Körpers zurück zum Steißbein. Es fühlte sich an wie ein leichter Sprühregen und erreichte jede Zelle. Ich empfand es wie eine *universelle Schöpfungskraft*. So wie aus einem Vulkan Feuer und Lava ausbrechen, um neue Erde zu erschaffen, so empfand ich ein Gefühl aus mir herausfließen, das mich jedoch nicht entleerte, sondern nährte. Ja, ich liebe Vulkane und deren inneres Feuer, und ich liebe das nährende Wasser. Hier war alles in einem und in mir vereint.

Wenn die Aufgabe darin bestand, tiefer zu gehen, fühlte ich mich im NICHTS oder im Niemandsland. Dann erlebte ich sofort die bekannten Felder von Minderwertigkeit, Perspektivlosigkeit, Existenzangst, in denen sich so viele Menschen bewegen. Ich sah dann oft schwarz, was depressive Stimmungen und eine Form von Lebensmüdigkeit hervorrief. Ich musste feststellen, dass diese Phasen immer wie-

derkamen und auch immer wieder überwunden werden
konnten. Da sie so heftig waren, erlaubten sie auch Quan-
tensprünge des Bewusstseins. Es gelang je länger je besser,
dies auch auszuhalten, als mir bewusst wurde, dass das einfach zu mir gehört. Empfindsamkeit nicht zu dramatisieren,
sie zu akzeptieren.

Kuno war schon länger ganz ausgezogen, meine Untermie-
terin hatte wie vorgesehen nach fünf Monaten gekündigt.
Ich war auf der Suche nach neuen Mietern und entschied
nun, zwei Zimmer zu vermieten. Dass es gleich zwei Männer sein würden, hätte ich mir nicht im Traum vorgestellt.
Der eine war ein deutscher Geschäftsmann, der sich als
absolut unproblematischer Untermieter entpuppte, der
zweite war ein Schweizer, der mir auf Anhieb sympathisch
war. Ich lebte also mit zwei Männern unter einem Dach.
Meine anfänglichen Bedenken lösten sich sehr schnell auf.
Sie waren sehr rücksichtsvoll, und ich schätzte mich glücklich, es so gut getroffen zu haben. Dass sich meine Nachbarn schon lange keinen Reim mehr darauf machen konnten, wer bei mir ein- und ausging, spielte für mich keine
Rolle.

Die Tatsache, dass ich die innere Absicht und Bereit-
schaft hatte, auch Menschen aufzunehmen, die ich mit meinen therapeutischen und spirituellen Qualitäten unterstützen konnte, brachte immer häufiger solche Menschen in
mein Haus. Der eine Mieter schätzte die vielen Gespräche
und nach ihm folgten zwei Untermieter, die in psychiatrischer Behandlung waren und meine unaufdringliche Unterstützung gerne annahmen. Ich machte das unentgeltlich und
verlangte nur eine normale Miete.

AFRIKANISCHE FRUCHTBARKEIT

Die Einkünfte begannen sich zu vermehren, und doch brauchte ich Überwindung, mich für die nächste Reise mit der Gruppe zu entscheiden. Fünf sehr kleine Kätzchen waren eben erst geboren worden, und ich wusste nicht, ob ich diesen beiden neuen Mietern, die erst eingezogen waren, Haus, Garten und acht Katzen überlassen konnte. Es schien mir nicht der ideale Zeitpunkt, und doch: Obwohl Südafrika nie ein Land gewesen war, das mich angezogen hatte, schien es immer lauter nach mir zu rufen. Sehr kurzfristig entschied ich mich doch dafür, nachdem mir die beiden Männer versichert hatten, das wäre für sie kein Problem. Ich vertraute darauf, dass alles klappen würde.

Also meldete ich mich an und war bereit für Südafrika und sollte es nicht bereuen.

Wenn wir die Erde als lebendigen Organismus betrachten, könnten wir die Völker oder Erdteile den einzelnen Elementen zuteilen. Europa: Schweiz (Erde), Frankreich (Wasser), Spanien/Italien (Feuer), Deutschland (Luft). Global: Europäer Luft Chakra (eher die Denker), Afrikaner Sakral Chakra, (Sexualität, Urkraft), Inder Scheitelchakra (spirituelles Bewusstsein) und die Südamerikaner (Temperament) Feuerchakra.

Diese Trennung der Eigenschaften kann natürlich nicht so klar gezogen werden. Man kann damit aufzeigen, dass das Energiesystem des Menschen von seinem Umfeld bestimmt wird und nicht von den Qualitäten des Planeten Erde getrennt betrachtet werden kann, und so bereichert es uns auch, wenn wir uns mit fremden Kulturen verbinden, die in uns zusätzliche Energien aktivieren. Und wieder werden wir mit einer vollständig anderen Mentalität konfrontiert werden.

SÜDAFRIKA

Geführt wurde unsere Reisegruppe von einem deutschen Ehepaar, das seit über 30 Jahren in Südafrika wohnte und arbeitete. Von ihnen erfuhren wir viel über die Kultur und die menschlichen Verhaltens- und Denkweisen, die den unsrigen so gar nicht ähnlich sind. Sie hatten selbst eine Farm besessen, bewirtschaftet und mussten erleben, wie schwierig es ist, mit afrikanischen Mitarbeitern Ziele zu erreichen. Unsere Logik weicht stark von der ihren ab, und das Clandenken ist noch vorhanden.

Dass ein weißer Arzt oder unsere Medikamente keinen Anklang fanden, solange noch ein Medizinmann in Reichweite war, mussten sie schmerzhaft erleben. Lieber ließen die Menschen jemanden leiden oder sterben, weil sie den Weißen nicht trauten. Wir erfuhren einige Dinge, die nachdenklich stimmten, und erlebten sie dann auch.

Speziell war, dass wir in einem Restaurant nur selten eine ganze Bestellung durchgeben konnten. Es musste immer in einzelnen Schritten bestellt werden. Am besten zuerst die Getränke, die ebenfalls schon Schwierigkeiten boten, wenn nicht alle dasselbe wollten. Genauso war es, wenn man mehrere Anliegen auf einmal hatte. Es war in der Regel nur möglich, schön eines nach dem anderen vorzubringen, Multitasking scheint ihnen fremd zu sein. Es war also durchaus hilfreich, wenn man sich an einem Buffet bedienen konnte.

Ich hatte in der Schweiz eine Arbeitskollegin, die aus Zambia stammt und lernte ihre Mentalität ein wenig kennen. Sie war durchaus intelligent und dann wieder sehr naiv bis sorglos in ihrem Denken. In Gesprächen klang deren Afrika nach *von Tag zu Tag leben*, d.h. sich nicht kümmern, was morgen ist. Sexuelle Triebe wurden von den heißblütigen Schwarzen uneingeschränkt links und rechts und ohne Verhütung ausgelebt. Das ist ein Grund, warum es relativ viele uneheliche Kinder in einigen Ländern Afrikas gibt und dass Aids sich so ausbreiten konnte. Es steckt in den meisten Afrikanern etwas Urtümliches, etwas sehr Kraftvolles. In die richtigen Bahnen gelenkt, entwickeln sich daraus phantastische Sprinter und Hochspringer, Musiker, Sänger und Künstler.

Die Reise, die hervorragend organisiert war, wurde ein wahrer Traum, sowohl von der Landschaft wie vom Erleben her. Unser Fahrer brachte über 2'500 Kilometer alleine für uns auf seinen Tacho. Dezidiert erklärte er, dass er nachts wegen wilder Tiere oder Überfällen nicht fahren wollte, also hieß es oft früh aufstehen.

Kapstadt

Kapstadt ist eine sehr malerische Stadt, mit vielen bunten Häusern, die mich an Puppenhäuser erinnerten, mit Fassaden in den Farben rosa, gelb, violett, blau, braun, grün. Wir hörten, dass es nicht ungefährlich sei, in der Stadt alleine herumzulaufen, vor allem abends. Ich fühlte mich immer sicher, auch wenn ich mal alleine unterwegs war. Anders war es dann in Johannesburg.

Als wir ankamen, hatten schwere Regenfälle kurz zuvor einen Teil der Slums weggeschwemmt, und es hatte viele Tote gegeben. Das schienen die Einwohner mit ziemlich viel Gelassenheit aufzunehmen. Im Hotel merkte man nichts davon.

Am nächsten Morgen lagen Nebelschwaden über der Stadt, die sich erst langsam lichteten. Es war ja Winter. Die unterschiedlichen Stimmungen des Himmels und des Wassers zeigten uns ein ganz besonderes Gesicht dieses südlichen Zipfels des afrikanischen Kontinentes. Als wir am nächsten Tag den Lion Head hoch wanderten, spürten wir eine sehr starke Energie und Verbindung in alle Richtungen. Die steile Küste gab dem Ganzen etwas Unwirkliches und wirkte auf mich wie eine Abschussrampe. Aufpassen mussten wir wegen der vielen Affen. Besonders auf die Brillen waren die Babouns scharf, und man durfte weder eine Banane oder sonst etwas essen, schon fielen diese den Affen zum Opfer. Sie konnten die Menschen regelrecht attackieren.

Stellenbosh

Wir sind viele Kilometer entlang der Küste durch sehr abwechslungsreiche Landschaft gefahren, sahen herrliche Weinberge und Fruchtplantagen. Dass inzwischen die Weine aus Afrika auch bei uns Fuß fassen konnten, ist erfreulich, bringen sie uns doch etwas von der Sonne dieses herrlichen Kontinentes mit.

Lustig war der Besuch der Straußenfarm, wo wir zusehen konnten, wie sie hüpfend herumrannten. Wie sie mit ihren kahlen Hälsen und großen Schnäbeln neugierig in dieselbe Richtung schauten. Zur Demonstration lag an einem Ort ein Straußenei. Gefüllt kann es bis zu zwei Kilogramm wiegen und hat ungefähr einen Durchmesser von 15 cm. Es war rosa, und wer wollte, durfte sich draufstellen, um die Stabilität zu testeten und tatsächlich, das Ei hielt stand. Später bekamen wir Straußenfleisch zu kosten, und das schmeckte vorzüglich. Am 1. August (dem Schweizer Nationalfeiertag) wurden wir in unserem Erstklasshotel mit einem traumhaft guten Essen verwöhnt und konnten Fleisch von Gnus, Wildschweinen und Gazellen kosten.

Weiter fuhren wir durch unendliche Weizenfelder und atemberaubende Weite bis Port Elisabeth. Dort bestiegen wir ein Flugzeug nach Durban.

In Durban angekommen, erfreuten uns noch ein guter Drink und ein feines Nachtessen mit Blick auf die Strandpromenade. Eine kurze Besichtigungstour würde am nächsten Morgen folgen. Außer dem Besuch der Moschee, welche die größte der südlichen Hemisphäre ist, haben wir nicht viel gesehen. Wir hatten Glück, Einlass zu bekommen, da die offizielle Besuchszeit vorüber war. Eine atemberaubende Energie baute sich auf, als wir in der großen Halle standen und uns einstimmten, und die Tatsache, dass sie menschenleer war, verstärkte die geistige Wahrnehmung ohne Ablenkung. Wieder einmal durfte ich erkennen, dass das göttliche Prinzip überall wirkt. Großartig, neutral, schöpferisch und in spürbarem Frieden. Dies wollte ich verinnerlichen und Teil davon sein.

Mehr Zeit blieb nicht, denn wir hatten noch einiges auf dem Programm.

Kingdom of Lesotho

Die imposanten Drachenberge sind ein Wahrzeichen Südafrikas und bilden nebst dem imposanten Blick darauf auch das Grenzgebiet zu anderen Königreichen. Immer wieder kann man über das gigantische Ausmaß staunen, besonders weil sie fast kubisch, richtiggehend aus dem Boden zu wachsen scheinen. Man befindet sich in einer weitläufigen Ebene und wie aus dem Nichts taucht dann die Erhebung auf, und das Ganze endet immer als Plateau.

Wir stiegen um in ein Vierradvehikel und wurden die engen Straßen sicher hochgefahren. An einem bestimmten Punkt hielten wir an und durften frisches Quellwasser, das direkt aus dem Fels fließt, genießen und damit unsere Trinkflaschen auffüllen. Zum Glück hatte es wenig Verkehr und wir gelangten, ziemlich durchgeschüttelt, aber gut ans Ziel.

Auf dem Sani Pass, 2873 m ü. M., dem zweithöchsten Punkt Afrikas, dem Blackmountain, ist es bedeutend kälter. Tatsächlich ist die Erde hier fast schwarz, und es ist baumlos, leer. Nur wenige Einheimische halten sich im Winter hier auf. In dieser sehr kargen Landschaft sind wir »ab der Welt«. Wir wurden in einem Zelt mit heißem Tee bewirtet, und ein auf dem Feuer gebackenes frisches Brot mundete herrlich. Wir saßen im Kreis und genossen das Zusammensein mit unserer Wirtin. Bald schon ging die Fahrt wieder rasant talwärts.

Das Königreich der Zulu/Hluhluwe

Am nächsten Morgen wurden wir von einem wirklich sehr, sehr dunkelhäutigen Mann durch den ersten Nationalpark begleitet. Seine wuchtige Knubbelnase stach hervor und ergänzte ideal das krause Haar und das Blitzen seiner weißen Zähne.

Hier sahen wir endlich Tiere in freier Wildbahn. Auf den Bäumen saßen Affen, die uns ihren blauen Po entgegenstreckten. Es ist ein Reservat für Breitmaulnashörner, die fast ausgestorben sind. Manche zeigten sich gemütlich kauend, eines sah man erdbraunfarben auf unserer Straße seinen Haufen hinterlassend. Es ließ sich überhaupt nicht von uns stören. Wildschweine weilten grasend mit ihren Jungen gleich neben der Fahrbahn. Die afrikanischen »Big Five« sind Elefanten, Büffel, Nashörner, Löwen, Leopard. Die letzten zwei Arten bekommen wir hier nicht zu Gesicht, dafür klar gezeichnete Zebras, Bäume voller Affen und schöne Vögel.

Am nächsten Tag fuhren wir weiter in ein Dorf mit ursprünglichen Hütten und einer Art provisorischer Bühne. Eine Männergruppe in leichter Bekleidung, bewaffnet mit Schild und Speer, tanzte einen Kriegstanz, sie heulten, klatschten und hüpften wie wild. Eine Gruppe von Frauen, die nur mit Baströcken und Perlen bekleidet waren, schwang eine Art Keulen, hatte ähnliche Schutzschilder und tanzte wie in Trance, den nackten Busen schwingend.

Nach der Präsentation zückten die Afrikaner ihre Handys, zogen Jeans und T-Shirts an und verschwanden, einige blieben mit ihren Trommeln sitzen. Ein wirklich krasser Gegensatz, das so nah beieinander zu sehen, denn in anderen Teilen des Landes, fern der Zivilisation, sind wir Menschen begegnet, die noch in sehr einfachen Rundhütten wohnten, aus denen Rauch aufstieg.

Diese Show war in einem sehr schönen Rahmen von Hütten inszeniert worden, die unbewohnt und nur zu Anschauungszwecken zugänglich waren. In einer saß eine

Sangoma in einem langen Kleid. Sie trug einen bunten Umhang und einen Turban. Um sie herum lagen verschiedene Utensilien für diverse Rituale.

Sangomas sind weise Frauen und Heilerinnen. Ihr Wissen, ihr Rat wird nach wie vor in den Alltag einbezogen. In einigen Clans sind es die Medizinmänner, die mehr Macht haben. Man schätzt sie, wie schon erwähnt, mehr als unsere Ärzte. Ca. 80% der südafrikanischen Bevölkerung besuchen einen Medizinmann oder eine Sangoma mindestens dreimal pro Jahr. Diese berufenen Heiler/innen üben einen großen Einfluss auf die Menschen des Landes aus. Unsere Reiseleiter hatten versucht, mit europäischer Logik gewisse Dinge zu regeln, was ihnen übelgenommen wurde.

Es gibt zwei verschiedene Arten von Medizinmännern. Ein Kräuterkenner, der als Arzt fungiert und etwas über die Heilkraft der Pflanzen und Zaubertränke kennt. Ein anderer ist Spiritist – afrikanischer Schamane, Hellseher, der im Trancezustand in Kontakt mit den Geistern der Vorfahren tritt. Auch wenn der Anblick der Rituale, Trancestadien und des Ahnenkults nur wenigen Glücklichen gewährt wird, haben wir sie in Kurzform erleben dürfen.

Unsere Sangoma begann ihr Ritual, in dem sie laut wehklagte und heulte, quasi um das Leiden aufzurufen und zu beweinen und gleichzeitig auf sich zu nehmen. Es klang beängstigend. So lockte sie auch die Touristen an und lud uns ein in ihr Haus. Ich verzichtete darauf, blieb vor der Hütte bei den Trommlern und hörte sie weiter aufheulen und herumschreien. Danach sprach sie zu jedem einzelnen, um zu erklären, was sie gesehen hatte. Unsere Führerin übersetzte. Meine Kolleginnen sagten, es sei eine interessante Erfahrung gewesen, in dieses Ritual einzutauchen, doch es habe sie nicht wirklich berührt. Später, als die Sangoma mit uns, ganz normal gekleidet, im Bus in die Stadt fuhr, erlebten wir eine Energieübertragung, als würde ihr Urwissen sich mit unserem spirituellen Wirken verbinden. Wir konnten nicht miteinander sprechen, tauschten Blicke aus.

Zuerst wirkte sie stolz und unnahbar, dann wurde sie weicher und entspannte sich. Es muss anstrengend sein, die althergebrachte Sangoma-Energie anzurufen und erst noch in unserem Beisein aufrecht zu erhalten. In unserem Bewusstsein braucht niemand das Leiden anderer zu übernehmen, denn Energie ist immer im Fluss und transformiert, was bereit ist.

Königreich von Swaziland

Wir verließen Südafrika und fuhren nun durch das Königreich von Swaziland. Auch hier wurde uns ein nachgebautes Dorf gezeigt, und schon bald waren wir umringt von Menschen. Als wir uns auf den Boden setzten, hörten wir Gekicher und Gelächter. Alsdann erschienen Männer, die sich eine Trommel nahmen, und es folgten Menschen in Kriegsmontur und Frauen in bunten Gewändern. Die Männer trugen weiße Fellstulpen über den Waden, die wohl von Ziegen stammen, dazu rotblaue Shorts, die wie Röckchen aussahen und fuchtelten mit ihren Speeren im Takt wild herum. Zu imponierenden Trommelklängen begannen sie zu stampfen und stimmten mit Pfiffen und lauten Tönen einen Kriegs- oder Fruchtbarkeitstanz an. Die Frauen trugen lange, bunte Gewänder und Schmuck aus Knochen. Sie vollführten für uns einen volkstümlichen, rhythmischen Tanz. Als alle geendet hatten, kamen sie auf uns zu, und es gab spontane Umarmungen. Es war unglaublich schön, wie sie uns anstrahlten und dabei zeigten sie lachend ihre herrlich blitzblanken Zähne. Göttlich schön waren sie in ihrer Natürlichkeit und Freundlichkeit.

Wir durften uns noch die geräumigen Rundhütten, in welchen normalerweise ganze Familien wohnten, anschauen. Lustig waren die Hühnerhäuser aus Stroh, die sich erhöht auf Stelzen befanden. Jedes Huhn hatte ein eiförmiges, eigenes Haus.

Bongani

Nach einer kurzen Weiterfahrt hieß es umsteigen in einen
Jeep, der uns in die Höhe fuhr in eine traumhaft schöne
Lodge, die wie in den Fels gebaut scheint, wie ein Nest. Es
ist jedoch nur das Haupthaus mit Rezeption, Aufenthalts-
und Essraum. Wir logierten außerhalb. Ich bekam eine der
tiefer gelegenen Hütten mit traumhafter Aussicht, die etwa
200 m unterhalb des Haupthauses lag. Die Bezeichnung
Hütte wird nur der äußeren Erscheinung gerecht, die aus
Lehm- und einem Strohdach besteht. Innen sind die Möbel
und Stoffe und alles andere harmonisch aufeinander abge-
stimmt, bequem und sauber. Luxus pur ist auch das schöne
Badezimmer mit Badewanne, wo sogar Rosenblätter auf
dem Rand gestreut worden waren. Hier könnte man es gut
und gerne länger aushalten. Es wirkt alles friedlich. Doch
noch vor dem Essen wurden wir darauf hingewiesen, nicht
alleine zu unseren Hütten zu gehen, da die Gefahr bestünde,
von wilden Tieren angegriffen zu werden. Also begleitete
uns jemand vom Hotel mit Taschenlampe und Schreckpis-
tole zu unseren Unterkünften. Ein herrlich klarer Abendhimmel mit vielen Sternen, die Luft staubfrei und erfüllt
vom Geruch aromatische Kräutersträucher gaben dem
Ganzen eine schöne Note.

Am kommenden Morgen wartete ein Jeep auf uns, in
dem wir alle Platz fanden. Der Fahrer, ein gut aussehender
hellhäutiger Naturbursche, hatte seinen Spürhund dabei, der
mit den Vorderpfoten auf dem Armaturenbrett in die Gegend schaute und angab, wenn er etwas wahrnahm oder
erschnüffelte. Die Fahrer hielten Kontakt per Funktelefon,
informierten sich gegenseitig, wenn sie etwas sichteten. Wir
wurden reich belohnt, denn wir erspähten eine ganze Lö-
wenfamilie, die uns nur aus dem Auge wahrnahm und sich
nicht stören ließ, also weder floh noch näher kam. Die Kinder tollten um die Mutter herum, Vater Löwe riss sein Maul,
doch nur, um gelangweilt zu gähnen. Für uns war es ein

wirklich aufregendes Gefühl, diese Tiere so nah und ohne Zaun zu erleben.

Am späten Nachmittag führte uns der Führer vom Bongani-Reservat in zwei Höhlen mit Zeichnungen. Wir hörten seine Geschichte dazu, und er freute sich an unserem Interesse, den normalerweise wollten die Besucher nur die wilden Tiere sehen. Die Abbildungen zeigen Menschen mit einer Art Nabelschnur. Sogar ein Flugkörper war zu sehen, und manche Leute sahen aus, als ob sie schweben würden. Dann gab es Ansammlungen von Tieren und Kindern. Wie es schien, waren diese Menschen nahe der Götterebene oder dem Überirischen offen zugewandt, denn wie sonst hätten sie schon Flugkörper gemalt. Wir sahen in den Bildern Informationen aus anderen Welten. Die Hingabe, mit welcher uns der Führer die Bilder erläuterte, deutete darauf hin, dass er sich intensiv damit beschäftigt hatte, und er lud uns ein, in seinem Büro noch weitere Dias einzusehen. Am Abend während des Schlummertrunks setzte er sich zu uns und es ergab sich eine rege Diskussion über den Zweck unserer Reise. Als wir ihm erzählten, dass wir uns auch auf andere Realitäten einstimmen konnten und Afrika ganz intensiv wahrnahmen, wurde er hellhörig. Dass wir eine Götterebene spürten und feststellten, dass die Menschen und Tiere hier Schwingungsfrequenzen halten, die unsere Erde noch braucht, schien ihn zu faszinieren. Wir erzählten, wie wir uns in die Seelen dieser wunderbaren Tiere einklinken, telepathisch Kontakt aufnehmen und damit ein Magnetfeld eröffnen, welches das Urwissen dieses Planeten beinhaltet. Auch wenn wir uns nicht in allem fanden, spürten wir, dass er offen war für eine neue Zeit, die anbricht.

Am folgenden Tag ging es wieder hinunter ins Tiefland zum St. Lucia Estuary. Dort wartete ein mittelgroßes Schiff auf uns, das ungefähr 20 Personen fasste. Wir befanden uns also auch in sicherem Abstand vom Wasser. Auf dem riesigen Salzsee waren wir nun umgeben von wilden Tieren. Wir waren wirklich mitten unter ihnen und sahen unzählige Nilpferde, die in Gruppen friedlich oder schnaubend und nahe beieinander ihr Maul aufrissen. Manchmal wackelten sie nur mit den Ohren zum Zeichen, dass sie uns wahrgenommen hatten. Voller Ehrfurcht verhielten wir uns mucksmäuschenstill, und das erhebende Gefühl, ihnen so nahe zu sein, war unvergesslich. Hier wimmelte es auch von Alligatoren, die ruhig an Land dösten. Hin und wieder sahen wir Wasservögel wie Fischreiher.

Erfüllt von diesen herrlichen Eindrücken beschlossen wir den Tag mit einer schönen Meditation und gingen früh schlafen.

Vor Sonnenaufgang fuhren wir zum Krüger National Park, der sage und schreibe 21'000 Quadratkilometer misst. Bei der Einfahrt wurden wir mit einigem Abstand zum vorderen Wagen hereingelassen und fuhren auf guten Straßen durch den Park. Es ist absolut verboten, die Straße zu verlassen oder aus den Autos zu steigen. Nicht immer konnten wir die Tiere auf Anhieb entdecken, und so war zusätzliche Aufmerksamkeit gefordert. Gegenseitig gaben wir uns Sichtungen bekannt. Manchmal spürte jemand von uns die Anwesenheit der Tiere, und sie blieben doch unsichtbar. Wenn dann doch plötzlich ein Giraffenkopf aus den Büschen herauslugte, noch einer und noch einer, war die Begeisterung groß. Wir sahen, wie elegant sie sich bewegten, miteinander kommunizierten, sich die Köpfe aneinander rieben. Einige strebten stolzierend entlang der Straße und gaben Anschauungsunterricht in punkto Gangart in unglaublicher Eleganz, die einem Model nicht unähnlich war. Die grauen Dickhäuter wirkten wuchtig und riesig, wenn sie dicht vor oder neben unserem Wagen hergingen. Wir sahen sehr viele, die gemütlich vor uns her trotteten oder uns beäugten. Drollig waren die Jungen, die sich spielerisch in Schlammtümpeln suhlten. Manche zogen so nahe an uns vorbei, dass wir kaum eine Bewegung mehr wagten. Sogar das Klicken des Fotoapparates schien dann laut zu sein. Wir haben nur friedliche Szenarien gesehen und verhielten uns ja auch dementsprechend. Manchmal wurden wir von ihnen unter die Lupe genommen, so quasi Auge in Auge auf sichere Distanz. Für unsere Führer war das Alltag, und sie wollten immer viel zu schnell wieder weiterfahren, wo wir noch lange hätten verweilen wollen, um uns satt zu sehen. Inmitten des Parks befand sich ein großes Selbstbedienungsrestaurant, wo wir uns die Füße vertreten und die ersten Eindrücke austauschen konnten. Die Zeit verging viel zu schnell, denn man kann sich die Dimension dieses Parks kaum vorstellen, geschweige denn richtig erfassen.

Der Inlandflug zu den Victoria Wasserfällen bildete den krönenden Abschluss dieser Reise. Wir waren in einem Luxushotel untergebracht mit schönem Swimmingpool und ließen es uns gut gehen. Wir wurden fürstlich verköstigt, und erst am zweiten Tag wurden einige Lebensmittel knapp. Von den politischen Wirren und der Armut bekamen wir nichts mit, denn wir hatten gar keine Zeit oder Möglichkeit, ins Landesinnere zu gehen. Vermutlich hätte uns die Armut erschreckt. Eine Touristin, der ich später begegnete, die eine abenteuerliche Tour wagte, erzählte bedrückt, wie heruntergekommen sie vieles erlebte, wie oft nicht einmal Brot zu haben war und man sich nicht vorstellen kann, was für Anstrengungen für die Touristen unternommen wurden, um ihnen ein falsches Bild zu vermitteln und daneben mussten die Einheimischen darben. Der Diktator hatte sein Land fest im Griff.

Es war nur eine kurze Fahrt zu den tosenden Wasserfällen und dann konnten wir den Park zu Fuß begehen. Ein schmaler Pfad führte uns am Rand entlang und gab diverse Blicke auf Regenbögen und gewaltige Schaumkronen frei. An gewissen Punkten bekamen wir das Gefühl, abheben zu können. Es war ein Tosen und Rauschen, und manchmal schien das Wasser einen Singsang von sich geben, in den wir einstimmten. Die Zellflüssigkeit in unseren Körpern begann mitzuschwingen. Im Grunde ist der Ort eine ideale Möglichkeit, um zu teleportieren, doch unter all den lauten und begeisterten Touristen fehlte uns die Ruhe dazu. Urwald-ähnlich säumten Bäume den Weg, und manche Luftwurzel erinnerte entfernt an ein Tier oder war so groß, dass man darauf schaukeln konnte.

Pretoria

Ein letzter Flug ging nun nach Pretoria, der Hauptstadt, die sehr gepflegt ist. Wir besuchten die Villa des ehemaligen Präsidenten Krüger, die für einen so hohen Mann eher be-scheiden wirkte. Einzig die Kutsche im Hof erzählte von Luxus. Ein schöner Park, in dem sich die Leute tummelten und man für einige Moneten ein Handygespräch führen konnte, da viele Leute sich kein eigenes leisten können.

Am Abend dinierten wir in einem sehr netten Lokal. Die Portionen waren so üppig, dass uns die Reiseleiter emp-fahlen, etwas in einer Serviette mitzunehmen und draußen dem Mann zu geben, der nicht weit entfernt am Boden hockte und auf die Autos aufpasste.

Als ich mich in Pretoria schlafen legte, geschah etwas Seltsames. Plötzlich erschien mir das Bild eines Schweizers, Pieter, mit dem ich schon öfters kommuniziert hatte. Plötz-lich fühlte ich eine intensive, auch erotische Präsenz. Ob-wohl es während unserer Bekanntschaft bisher keine Annä-herungsversuche gegeben hatte, wusste ich, dass er sich eine Freundin wünschte. Kaum war ich im Bett, fühlte ich ihn so nah, dass ich sehr erregt wurde und es sich anfühlte, als ob wir zusammen Sex hätten. War es Wunschtraum, oder war da etwas passiert? Es gab solche Momente, wo eine sexuelle Energie zu mir floss, die ich problemlos und genüsslich integrierte und die mich erfüllte, namenlos und nicht einzu-ordnen. Die ekstatische Freude beim Anblick der wilden Tiere, die uns durch ihre Schönheit, Wildheit und auch teil-weise Verspieltheit animierten, die Natur, die herrlichen Sonnenaufgänge, all das belebte mich auf eine ganzheitliche Art und Weise.

Es folgte am nächsten Morgen die Fahrt nach Johannesburg, wo wir den Flieger zurück in die Schweiz nahmen.

Echter Power ist bei vielen afrikanischen Frauen spürbar. Ihre üppigen Körperformen erinnern an Fruchtbarkeitsgöttinnen. Nicht nur wirken sie sehr weiblich und verkörpern das Urweibliche, sie sind auch tüchtig. Sie haben meistens das Sagen, wenn es um Organisation innerhalb der Familie geht und immer häufiger auch in beruflichen Angelegenheiten. Inzwischen haben Frauen Kooperativen gebildet, bekommen Minikredite. Sie arbeiten gemeinsam, sind erfolgreich. Ihre Männer können ihnen nicht reinreden.

UNSCHULDIG UND GÖTTLICH ZUGLEICH

Zurück von dieser herrlichen Reise war ich sehr gespannt darauf, was als Nächstes geschehen würde. Pieter meldete sich schon am Tag meiner Ankunft. Per SMS hatte er erfahren, wann wir zurück sein würden. Er, ein sympathischer, sehr aktiver und sportlicher Mann, schien plötzlich Interesse an mir bekommen zu haben, was mir bisher verborgen geblieben war. Mich hatte der Gedanke an ihn in Afrika wie aus dem Nichts erbeben lassen und wahre Ströme von Lust in mir aktiviert. Ich hatte vorgängig keine solchen Gedanken gehegt und sagte ihm, ich hätte in Afrika auch öfters mal an ihn gedacht und fragte nach, wie es ihm während meiner Ferien ergangen sei.

Ohne Zögern vertraute er sich mir an. »Du bist mir in Gedanken oft so nah gewesen, dass mich eine sehr starke Sehnsucht überfiel, die mich fast um den Verstand brachte. Ich konnte nur noch an dich denken und musste mich befriedigen. Ich muss gestehen, das war sehr intensiv.«

Ich war wirklich überrascht, zuerst, weil das so klar bei mir angekommen war, und dann, dass es vor der Reise keine Anzeichen dafür gegeben hatte. Wir hatten bei Begegnungen relativ offen über unser Beziehungsleben kommuniziert.

Seines war schon länger belastend, denn er lebte inzwischen getrennt von seiner Frau, fühlte sich schuldig, obwohl er viel getan hatte, um die Ehe zu retten oder zu kitten, so erzählte er mir. Das war natürlich nur die eine Seite. Was ihm seine Frau wirklich vorwarf, musste ich mir zusammenreimen. Wir trafen uns von nun an öfters zum Essen und erlaubten uns zärtliche Berührungen, und ich muss gestehen, dass ich mich wie in der Pubertät fühlte. Irgendwie unschuldig, nach der längeren Abstinenz und energetisch neu ausgerichtet. Gleichzeitig wirkte ich wohl sehr sinnlich-weiblich, ohne das betonen zu wollen. Das Glück strahlte in mir, erfüllte mich, und es strahlte aus mir heraus.

Er schien diesen starken Energien plötzlich ausgeliefert zu sein und es drängte ihn buchstäblich zu mir. Wir beschlossen, dass er bei mir wohnen könne, wann immer er wolle. Ich genoss seine einfühlsame Zärtlichkeit, seine Nähe und das Zusammensein immer mehr. Es gewann an Intensität, und auch die Zuneigung wuchs. Sein Körper war schlank, athletisch und trotzdem nicht verhärtet. Nichts fühlte sich plump an, nie wurden seine Hände grob. Als wir das erste Mal zusammenkamen, war ich schon so offen und empfangend, als wären wir schon sehr vertraut miteinander.

Ich atmete zuerst bewusst in die Herzgegend, ließ das Gefühl der tiefen Zuneigung fließen, und dann konzentrierte ich mich sehr entspannt und tief in die Bauchregion. Ich konnte seine Seelenpräsenz und seine Aura, die mich umhüllte, gut wahrnehmen. Es gab nur noch uns, alles andere war gelöscht. Ich spürte die Energie wie ein warmes, leichtes Kribbeln im ganzen Körper. Seine Nähe ohne Drängen, ohne schnelles oder zielgerichtetes Wollen war Genuss pur. Er hatte nie Eile, ließ sich Zeit, sich einzufühlen, stöhnte gleichzeitig von der Stärke des Verlangens. Ich blieb passiv und doch war alles in mir aktiviert. Als er sehr langsam in mich eindrang, entlud sich sein Samen sofort. Zuerst war es ihm peinlich, weil er das so nicht kannte und bedauerte es. Für mich geschah es als ganz natürlicher Verlauf dessen, was ich schon in Afrika wahrgenommen hatte. Ich nahm ihn auf und genoss es, ihn in mir zu spüren. Ich flüsterte: »Es ist wunderschön« und atmete bewusst die Energie der Verschmelzung ein. Er konnte die Erektion bewegungslos lange halten, was das Gefühl noch verstärkte. Wir waren in diesem einen Augenblick auf allen Ebenen verbunden. In mir wuchs ein Glücksgefühl, ohne selbst einen physischen Orgasmus zu erleben. Was uns verband, bildete eine neue Form von Erfüllung, sodass ich mich immer mehr ausgedehnt fühlte. Es war die Essenz gegenseitiger Hingabe, die da wirkte. Es war ein stilles und unbeschreiblich starkes Gefühl, das mich erfasste. Auch später, wenn ich mit ihm zusammenkam, war es jedes Mal ein Genuss. Das erste Mal war sanft abgelaufen und war doch von einer hohen Intensität, die sich hauptsächlich innerlich entfaltete.

Ich nahm ihn eines Tages zu einem Treffen der spirituellen Gruppe mit, und er fühlte sich angenommen und ausgesprochen wohl, auch wenn ihm vieles fremd war. Die Freiheit, die wir Gruppenmitglieder lebten, wie wir miteinander umgingen, die Offenheit, mit welcher wir über alles sprachen, bewunderte er. Ebenso bewunderte er die Integrität, mit welcher ich meine Wahrheit lebte, und sie machte ihm gleichzeitig Angst.

Mehr als einmal sagte er zu mir: »Wenn mehr Menschen so denken und handeln würden, hätten wir eine bessere Welt.«

»Warum willst du es denn nicht so leben, wenn du es so klar positiv siehst?«

Er dachte lange nach: »Ich weiß nicht, ob ich den Mut dazu hätte. Dazu müsste ich zu viel ändern, in der Arbeit, meine ganze Einstellung zur Familie.«

Natürlich sah auch ich mich mit meinen eigenen Grenzen, Wünschen oder meinem Willen konfrontiert. Der Unterschied ist, dass ich immer bereit war, das, was mir bewusst wurde, zu verändern, zu durchbrechen, loszulassen.

Pieter brauchte Kontrolle und Sicherheit. Beruflich handelte er klug, und ich dachte oft, dass er fähig wäre, neue großartige Konzepte zu verwirklichen, was er in seiner Freizeit tat. Er wählte beruflich die eher konservative Lösung. Meine finanzielle Unabhängigkeit, meine Eigenständigkeit und dass ich keine Unterstützung von ihm brauchte, um zurechtzukommen, schien ihm Mühe zu bereiten. Ich war für seinen Geschmack als Frau zu eigenständig, und ein bedeutsamer Ausspruch, der die Trennung begleitete, lautete:

»Du brauchst mich ja nicht.«

Es hätte ihm den Boden genommen, wenn er sich nicht mehr für jemanden, den er liebte, als Beschützer oder Retter engagieren konnte, wie er es gewohnt war.

Dass Emotionen, auch die heftigsten, ein Ausdruck von Liebe sind, ging ihm ebenso gegen den Strich. Er war nicht der erste Mann, der mit meinen Emotionen Schwierigkeiten hatte. Wenn ich dann bei Gewaltverbrechen bat, tiefer mitzufühlen, statt einfach zu verurteilen, schien das nicht nur ihm paradox. Wenn es um Brutalität oder auch physische Verletzungen geht, sind wir in unserer Gruppe der Überzeugung, dass es nicht im üblichen Sinne ein Opfer und einen Täter gibt, sondern, dass beide sich gegenseitig bedingen und dass jedes Opfer aufpassen muss, nicht selbst zum Täter zu werden oder bereits ist. Das geschieht, wird aber meistens nicht so wahrgenommen. Dieses Denken widerstrebte Pieter. Er sah sich als Opfer gewisser Umstände, was ich ihm nicht abnahm.

Manchmal ist eine Symbiose lähmend für die Entwicklungen beider. Es geschieht oft zwischen Eltern und Kindern, aber auch zwischen Paaren. Abhängigkeiten entstehen, weil einer aus Sorge für den anderen nicht loslässt und sich beim anderen das Gefühl der Hilflosigkeit verstärkt. Es dient keinem von beiden, weil dabei unnötige Energie verloren geht. Wenn einer der beiden das Muster durchbricht, bekommt jeder die Chance zur Veränderung.

ERFAHRUNG VON EINHEIT

Kurz vor den Feiertagen kamen Pieter und ich in den Genuss des Paulus Oratoriums in einer Kirche in Rheinfelden. Sie war bis auf den letzten Platz besetzt. Die Gesänge, die Stimmen, die gesamte Darbietung war eindrucksvoll und hätte nicht schöner sein können. Im Laufe des Konzertes baute sich ein starkes Einheitsfeld zwischen den Sängern, den Musikern und dem Publikum auf. Es fühlte sich an, als wären wir in ein Friedensbad eingetaucht. Alle Zellen schienen in absoluter Harmonie miteinander zu schwingen. Während des ganzen Konzertes hielten Pieter und ich uns bei der Hand. Manchmal lag meine Hand ganz leicht in seiner, mal bedeutete ein wenig mehr Druck »es ist schön mit dir«. Mich durchströmte daraufhin eine nie erlebte *Glückseligkeit*. Energiewellen pulsierten vom gesamten Gebilde, das wir waren, in die Welt hinaus! Der große Chor, die fabelhaften Tenöre, der Sopran, das wunderbare Orchester, all das klang beseelt. Sie harmonierten miteinander, obwohl der Chor und die Solisten nur einmal mit dem Orchester geprobt hatten; sie harmonierten bis ins Detail, und wir als Liebende saßen mitten in einem Publikum, das ebenfalls im Banne der wundervollen Stimmung war. Eine Hoch-Zeit, wahrlich. Für mich war es eine Einstimmung auf göttlicher Ebene, wo man sich umgeben von Engeln fühlt und einfach alles andere vergessen kann. Es war wunderbar, solches gemeinsam zu erleben. Man kann es weder planen, erträumen noch üben, man muss einfach bereit sein zu empfangen, wenn es sich anbietet.

Genauso empfänglich war ich für Felder, die sich weniger gut anfühlten und dann hieß es, sie hindurchfließen zu lassen und nicht ins Drama hineingehen. Es war oft nicht mein Drama, sondern eine menschlich vorhandene Wolke von tristen Gedanken. Diese konnte sich auch plötzlich über einem Volk oder einer Gruppe von Menschen bilden. Wer nur noch die Wolke sah, wurde zweifelnd bis verzweifelt. Wer wusste, dass auch die Sonne hinter jeder Wolke scheint, verlor die Hoffnung nicht und bekam Hilfe.

Wäre unsere Beziehung nicht prädestiniert für weitere, tiefe und wunderschöne Erfahrungen? Eine echte Partnerschaft? Die Unentschiedenheit von Pieter begann mich auch zu lähmen. Er wusste, er hätte handeln müssen – jetzt. Pieter hätte einige Barrieren überwinden müssen, um mit sich selbst und mit mir dauerhaft glücklich zu werden. Verständlicherweise gibt es Menschen, die es nicht ertragen können, wenn jemand eine Wahrheit ausspricht, von der sie fühlen, dass sie stimmt, das aber doch nicht wahrhaben wollen. Pieter gab sogar zu, dass er schon wisse, »aber« und dann verlor er sich jedes Mal in Selbstmitleid. Es gab Menschen in meinem Umfeld, die meine Offenheit schätzten oder schätzen lernten. Auch ich habe mich über unangenehme Wahrheiten, Schwierigkeiten sowie Auseinandersetzungen weiterentwickelt. Für mich waren sie immer ein Weg, dessen Weisheit es zu ergründen galt. Stillstand wünschte ich mir nicht. Es gelang mir, die wirklich göttlichen Erlebnisse mit ihm als Geschenk zu sehen. Nichts ist von Dauer, und so galt es, den Moment zu leben und zu genießen.

Jeder von uns ging den eigenen Interessen ungehindert nach, und jedes Mal, wenn wir etwas gemeinsam erlebten, schien es etwas Besonderes zu sein. In vielem harmonierten wir sehr gut, doch für eine Partnerschaft gab es noch zu viele Hindernisse. Ständig sprach er davon, dass seine Frau ihn vielleicht doch noch zurückhaben wollte, obwohl schon seine Beziehung zu mir kontraproduktiv wirkte. Nein, weder wollte ich weiter zuschauen, wie er sich um sich selbst drehte, noch mitmachen. Ich wurde mehr und mehr zu seiner Trösterin, Beraterin und Therapeutin, was mir nicht zusagte. So begann ich mich zurückzuziehen und empfahl ihm, den neuen Raum zu nutzen, der sich ihm bot, um herauszufinden, was er wirklich wollte.

Mein Verstand sagte: »*Ein Mann, der sich so vehement dagegen wehrt, seine Rollen als Ernährer, Beschützer, Ritter abzulegen, passt nicht zu mir.*«

Mein Herz: »*Es gibt Gefühle, die Grenzen sprengen, alles hat eine Wirkung. Habe Geduld.*«

Ist es Liebe, wenn wir einander *brauchen*? Wenn es zur Abhängigkeit wird, ist die Liebe nicht frei. Es darf nicht die Grundlage einer erwachsenen, gesunden Beziehung sein. Sich zu ergänzen, ist wunderbar, dass jeder seine Qualitäten lebt und einbringt, ebenfalls. Eine zu starke Bindung kann Energie rauben, und ich vermutete, dass dies einer der Gründe war, warum sich seine Frau von ihm getrennt hatte. Er glaubte immer noch, dass sie ihn brauchte.
Ich schlug vor: »Bis du genau weißt, welche Beziehung du leben willst, ist es besser, wenn wir uns sexuell zurückhalten. Dieses Hin und Her macht mich fertig.«

Kurz darauf musste ich feststellen, dass er eine neue Freundin hatte, was er dann auch zugab. Er könne einfach nicht anders und sei ja selbst erstaunt, bei den Frauen so erfolgreich zu sein.

Dass er weinte, als wir unsere Wohngemeinschaft definitiv beendeten und er seine Sachen holte, tröstete mich ein wenig. Seine Seele wusste, dass er hätte anders handeln sollen, ihm war es nicht klar. Erst ein halbes Jahr später schien ihm die Qualität, die wir gelebt hatten, voll bewusst zu werden, insbesondere was die Sexualität anbelangte. Ein weiteres Jahr später sprach er auch über die tiefe, fühlbare Verschmelzung während unserer Zusammenkünfte, die er nun ebenfalls göttlich nannte. Sehr oft hat er das im Nachhinein wieder erwähnt. Doch es gab kein Zurück. - Es dauerte noch einige Zeit, bis er sich scheiden ließ, und dann begann sich ein vollständig neues Leben aufzubauen, worüber er mich während sporadischen Besuchen auf dem Laufenden hielt.

DIE MAGIE VON AFRIKA

Wieder war ein Jahr vergangen, neue Mieter, ein Mann und eine jüngere Frau, boten jetzt wirkliche Herausforderungen. Die Mieterin war bereit, sich um alles zu kümmern. Das traute ich ihr zu, und meine Tochter und eine nette Bekannte waren ja auch noch in Reichweite. Ich freute mich, mal wieder wegzukommen. Wir wollten nun auch andere Länder Afrikas besuchen, und diesmal überlegte ich nur einmal kurz.

Es gibt diese irdisch erfahrbare Götterebene, die man speziell in Afrika erleben kann. Es mutet seltsam an, wenn ich die Mentalität der Afrikaner des Südens oder der Mitte betrachte – ich weiß.

Sehr viele afrikanische Männer lassen gerne die Frauen die schweren Arbeiten erledigen, das konnten wir mehrfach feststellen. Dasselbe habe ich in unterschiedlicher Ausprägung in Indien, auf den Philippinen, in Vietnam und Kambodscha erlebt. In jedem Familienclan gibt es eine weise Frau oder einen weisen Mann. Es gibt einen Dorfältesten, der das Sagen hat. Wir erfuhren, dass die Afrikaner gerne in den Tag hinein leben. Sie sind so sehr im Moment, dass sie sich auch keine Sorgen um das Morgen machen. Das bewirkt, dass viele übermäßig verschuldet sind, weil sie die Ausgaben nicht planen. Wenn Geld da ist, geben sie es aus. Außer Lebensmitteln, die bar bezahlt werden, wird alles auf Pump gekauft. Das Kreditgeschäft boomt. Als wir uns in einem Geschäft mit originellen Stoffen, Röcken und anderem eindeckten und direkt bezahlen wollten, erhielten wir ungefragt Rabatte.

Südafrika wurde stark von Europäern geprägt und hat von allen afrikanischen Ländern deren größten Anteil. Kapstadt, Johannesburg und Durban sind sehr moderne, wenn auch durch Kriminalität gebeutelte Städte. Angst hatten wir nie und bewegten uns auch tagsüber unbehelligt.

Die Göttinnenkraft dieses Landes wurde während der ersten Reise als Urkraft in uns aktiviert. Wir fühlten alle Energiekörper mitschwingen und pulsieren, verstärkt durch das Urtümliche von Afrika. Die Erde ist fruchtbar, die Sonne glüht in einer besonderen Art, und die Farben der afrikanischen Wüste sind bunt, ja traumhaft schön. Es ist ein Afrika, das die Qualität des Ureinwohners noch reflektiert und den Prozess des Aufschwungs verlangsamt, was wohl nicht nur zu dessen Schaden ist.

In gewissen Gebieten ist die Zeit stillgestanden, in anderen, besonders wo die Weißen auftauchten, ging es rasant vorwärts, leider nicht immer zum Vorteil der Urafrikaner. Es wird viel Fuselalkohol getrunken, und Drogen erleichtern den Alltag der Arbeitslosen. Früher dienten die Drogen der Gesundung und Vitalität, heute bewirken sie Abstumpfung. Afrika ist reich an Rohstoffen, und die Tierwelt trägt das übrige bei, damit Menschen aus anderen Kontinenten, speziell Europa, sich hingezogen fühlen. Warum tendiert der weiße Mann immer auf Ausbeutung?

RUNDREISE AFRIKA

Ankunft auf dem OR Tambo Flughafen, Johannesburg, wo wir diesmal von einem jüngeren, blonden, sportlich wirkenden Reiseleiter abgeholt wurden, dem anzusehen war, dass er nicht gerade begeistert war, diese Reise mit uns zu machen. Die Fahrt in Richtung Norden nach Limpopo verlief reibungslos.

Elim

Unser Van war bequem, und wir richteten uns ein, damit an die 3'000 Kilometer zu machen. Wir besuchten eine sehr schöne Töpferei, die das Handwerk noch nach altem Muster pflegt, und unterhielten uns, so gut es ging, mit der einen Töpferin. Die Harmonien der Muster begeisterten uns. Es folgten weitere Besuche in der Umgebung in anderen Ateliers, und bei einem Künstler erlaubten wir uns, die schönen, großen Holzfiguren zu berühren, und schon bemerkten wir, dass unser Reiseleiter das gar nicht goutierte und ungeduldig wurde. Das konnte ja heiter werden.

Weiter fuhren wir nach Mapungubwe immer in nördlicher Richtung zur Grenze nach Botswana.

Unterwegs besuchten wir diverse Höhlen und schöne Gebiete und erreichten gegen Abend Botswana, wo wir in der Nähe des Flusses in einer schönen Lodge nächtigten. Wieder hatten wir einzelne Bungalows.

Sherwood

Nach langer Fahrt die Ankunft beim Fluss gegen Abend. Vor unserem Fenster grasten friedlich Flusspferde. Niemand hatte uns davor gewarnt. Scheinbar wagten sie sich sonst nicht so nahe an die Häuser der Menschen heran. Ich ging mit meinem Fotoapparat um die nächste Ecke, und mit anderen beobachteten wir das Grasen dieser plumpen Tiere. Als ich aus meinem Versteck ein Foto mit Blitz machte, blickte eines der Tiere in meine Richtung.

Sofort raunzte mich unser Reiseleiter an: »Bist du lebensmüde?«

Dabei stand ich doch in Deckung.

»Es grast ja ruhig weiter und hat uns bestimmt schon längst entdeckt.«

Er wurde so wütend, wurde ganz rot im Gesicht und sagte: »Wir reden noch darüber, aber jetzt Ruhe! ».

Er steigerte sich, wie es schien, in etwas hinein. Und das nur, weil ich nicht sofort klein beigegeben hatte?

Beim Nachtessen hielt er uns einen Vortrag, wie gefährlich die Tiere seien und dass wir ihm jederzeit absolut gehorchen müssten. Nur hatte der gute Mann ja vorher nichts gesagt, und ich entgegnete, es sei doch alles gut ausgegangen. Nun drohte er: »Wenn ihr mir nicht gehorchen wollt oder so etwas nochmals vorkommt, werde ich die Reise sofort abbrechen.« – Na toll!

Schon sehr schnell schien er mit unserer eigenständigen und eigenverantwortlichen Einstellung überfordert und begann eine Art Machtkampf. Einerseits nahm er seine Verantwortung als Reiseleiter sehr ernst, was wir schätzten, andererseits schien er auch schon ziemlich unliebsame Erfahrungen gemacht zu haben, die er nun auf uns projizierte. Es zeigte sich auch bald, dass er nicht viel von Frauen hielt. Und wir waren in der Gruppe sechs Frauen und ein Mann.

Nata

Nach längerer Fahrt durch unbewohntes Land tauchte eine bewohnte Siedlung mit einem Haupthaus und mehreren Zelten auf. In deren Mitte befand sich ein schöner Swimmingpool und weiter unten eine Art Teich. Das Essen wurde auf einer luftigen Veranda serviert.

Tatsächlich erschienen schon bald Elefanten am Wasser, die, ohne uns zu beachten, tranken und danach wieder davon trotteten. In der einen Lodge hörten wir in der Nacht den Löwen brüllen und waren froh, dass das Gebiet mit einem Zaun abgesichert war.

Am nächsten Morgen fuhren wir sehr früh in die Salzpfanne. Wir machten uns also auf den Weg tiefer in eine Einöde. Diese Salzpfanne war baumlos und glich einer Wüstenlandschaft, einer Art Niemandsland, wo wir die einzigen Menschen zu sein schienen.

Mystik bereitete sich aus. Die unberührten Flächen wurden multidimensional und dann sahen wir plötzlich ein paar Fußspuren, die sich im Nichts verloren, weiter vorne einen Schuh und – weiter nichts. Wir hielten inne, und schon befanden wir uns jenseitig. – Gab es hier ein Tor in eine andere Realität? Was war mit der Person geschehen, die den Schuh verloren hatte? Wir erhielten innere Bilder, die uns ebenfalls in eine Dimension entführten, die mich an

Lemuria erinnerte, wo die Luft in Farben flimmert, obwohl der Boden eintönig ist und sich Welten aus dem Nichts erschaffen, wo Gestalten feinstofflich umhergehen in einer Leichtigkeit, als wüssten sie genau wohin. Beim Kaffeehalt am nächsten Aussichtspunkt, erblickten wir unten Wasser und Pelikane, ansonsten war es still. Wenn wir nur horchten, konnte man die Stille richtiggehend greifen.

In der Meditation haben wir uns nochmals mit dieser Ebene verbunden, und das Thema war, »sich in Nichts auflösen« und dass dies öfter vorkommt, als man gemeinhin annimmt. Wenn der Körper aus Energien besteht, können diese sich so beschleunigen, dass ein Mensch unsichtbar wird oder eben nicht mehr zurückkehrt.

Am Tag der Weiterreise lag eine Gazelle mitten auf der Einfahrt. Viele Menschen standen darum herum und man wusste nicht, ob sie angefahren oder von einem anderen Tier angegriffen worden war. Sie lag ziemlich apathisch da, reagierte nicht auf Annäherungen. Man bat die Sensiblen unter uns wegzugehen, denn sie würden dem Tier den Gnadenschuss geben. Danach war die Bahn frei.

Botswana

Nach einem Abstecher an die Victoria Fälle und abends nach einer Sonnenuntergangs-Flussfahrt auf dem Zambesi River mit Aperitif und einer Übernachtung ging es zurück nach Botswana. Unser Fahrer schien hohe Ansprüche an sich selbst zu stellen. Er hatte einen Perfektionsdrang, der ihn oft stur erscheinen ließ. An diesem Tag platzte ein Reifen. Schon das machte ihn sauer und als wir ihm helfen wollten, wies er uns an, ihn machen zu lassen. Er wechselte den Reifen, und weiter ging es in ziemlich unwegsamem Gelände und, oh Schreck, nun platzte auch noch der Reifen auf der anderen Seite. Wir vermuteten, dass das Profil der Pneus wohl zu wünschen übrig ließ, aber verhielten uns diesmal ganz still, nicht ohne ein wenig mit Schadenfreude meinerseits, ganz ehrlich. Diesmal reparierte er den Reifen mit einer Ersatzfüllung, und danach geschah zum Glück nichts mehr dergleichen.

Chobe National Park

Am Nachmittag gingen wir wieder in einem Jeep auf Safari für Wildbeobachtungen, wo wir viele Elefanten sahen. In Botswana dürfen sie nicht abgeschossen werden und vermehren sich leider so stark, dass sie das ganze Gebiet kahlfressen, wovon viele Baumstrünke erzählen. Wir hörten eine Zahl von über 100'000 Elefanten, alleine in diesem Park. Wir waren begeistert und fragten uns auch, wohin das führen würde. Inzwischen haben sich die angrenzenden Länder Namibia und Südafrika dazu bereit erklärt, für die Tiere Übergänge zu bauen von einem Wildpark zum anderen. Natürlich sahen wir noch viele andere Tiere wie Gnus, Springböcke, Antilopen, Giraffen. Hier schienen sie überhaupt keine Scheu vor den Menschen zu haben.

Am darauffolgenden Tag fuhren wir weiter, reisten durch wenig besiedeltes Gebiet, und es war überraschend, wie mitten im Niemandsland plötzlich eine luxuriöse Wohnanlage für Touristen auftauchte.

Kasana

Hier unternahmen wir eine weitere Fahrt auf dem Fluss mit Namen Kawangor River. Die Sonnenuntergänge Afrikas sind hier legendär.

Diese Fahrt ermöglichte mir eine weitere schöne Erfahrung. Wir genossen einen gemütlichen Aperitif auf einem der Touristenschiffe und sahen Elefanten am Ufer in einer idyllisch schönen Landschaft. Alles erstrahlte in einem orange-goldenen Ton und war dazu angetan, mit dieser Energie zu verschmelzen. Einfach nur sein. Ich genoss jeden Augenblick, bis ein Ehepaar auf mich aufmerksam wurde und mich ansprach, wissen wollte, woher ich kam und so die üblichen Fragen stellte, was für eine Gruppe wir seien. Ich erklärte kurz, dass wir hier seien, um Verbindung zum Urwissen und zu den Krafttieren aufzunehmen. Dann begann der Mann zu erzählen, warum sie diese Reise machten. Er und seine Frau kamen nicht über den Tod ihrer Tochter hinweg, die Selbstmord begangen hatte, und sie hofften, hier Abstand zu gewinnen. Seine Frau war eher zurückhaltend und schien sich zu wundern, warum er mit einer wildfremden Frau darüber sprach. Es entstand eine Verbindung auf Seelenebene, die fühlbar war. Da ein Selbstmord für mich oder unsere Gruppe als Tat kein Drama ist, erklärte ich ihnen, dass sie beide keine Schuld traf, weil man einen Selbstmord, der ernst gemeint sei, fast nie verhindern könne. In gewissen Menschen rufe die andere Ebene so laut, dass man sie nicht zurückhalten könne, und doch seien sie ganz nah, wenn man ins Herz hineinfühle. Im Laufe des Gesprächs verspürte ich eine tiefe Herzensverbindung und ließ mein Mitgefühl für ihre Situation und meine Zuversicht in dieses Gespräch einfließen. Plötzlich hatte der Mann Tränen in den Augen, und beide schienen sich bereitwillig für dieses neue Bewusstsein zu öffnen. Es war ein sehr eindrücklicher Moment von Seelenverbindung. Ich verabschiedete mich mit einem freundlichen Nicken von ihnen und ging zurück zur Gruppe. Elfriede, die hellsichtige Freundin, sagte, dass sie das Energiefeld gesehen habe, das wir aufgebaut hätten und dass diese Erfahrung mit mir das Ehepaar noch lange begleiten würde. Ich fühlte mich ebenfalls sehr bereichert.

Als unser Schiff wieder anlandete, verabschiedeten wir uns von unseren schwarzen Bootsführern, und ich wusste nicht, wie mir geschah. Ich umarmte spontan einen der drei, in einer liebevollen und reinen Absicht. Die Umarmung währte etwa fünf Sekunden, und es floss unglaublich viel durch uns hindurch, bis ich spürte, dass sich etwas veränderte. Ich lächelte, und weg war ich. Ich konnte mir diesen ersten Impuls nicht erklären. Es gibt Momente, die heilig sind, dann ist alles möglich, und es werden keine Erklärungen benötigt. Sie sind einmalig und nur für diesen Moment gedacht.

Ein weiteres Mal übernachteten wir in einem Hotel, das ziemlich abgelegen lag, und als bräuchten wir zusätzliche Unterhaltung, tauchte nach dem Essen wieder eine Gruppe Tänzer auf. Wir sahen wilde und auch sehr anzügliche Tänze, besonders von jungen Mädchen, die vermutlich etwa 11 oder 12 Jahre alt waren und ihre Reize voll ausspielten. Ich möchte nicht hoffen, dass sie damit bezweckten, Touristen zu verführen. Die Beweglichkeit der Gliedmaßen, das Schwingen der Hüften, schlangenähnlich oder lasziv, dann wieder wild und ungezügelt, fast übermenschlich, war auf jeden Fall faszinierend.

Etosha National Park

Nach dem Frühstück fuhren wir Richtung Etosha National Park. Unterwegs hielten wir an, um einen riesigen Hobameteoriten zu besichtigen. Wir konnten ihn umspannen, wenn wir uns zu acht an den Händen hielten, so riesig war er. Er glänzte metallisch in der Sonne und schien mit uns zu sprechen. Wir schlossen die Augen und ließen die Energie auf uns wirken, und es war, als ob sich das Eisen des Meteoriten mit unseren Zellen verband. Ich fühlte mich entrückt und verlor ein wenig den Boden unter den Füssen. Eine andere Frau begann zu weinen. War es die Sehnsucht nach dem Ort, woher er kam?

Auf der Weiterfahrt sahen wir Dörfer, die eher eine lockere Ansammlungen von Hütten waren, wo fast vor jeder Rauch hochstieg. Als wir tankten, wurden wir von Buben angesprochen, die unsere Scheibe putzen oder beschenkt werden wollten.

Wir kamen früh genug beim National Park an, dass wir schon mal einen ersten Eindruck bekamen. Der Park misst mehr als 22'000 Quadratkilometer und beherbergt eine Vielzahl an unterschiedlichen Landschaften und Lebensräumen für Tiere, in dessen Zentrum die gewaltige Fläche der öden Etosha Pfanne liegt, was so viel bedeutet wie *der Platz des trockenen Wassers*. Hier kann man fast alle Säugetier-, Reptilien- und Insektenarten des südlichen Afrikas antreffen, einschließlich Hunderter von Vogelarten, die während der afrikanischen Sommermonate durch Zugvögel ergänzt werden – eine wahrlich beeindruckende Vielfalt auch von Erdmännchen und anderem Getier.

Dass wir fast jeden Abend vor den Hotels Elefanten beobachten konnten, die zur Tränke kamen, war auch jedesmal ein Highlight.

Wieder *fraß sich unser Jeep* Kilometer um Kilometer Richtung Süden über Outjo nach Twyfelfontein. Dort befinden sich unzählige Fundorte mit Felsgravuren. Man nannte uns die Zahl von 2'000. Welcher Reichtum für Archäologen.

Khorixas in Namibia

Danach ging es weiter in den versteinerten Wald, wo etwa 50 versteinerte Baumstämme liegen, die bis zu 30 Meter lang und ca. 200 Millionen Jahre alt sind. Sie waren Millionen von Jahren in einem Flussbett mit Schlamm bedeckt gewesen, hatten Kieselsäure aufgenommen und versteinerten dadurch. Jetzt waren sie umgeben von niedriger Vegetation.

Unser Führer war ein ganz besonderer Mann, der aus einem nahegelegenen Dorf stammte, welche die Sprache der Klicklaute kennen. Er demonstrierte uns die Klicksprache, eine Art Gaumenklappern mit der Zunge, das sehr lustig klang. Es nachzumachen war nicht möglich.

Es wurde ein langer Tag, auch für unseren Fahrer und Reiseleiter, und er war wohl deswegen ziemlich grantig. Elfriede erklärte uns, dass er auf Entzug sei. Sie sah, dass er gewohnt war, regelmäßig Alkohol zu konsumieren und jetzt, wo er fahren müsse, hätte er sich zurückgehalten und wartete nun darauf, dass es Abend wurde, um zu trinken. Wir saßen an diesem Abend alle am selben Tisch. Unser Schweizer Freund teilte in jedem Hotel das Zimmer mit jemand anderem, schon das schockierte den Reiseleiter. Natürlich kannten wir uns alle gut und schon so lange, dass es eine tiefe geschwisterliche Liebe war, die wir teilten, die es uns erlaubte, absolut unkompliziert mit allen das Zimmer zu teilen. Eine unserer Frauen hatte während des Nachtessens aus Jux unseren Gruppenfreund unter dem Tisch am Bein und Knie gestupst. Er selbst hatte immer mal wieder den Impuls, die eine oder andere von uns mal hier, mal da zu kitzeln oder uns zu erschrecken, was sehr spielerisch ablief und uns manchmal auch wieder zu Kindern werden ließ. Da bemerkte die Freundin, dass er nicht reagierte, der Reiseleiter daneben aber immer größere Augen bekam, weil sie das Bein des Reiseleiters mehrfach gestupst hatte, nicht das des Freundes. Seine Verblüffung darüber, weil er das jetzt gar nicht einordnen konnte, und die Situationskomik ließen uns Tränen lachen. Wir haben noch Jahre später sehr gelacht, als wir uns daran erinnerten, wie sehr wir den Reiseleiter verunsichert hatten, der nämlich nicht abgeneigt war, kurze Abenteuer zu haben, was aber in unserer Gruppe bei niemandem ankam. Ich hatte schon lange nicht mehr mit einem so starken Macho-Gehabe zu tun gehabt und musste mich immer wieder zusammenreißen, um Mitgefühl zu haben und mich nicht zu nerven, denn würde ich mich nerven, dann verstärkte ich die Energie gegen mich. Ihn anzunehmen, wie er war, würde alles viel leichter machen, für beide. So bot sich fast jeden Tag für eine andere Reiseteilnehmerin ein Übungsfeld mit ihm. Armer Mann mit so vielen starken Frauen.

NAMIBIA

Für die 388 Kilometer brauchten wir wieder 6 Stunden. Wir sahen den höchsten Berg Namibias (2'585 Meter), einen riesigen Granitblock, der mitten aus der Namib Wüste ragt und kamen in Swakopund an.

Swakopund

Hier mutet vieles europäisch an. Es ist ein richtiger Ferien- und Touristenort mit guten Hotels und vielen schönen Geschäften. Es scheint hier viele Holländer zu haben.

Am nächsten Morgen machten wir uns auf zur Bootsfahrt via Walvis Bay Hafen und Lagune nach Pelikan Point und zum Lighthouse. Unterwegs sahen wir Pelikane und zu Wasser eine riesige Robbenkolonie. Für die Touristen schienen zwei Exemplare dressiert worden zu sein, denn sie hüpften auf unser Schiff, und der dickste watschelte in Richtung Gruppe und wollte umarmt werden. Als er zu Stefan watschelte, dieser ihn umarmte, wurde er rückwärts von der Bank geworfen, was zu großem Gelächter beitrug. Danach wollte der liebe Seehund, dessen Namen ich nicht mehr weiß, mit Fisch belohnt werden. Auch wir wurden verwöhnt und durften frische Austern, ein leichtes Essen aus Tintenfisch, belegte Brote und ein Glas Sekt genießen. Da sich die Austernfarm in den Gewässern befindet, wurden die Austern nur kurz vorher aus dem Meer geholt. Mir haben sie herrlich gemundet. Es war das erste Mal, dass ich solche schlürfen durfte. Anschließend kehrten wir zum Walvis Bay Yacht Klub zurück.

Dem Erleben noch nicht genug, hatten wir am Nachmittag die Wahl zwischen einem Flug über die Wüste oder einer Tour mit einem Quadbike, einem Motorrad mit vier Rädern, in die Namibwüste. Ich hatte mich als einzige für die Dünenfahrt entschieden und bestieg dann ziemlich nervös das Quadbike.

Wir waren eine kleine Gruppe von 5 Leuten auf diesem schönen Ausflug in die Wüste. Es war fast wie auf einer Skipiste. Es gab keine festgelegten Spuren und mal ging es steil hoch und wieder hinunter. Manchmal war der Sand fest, dann wieder weicher. Holprig, dann wieder rutschig war die Fahrt, die unsere schweren Fahrzeuge meisterten. Je weiter wir in die Wüste fuhren, desto imposanter wurden die Dünen. Nach einem kurzen Halt, während welchem wir die Schönheit der Landschaft aufsogen, wollte jeder noch ein Foto haben. Wie weit wir gefahren waren, weiß ich nicht, doch ich weiß noch, dass alles unberührt schien, als wären wir die ersten. Und wir waren auch die einzigen weit und breit. Ich war stolz auf mich, und es blieb ein unvergessliches Erlebnis.

Sesriem

Wieder lag eine 6-stündige Fahrt vor uns Richtung Süden durch den Namib Naukluft Park via Kuiseb Canyon und den Gaub Pass. Diese Flussabschnitte mit ihren Felswänden, dem im Tagesablauf wechselnden Farbenspiel, die Vegetation zu erleben, war traumhaft schön. Die Höhlen und Kolken gehören zu den Landschaften, die man als Namibiareisender nicht missen sollte. Ausgestiegen sind wir erst bei der zerklüfteten Mondlandschaft mit dem Glimmerschiefer, der aus Granit und hellen Deckschichten bestand. Wir stießen hier auf die einmalige Wüstenpflanze Welwitschia Mirabilis, ein sehr seltsames Gewächs, das dem Boden nahe wächst, mit großen chaotisch angeordneten Blättern und wenigen spektakulären Blüten. Diese Urpflanzen leben vom Nebel und nehmen durch feines Wurzelwerk aber auch Feuchtigkeit aus der obersten Bodenschicht auf und scheinen nur wenig vom Boden wegwachsen zu wollen. Nun ging es definitiv nach Sesriem, wo wir am nächsten Morgen den Ausflug zum Sossusvlei Gebiet, einer 300 Kilometer langen und 140 Kilometer breiten Dünenlandschaft mit einer riesigen Lehmbodensenke machten. Hier sahen wir die höchsten Dünen der Welt aus rotem Sand. Ich war überwältigt von der Farbe und der Perfektion der Dünen und wie das Licht- und Schattenspiel je nach Sichtwinkel wechselte. Obwohl die Dünen sehr hoch sind, scheinen sie keine Gefahr zu bergen. Wir kletterten hier hintereinander auf die Krete einer hohen Düne und ließen uns nieder. Es wurde still, kein Wind, kein Auto, kein Laut drang zu uns, und es breitete sich ein Gefühl von Unendlichkeit aus. Diese Dünenlandschaft ließ uns in eine Welt ohne Zeit versinken. Zum Abschluss gönnten sich einige eine Rutschpartie auf dem Allerwertesten, und unten gelandet blieb ein inneres kindliches Jauchzen.

Es war ein wahrlich göttlicher Abschluss dieser Reise.

ENTSCHEIDUNG OFFEN

Ich verlebte ein sehr bewegtes Jahr mit einer neuen Mieterin und einem Mann, der massive, manisch-depressive Schübe hatte. Ein gutes Übungsfeld bot sich, um Toleranz zu üben und auch immer wieder Grenzen zu setzen. Es waren intensive Beziehungsfelder. Ich bewirkte bei diesen Bewohnern Verbesserungen ihres labilen Zustandes und genoss gleichzeitig die bereichernden und friedvollen Momente, die uns gegeben waren.

Ich arbeitete nun 20 % in einem IT-Büro, hatte Mieter, und außerdem war ein erfreulich großer Geldbetrag auf mich zugekommen. Da ich inzwischen auch gelernt hatte, für mich einzustehen, bekam ich, was mir zustand. Alles lief zu meinem Besten. Ich war zur Ruhe und wieder in meine Göttinnenkraft gekommen, plus der Einsicht, das Leben genießen zu dürfen.

Schon bald war die nächste spirituelle Reise geplant, die mich beunruhigte und über die ich ständig nachdenken musste. Es ging um eine Weltumrundung mit sehr verlockenden Zielen, wie China, Japan, Neuseeland, Chile, die Osterinsel. Ich träumte regelmäßig von der chinesischen Mauer und sagte mir jeden Tag: »Nein, du gehst nicht schon wieder auf Reisen und vier Wochen sind lang, anstrengend und kosten zu viel.« So machte ich mir ständig Stress, indem ich dem vordergründigsten Wunschgedanken widerstand.

Eines späten Nachmittags, ich hatte Stunden um Stunden am Computer im Geschäft gesessen, machte ich mich bereit, um nach Hause zu gehen. Ich war überhaupt nicht geerdet, merkte es aber nicht. Ungeerdet zu sein, zeigt sich auch in Form von Gleichgültigkeit oder in Gedanken ganz woanders zu sein.

Sehr schnell erschafft man sich eine Situation, um wieder hier zu sein, indem man sich den Kopf stößt, Dinge fallen lässt oder erschrickt. Natürlich ist man sich dessen nicht vorher bewusst.

Normalerweise verließ ich das Büro bei Tageslicht, und jetzt war es bereits stockfinster. Ich öffnete die Türe zum Treppenhaus, trat in den dunklen Korridor und wollte den Lichtschalter, der von der gegenüberliegenden Wand leuchtete, erreichen. Ich hatte den Lichtschalter neben unserer Eingangstüre nicht in Erinnerung und übersah, dass zwei Stufen zum nächsten Absatz führten. Ich machte also einen Schritt nach vorn in die Dunkelheit. Knall und Fall ergab Unfall! Ich verdrehte meinen Fuß an der Treppenkante, rutschte ab, hörte es knacksen, knallte mit dem Knie auf den nachfolgenden Boden, verlor vollkommen das Gleichgewicht, wollte mich mit der einen Hand auffangen, dabei knickte mein Handgelenk um. Ich landete mit vollem Gewicht auf dem Daumen und dem nicht genug, knallte ich noch mit voller Wucht mit dem Kopf an die gegenüberliegende Wand. Betäubt blieb ich eine Weile liegen. Mir war übel vor Schmerz. Mein Fußgelenk, mein Knie, meine Hand, mein Kopf, alles tat weh. Keiner war mehr im Geschäft, der mir hätte helfen können. Also raffte ich mich auf, mühsam hinkend, teilweise stöhnend zum Tram zu gehen. Danach nahm ich den Zug, dann den Bus und lief die paar Schritte heim. Wie ich es nach Hause geschafft habe, weiß ich bis heute nicht mehr. Es schien eine Art Überlebensmechanismus, der mich angetrieben hatte. – Ich lag auf dem Bett und überlegte, litt vor Schmerzen und fühlte mich innerlich sehr unruhig. Es war mir am nächsten Tag nicht möglich, einer Einladung zu einer Hausbesichtigung zu folgen. Als ich absagte, hörte ich meine Lichtschwester sagen: »Du hast eine große Blockade, in der du feststecktest, energetisch durchbrochen, ich denke, du weißt auch welche.«

Starke Widerstände fördern Missgeschicke oder Verspannungen. Ich konnte mich nicht schmerzfrei bewegen, bekam Zeit, um nachzudenken. Etwas musste geschehen, aber was? Wo blockierte ich mich oder etwas?

Mir kam nur eines in den Sinn. Ich hatte noch zwei Reiseziele im Auge, nur noch zwei, und die schob ich von mir weg, trotz eines verlockenden Angebotes. Eines davon war, dass ich unbedingt einmal im Leben die chinesische Mauer betreten wollte, und aus einem mir unerklärlichen Grund hatte ich auch das Gefühl, die Energie der Osterinsel erleben zu müssen. Genau das wurde auf dieser Rundreise angeboten. Ach, dieser ewig vernünftige Teil in mir, der mich bremsen wollte.

Bei der nächsten Begegnung mit der Gruppe kam das Thema aufs Tapet. Elfriede riet mir: »Triff eine klare Entscheidung, egal welche«. Ich konnte es nicht. Mein »Ja« wäre zu wacklig gewesen, mein »Nein« kannte ich inzwischen zur Genüge. Ich entschied, auf mein Unterbewusstsein zu hören, und das war während einer Meditation am einfachsten. In der nachfolgenden Gruppenmeditation ruhte ich in mir und folgte den Anweisungen in die Dimensionen, spürte die Energien. Plötzlich sah ich mich auf der chinesischen Mauer, fühlte die starke Energie dort, obwohl in der Meditation keine Rede davon war. Kaum war die Meditation beendet und ohne einen weiteren Gedanken zu verschwenden, hatte ich mich für die Reise angemeldet. Alle freuten sich mit mir, und sagte Elfriede, auch sie habe eine Antwort bekommen: »Ich weiß jetzt, warum du kein klares Nein sagen konntest, denn auf der Zeitschiene in der Zukunft hat diese Reise bereits stattgefunden, und du warst dabei.«

Ich weiß, dass Zeit nicht linear verläuft, und ich weiß, dass wir einen freien Willen haben, doch es gibt Dinge, die spürt man und sollte darauf vertrauen, dass der Impuls richtig ist. Es dauerte keine Viertelstunde, und eine der Kolleginnen war bereit, mir den notwendigen Betrag für diese Reise zu leihen, denn ich hatte nicht genug auf der Seite.

Intuitiv wusste ich, dass sich mit dem Jahr 2010 Veränderungen ergeben würden. Welche genau, war mir nicht klar, doch vermutete ich, dass diese Weltreise etwas abrunden, respektive einen Kreislauf schließen würde. Ich stellte kurz danach fest, dass ich genau 30 Jahre früher mit meinem Mann auf unserer Hochzeitsreise ebenfalls eine Weltumrundung gemacht hatte. In dieser Zeit wurde auch in den Meditationen ein Kreislauf nach dem anderen geschlossen, d.h., dass sich auch im realen Leben einige Dinge einem Schlusspunkt nähern würden

16 KREISLÄUFE SCHLIESSEN

DIE WELTUMRUNDUNG

(Diashow auf www.facettenderliebe.ch)
Die Weltumrundung war ein Geschenk an mich und schenkte mir große Erfüllung, weil alles so leicht ablief, alles dann doch so überraschend war. Entgegen meinen ursprünglichen Vermutungen war nichts daran anstrengend, weder die langen Flüge, noch die Zeitverschiebung oder das wechselnde Klima, noch die Ernährung. Nichts war ein Problem für mich gewesen.

Nach dieser vierwöchigen Reise hatte ich das Bedürfnis, meinem Mac anzuvertrauen, was ich alles erlebt hatte. Er zickte schon zu Beginn, als ich ihn wieder in Betrieb nahm. Zuerst war er beim Laden der Fotos fast grenzenlos überfordert und surrte und knurrte und stockte. Dann ist er, als ich dabei war, meinen Reisebericht zu schreiben, abgestürzt … Dieser Computer hat schon immer sehr sensibel auf mich reagiert. Wenn ich durch eine intensive Zeit gehe, streikt er, manchmal auch nur das Mail-System. Als ich den Reisebericht für das Buch kopieren wollte, meldete er, es würden über 7'000 Seiten werden, wo es doch nur 15 Seiten inklusive Bilder waren. Auf meiner Web-Page sind einige Bilder zu sehen.

CHINA

In Peking war ich als erstes überwältigt von der Schönheit des Bauwerks des chinesischen Flughafens, der sehr modern und für die Olympiade vergrößert worden war. Von der Stadt Peking selbst bleibt mir wenig in Erinnerung. Die Verbotene Stadt mit dem riesigen Platz des Friedens fühlte sich geschichtsträchtig an, gleichzeitig hielt uns nichts davon ab, weiterzugehen. Es war Winter und bitterkalt. Wir strebten also auf direktem Weg zum Palast. Uns erstaunten die großzügig angelegten Bauten hinter der Fassade. Wir betraten mehrere Innenhöfe. Es fehlte den Gebäuden an Lebendigkeit, es spiegelte die Unpersönlichkeit Chinas wieder. Die Frau, die wir als Guide hatten, verstärkte diesen Eindruck noch. Sie spulte das Programm auf eine sehr monotone Art ab und wirkte unnahbar. Sie lieferte Fakten ohne Herzwärme, war hauptsächlich Auskunftsperson. Möglicherweise unterlag sie einer strengen Kontrolle oder war abgestumpft. Ganz anders erlebten wir unseren Guide in Shanghai, doch nun der Reihe nach.

Wir sahen den Thron des früheren Kaisers, feudale Statuen und einen gepflegten Garten. Das gemütlichste war das kleine Teehaus für Touristen.

Weiter ging es bald zur chinesischen Mauer, um welche sich viele Geschichten ranken. Die Fahrt dorthin dauerte nicht allzu lange und erlaubte uns, noch einen wunderschönen Skulpturenpark zu besichtigen, bevor wir dort ankamen. Es standen bereits einige Busse vor dem Eingangstor zur gigantischen Mauer. Sie ist ein Bauwerk mehrerer Jahrhunderte. Sie zu sehen, ließ mein Herz höher schlagen, mein Gefühl war unbeschreiblich. Was ich an freudvollen Energien auf diesem kraftvollen Wunderwerk der menschlichen Baukunst empfand, sprengte viele der bisher gekannten Empfindungen.

Dort zu sein und sie zu begehen, war ein unglaublich starkes Erlebnis. Ich rannte buchstäblich aufwärts, wie getragen von Flügeln. Erinnerungen an chinesische Seelenanteile waren sehr stark, und ich sah Abfolgen von Lebensgeschichten, die sich hier abgespielt hatten. Nicht eine wirklich genussvolle Harmonie, eher ein starkes Gemeinschaftsgefühl für alle, die daran gearbeitet hatten. Es blies uns ein eisiger Wind um die Nase. Mich trug dieser Wind immer weiter bis zu dem Punkt, wo Weitergehen nicht mehr erlaubt war. Es war eine Leichtigkeit in mir, trotz des steilen Aufstiegs, dass ich über mich selbst erstaunt war. Ich ging und ging und ging, und nur Conny aus der Gruppe folgte mir nach. Ganz oben standen wir, schauten uns an und umarmten uns. Wir genossen die Energie des Ortes, nahmen die Ausdehnung dieses Bauwerks wahr, wie es sich entfaltete in einer Schönheit, Perfektion und Stabilität, die seinesgleichen sucht. Ich war überwältigt und wurde überschwemmt von Gefühlen, die ich nicht kannte. Es war einfach nur phänomenal.

Wir kehrten erst, als es schon begann dunkel zu werden und eine schmale Mondsichel am Himmel stand, zu den anderen zurück. Die heiße Schokolade im Restaurant war sehr willkommen und wärmte uns. Beglückt fuhren wir alle zurück in die Stadt.

Den Neujahrsmorgen begannen wir mit einem Ritual in einem Tempel, der von vielen Menschen besucht wird.

Wir reihten uns in die Menge ein, und es dauerte eine gute Weile, bis wir zum Zentrum des Tempels vorrückten. Hier sahen wir riesige sandgefüllte Schalen mit noch größeren Räucherstäbchen, als wir sie kannten. Diese hatten die Besucher vorgängig angezündet, um sich dann in alle vier Himmelsrichtungen zu verbeugen und zu beten. Danach steckten sie die Stäbchen in eine der Schalen. Wir umrundeten die Schale und ließen die Energie auf uns wirken. Wir waren umgeben von mehreren Tempelhäusern und betraten nun einen offenen Altarraum. Als wir ganz still da saßen und meditierten, wurden wir unsanft von einem der Aufseher aufgefordert zu gehen. Wir wurden als Störfaktor betrachtet und vertrieben. Schon mehrfach hat alleine unsere Anwesenheit die Menschen verunsichert. Leider empfanden wir auch hier eine gewisse Leere in den Ritualen. Es schien sich alles sehr mechanisch abzuspulen. Man ging zum Tempel, weil es so Usus war und nicht weil es einem Bedürfnis nach Spiritualität entsprach.

Am nächsten Tag fuhren wir weiter nach Shanghai. Diese Stadt ist ein architektonisches Wunderwerk aus der modernen Zeit. Nirgends habe ich so viele, so schöne Wolkenkratzer gesehen wie hier. Fährt man auf den hohen Autobahnbrücken, sieht man verschiedene Quartiere, darunter ältere, zweistöckige Häuser, so dass man schöne Ausblicke genießt. Der Verkehr ist laut, dicht, die Straßen gut bevölkert. Im Dunkeln blinken die Leuchtreklamen und Lichtformationen in schönsten Formen um die Wette.

Leider verschwinden auch hier die alten Quartiere und Bauten zusehends, wie überall auf der Welt. Ursprüngliche, fliehende Dächer sahen wir in einem Teil der Altstadt, der für die Touristen gut unterhalten wird und auch viele Souvenirläden enthält. Alles war herrlich ausgeleuchtet, besonders die Dachzinnen und ausladenden Formen der geschwungenen Dächer. Sie lassen sich in der Nacht dadurch noch besser bewundern. Ohne touristisches Interesse wäre das hier schon lange verschwunden. So wurden viele Häuser und Gassen vor dem Untergang gerettet. Die Kaufhäuser haben Auslagen, die betörend sind und wo man stundenlang verweilen könnte. Perlen in allen Formen und in traumhafter Verarbeitung, bestickte Seidenkleider oder -jacken konnten wir direkt bei der Manufaktur extrem preiswert und von bester Qualität erstehen.

Hier hatten wir die vorher erwähnte herzliche und sehr geduldige Guide. Auf unsere Fragen nach ihrem persönlichen Leben erzählte sie uns kichernd wie ein junges Mädchen Episoden aus ihrem bewegten Leben. Sie war es nicht gewohnt, Fremden von sich persönlich zu erzählen. Je mehr wir erfuhren, desto mehr entpuppte sie sich jedoch als emanzipierte Frau. Der männliche Guide, der sie am Silvesterabend ablöste, erklärte uns, dass sie von all ihren männlichen Kollegen anerkannt werde und als eine der Besten in der Reiseführergilde gelte.

Obwohl wir eine kleine Gruppe waren, wurden wir mehrheitlich in unpersönliche Touristenrestaurants geführt, was die Massenabfertigung der Chinesen widerspiegelt.

JAPAN

Kurz vor der Landung in Tokyo begrüßte uns im roten Abendhimmel der stolze Fujiyama. Überraschend für uns hatten wir aus unserem Hotelzimmer zwischen den Hochhäusern hindurch direkten Blick auf den Fuji. Seit dem Film »Kirschblüten« hat dieser Berg für mich eine besondere Bedeutung als Verbindung zu Seelen in anderen Dimensionen, die sich sehr real manifestieren können.

Die Stadt bietet architektonische antike und moderne Wunderwerke. Es gibt einen rot bemalten Funkturm, der genau wie der Eiffelturm aussieht und man nicht genau weiß, ob oder warum dieser kopiert wurde. Von dessen Plattform bot sich ein herrlicher Blick über die riesige Ausdehnung der Stadt und den Hafen. Viele Häuser bilden eine sichtbar harmonische Symmetrie, und selbstverständlich sah man auch hier in der Ferne den Fuji.

Die Haupteinkaufsstraße von Tokyo steht in punkto Luxus und Modernität keiner anderen Hauptstadt nach. Eines der Kaufhäuser hatte im geschlossenen Innenhof die Energie einer Pyramide. Vornehme rote Teppiche, riesige Hängeleuchter aus Kristall gaben dem Raum etwas Prächtiges. Eine Künstlerin spielte auf drei Monochords gleichzeitig, deren Klänge die große Halle von unten bis oben erfüllte. Offensichtlich sollte das die festliche Zeit unterstreichen. Es war atemberaubend schön und gleichzeitig steril wie vieles bei den Japanern. Wir setzten uns auf die Treppe und wurden durch Absperrungen in sicherer Distanz gehalten. Die eleganten Boutiquen, deren Preise fürstlich hoch waren, boten alles, was das Herz begehrte. Von eleganten Handtaschen, Schuhen über Mode bis hin zu erlesener Schokolade und anderen Spezialitäten gab es alles zu kaufen.

In diesen Neujahrstagen strebten wir, umgeben von einer Menschenmenge, langsam auch hier einem Tempel zu. Geduldig warteten alle. Dieses Verweilen in der Masse erlaubte uns, auf allen Ebenen ganz tief in Verbindung mit diesem Volk zu gelangen. Wir staunten, wie geduldig und gelassen jeder blieb, doch nur bis kurz vor dem Ziel. Dann entstand plötzlich ein ziemliches Gedränge, fast Gerangel. Die Japaner absolvieren den Besuch in diesem Tempel, weil es sich seit Generationen so gehört. Sie beten und lassen ihre Wünsche in Form von Papierwimpeln zurück. Von ernsthaft gelebter Spiritualität ist auch hier wenig zu spüren.

Kraftvoll fühlbar wurde für uns die Energie der Sumoringer, denen wir im Privathaus beim Training zusehen durften und die ebenfalls eine Körperschaft bilden. Sie leben und trainieren unter demselben Dach, wenn sie sich auf einen Kampf vorbereiten. Nur wenige haben Familie. Es war eine sehr tiefe Erfahrung, zuzuschauen, wie sie die Energien vor dem »Angriff« aufbauten und wie die Auswirkungen dann waren. Schön war zu sehen, wie fair sie sich begegneten und wie geordnet alles war. Diese Sumoringer haben einen eigenen Friseur, der die Haartracht in einem Ritual formt. Sie essen extrem eiweißhaltige Nahrung und leben asketisch und diszipliniert. Wir durften zum Essen bleiben und begegneten einigen von ihnen hautnah. Eine Verständigung war nicht möglich, da keiner unsere Sprache sprach. Netterweise postierten sich zwei von ihnen für ein Gruppenfoto rechts und links unserer Gruppe.

Es wurde Zeit, dem heiligen Berg Fuji San die Ehre zu erweisen, der für viele ein Pilgerberg ist. Er wäre gut zu besteigen und zieht in der warmen Saison Massen von Menschen an. Es hatte jedoch in der Nacht vor unserem Besuch geschneit, und oben war es neblig. Eine gute Straße führte uns bis auf 2'300 Meter ü. Meer. Von hier wäre eine weitere Wanderung von zehn Stunden notwendig, um auf den Gipfel auf 3'776 Meter zu gelangen. Die Luft war frisch, und der wärmende Tee im Restaurant weckte unsere Geister. Den Gipfel würden wir später in unserer Meditation erklimmen. Und tatsächlich fühlten wir die vulkanische Energie auch hier sehr gut, jedoch ganz anders als auf Hawaii.

NEUSEELAND

Diese beiden Inseln erfreuen sich dank wechselnden Winden und Wetter und genügend Entfernung vom Festland einer sehr klaren und sauberen Luft. Die Sterne sind zum Greifen nah, und die Sonne scheint hier viel intensiver als anderswo. Die Natur überwältigte uns mit ihrem satten Grün, und überall sahen wir Schafe. Man zählt pro Einwohner etwa eintausend Schafe, und das ist bei vier Millionen Einwohnern eine ganze Menge.

Wir besuchten eine informative und lustige Show mit Schafen. Die diversen Rassen wurden uns vorgestellt. Ein wenig einfältig oder sehr gutmütig sind sie schon, diese Schafe. Ich verstehe jetzt den Ausdruck: »Sei kein Schaf.« Wir erlebten, wie ein Hund von einem Rücken zum anderen sprang und sich dann auf dem letzten Schaf wie auf einem Sofa niederließ. Später wurde uns auf einer Wiese eine Treibjagd vorgeführt – ein spannendes Erlebnis. Zum Abschluss landeten wir im Shop und ich kaufte mir wunderbar weiche Handschuhe und eine Mütze aus Merinowolle.

Im Nationalpark haben wir geburtenähnliche Energien erlebt. Geysire, die Wasserblasen aus der farbigen Erde zum Explodieren bringen. Die Blasen öffnen sich, spritzen hoch, gurgeln und gehen zurück, bevor sie sich neu bilden. Sichtbar für uns als feinstoffliche Befruchtung, männlich-weiblich verschmolzen in Geistqualität. Es sind brodelnde Schlammteiche in herrlichen Farben rot, gelb, grün, blau, grau. Diverse Schichten, die nass schimmern, sich mit dem Licht verändern und starke Schwefelgerüche aussondern. Neuseeland brachte uns die Wunder der Natur und die Schönheiten und Kunst der Maori näher. Früher stimmten sich Holzschnitzer auf die Götterebene ein und schnitzten Durchgaben in die Boote, Tore und Figuren. Ihre Kunst war hoch angesehen im Maoridorf. Wir lasen individuelle, überlieferte Deutungen oder heutige Interpretationen dazu.

Wir waren automatisch angeschlossen an das Urwissen der Maori, der Polynesier, die in tiefster Verbindung zum Meer standen, welche eins mit den Gezeiten, den geographischen Verhältnissen und dem meteorologischen Gegebenheiten waren. Wir integrierten, was sich weiter in uns entfaltete, und nahmen vieles jenseits vom Verstandesdenken feinstofflich auf.

Später besuchten wir die Höhle, in welcher es von Glühwürmchen nur so wimmelte und die eine Touristenattraktion ist. Per Ruderboot wurden wir hinein gefahren. Man hörte nur das Geräusch der eintauchenden Ruder und dann hielt das Boot an. Wir sollten uns nicht bewegen und ganz still sein. Urplötzlich zeigten sich immer mehr leuchtende Punkte an der Decke. Ganze Fäden von Lichterketten. Tatsächlich sahen wir plötzlich überall an der Decke Glühwürmchen. Es war wie ein Universum für sich, als ob wir in den Sternenhimmel gucken würden.

OSTERINSEL

Die Insel weckte Erinnerungen an Plätze und andere Inseln, die ich in diesem Leben besucht habe. Einige kenne ich aus anderen Inkarnationen, was mir auf dieser Reise klar wurde.

Die riesenhaften Steinfiguren beeindrucken, doch sie scheinen sich aufzulösen. Sie werden langsam und kontinuierlich von einer Pilzflechte zerfressen, und noch kein Wissenschaftler hat herausgefunden, wie man dieser Einhalt gebieten kann. Viele sind schon umgekippt, als hätten sie ihren Auftrag erledigt. Energetisch wirkten sie schwach auf uns, obwohl sie von der Statur her imposant sind.

Eines frühen Abends saßen wir unter Schirmen aus Palmenwedeln und schauten über die Klippen hinaus aufs Meer. Wir verbanden uns mit jedem einzelnen aus der Gruppe, haben die Energie unserer Freunde in Europa sehr gut wahrgenommen. Den Tag und die Zeit hatten wir vor der Reise abgesprochen.

Ich fühlte mich hier sehr frei, ja richtig zu Hause. Auf einer der Fahrten über Wiesen sah ich mich plötzlich auf einem der Pferde reiten und spürte mein Amazonendasein. Ich wäre am liebsten auf einem der vielen auch freilebenden Pferde von dannen geritten. Es wäre interessant gewesen zu bemerken, ob ich auch hier unter meiner sonstigen Pferdeallergie leiden würde.

Auf dieser Insel war für uns eine sehr starke Seelenverbindung zu Sirius, dem Planeten für Bewusstsein, spürbar. In einer starken Meditation konnten einige zusehen, andere fühlen, wie die Sirianer hier *gelandet* waren. Unsere Wahrnehmungen waren irdisch, dann wieder außerplanetar, bis sich der Kreislauf geschlossen hatte. Wir mussten uns immer wieder gut erden, denn die Energien, die wir aufgenommen hatten, wollten integriert sein im Hier und Jetzt.

Chile ist 3'700 Kilometer entfernt genau gegenüber der Osterinsel. Vieles, was überliefert und vom Guide erzählt wird, kollidiert mit den Informationen, die uns zugeflossen sind.

Am ersten Abend sah ich in der Meditation vor meinem geistigen Auge ein Holzblatt nach dem anderen auftauchen und verstand die Botschaft nicht. Am nächsten Tag bekam ich die Antwort.

Die Rapanui, deren Chef sich Rapa Nui nennt, sind die Ureinwohner der Insel. Die Gelehrten der Vorfahren beschrifteten Holztafeln. Die Zeichen sind überliefert, doch deren Deutung gibt bis heute Rätsel auf, wie diejenigen

Ägyptens. Es gibt keine Originaltafeln mehr auf der Insel. Was erstaunt, ist, dass man dieselben Schriftzeichen in anderen Ländern wiederfindet. Entweder hatten diese Weisen die Fähigkeit, so zu kommunizieren, in diese Länder zu reisen, oder es ist universelles Wissen, das wir nicht mehr kennen. Leider sind die Originaltafeln alle von den Missionaren vernichtet worden, weil sie als heidnisch empfunden wurden. Einige wenige sollen sich im Vatikan und in europäischen Ländern befinden. Die Missionare erkannten bestimmt auch die starke Energie, die nicht zu ihrem Glauben passte.

Der nicht mehr tätige, fruchtbare Vulkankrater Rano Kau, von wo aus die Rituale des Vogelmannes starteten, ist wunderschön. Wir standen am Rande und genossen die Aussicht und die Formation des Kraters.

Es gibt Überlieferungen, die das Ritual des Vogelmannes beschreiben. Ein junger, kräftiger Mann, der von den Stammesältesten delegiert wurde, musste von der dreihundert Meter hohen Klippe herunterspringen, eine Strecke von 1,6 Kilometern zwischen Haien und hohem Wellengang hindurch zur vorgelagerten Nebeninsel Motu Nui schwimmen. Viele junge Männer starben dabei, weil das ganze Unterfangen lebensgefährlich war. Dort angekommen musste derjenige, der es überlebt hatte, warten, bis die schwarze Schwalbe ihr Ei abgelegt hatte, was manchmal sehr lange dauerte. Denselben Rückweg noch einmal zu wagen, war ebenso gefährlich. Wer zuerst das Ei intakt auf die Hauptinsel zurückbrachte, dessen Auftraggeber wurde dann Rapa Nui, Häuptling, bis ein anderer ihn ablöste.

Wir haben verschiedenste feine Erdbewegungen auch außerhalb der Meditationen wahrgenommen und spürten die Lebendigkeit des Planeten und dieser Inseln. Oft dachte ich, es sei Schwindel oder ein Erdbeben. Dass die Inseln sich tatsächlich im Magnetfeld bewegen, konnten wir optisch anhand eines Kompasses sehen, der auf einem Stein angebracht war und dessen Spitze dauernd in eine andere Richtung ausschlug, so wie sich das Magnetfeld veränderte.

CHILE

Ich verbrachte diese eine Nacht in Santiago de Chile nahezu schlaflos. Die Energien fluteten regelrecht meinen physischen Körper, mein Herz raste, mein Nervensystem kam nicht zur Ruhe. Beeinflusst wurde ich auch vom Pulsieren, Brummen und Raunen dieser riesigen Stadt.

Am folgenden Tag wurde der kleine Ausflug zur großen Christus-Statue zu einem sehr schönen Erlebnis und bot uns einen herrlichen Ausblick auf die Stadt.

Der nächste Flug führte über Miami nach Panama.
Wir hatten längere Zeit Aufenthalt und entschieden uns, es war 5 Uhr morgens, in Miami per Taxi zum Strand zu fahren. Ein Restaurant war bereits offen und bot ein typisches American Breakfast an. Wir befanden wir uns hier in der Nähe des Bermuda-Dreiecks, das einige als Sog spürten, andere sahen dort eine erweiterte Dimension. Das Bermuda-Dreieck bildet ein Raumzeitloch, in welchem Menschen, Schiffe, Flugzeuge im Nichts verschwinden und unauffindbar bleiben. Es ist ein Rätsel für die gesamte Wissenschaft. Für uns war klar, dass es sich hier um eine andere Realität jenseits von Zeit und Raum handelt. So ist eine ganze Staffel von fünf Militärflugzeugen 1945 einfach verschwunden, und es wurden weder Wrackteile noch Leichen gefunden. Gemeldet wurde noch, dass sich der Kompass seltsam verhalte und das Flugzeug damals die Orientierung verlor, was darauf hindeutete, dass sich das Magnetfeld ganz offensichtlich anders verhielt als sonst, genauso wie wir es auf den Osterinseln mit dem einen Kompass erlebt hatten.

Es war sehr friedlich und angenehm am Strand, und die Zeit verflog. Zurück am Flughafen sahen wir auf den Monitoren die Übertragung der Vereidigung des neu gewählten

US-Präsidenten Obama. Es bedeutete für uns ein großartiges Zusammentreffen, dass wir genau zu diesem Zeitpunkt in den USA waren.

PANAMA

Der Panamakanal, der eine Länge von etwa achtzig Kilometer hat, bildete den Abschluss dieser Reise.

Mit seinen drei Schleusen zeugt das Bauwerk von wahrem Gigantismus und dient so den monumentalen Transportschiffen. Der Niveauunterschied beträgt 26 Meter, die Länge jeder Schleuse 306 Meter. Die Tore haben eine Breite von 20 Metern und wiegen ungefähr 700 Tonnen. Für jede Schleusendurchfahrt werden 197 Mio. Liter Süßwasser gebraucht, um die Kammern zu füllen, die dann ins Meer abfließen. Bei jeder neuen Schleusenfüllung mischen sich Salz- und Süßwasser, und Unmengen von Fischen sterben dabei, bieten jedoch ganz vielen Vögeln, die nur darauf warten, ein Festmahl. Man stelle sich vor, ein voll beladenes Containerschiff mit Autos transportiert etwa 600 Autos.

Es war gar nicht ganz einfach, kurzfristig eine Durchfahrt des Kanals zu bekommen. Wir hatten Glück, dass wir einen Teil der Passage erleben durften. Die Begegnungen der Schiffe aus aller Herren Länder und deren Mitfahrenden bilden ein starkes Energieband, das um die Erde geht und dem wir uns jetzt anschlossen. Wir vollendeten einen weiteren Kreislauf.

Jede Schleuse kann nur in eine Richtung befahren werden. Daher ist der Fahrplan minutiös vorgeschrieben. So geht es einen halben Tag in die eine, den anderen dann in die Gegenrichtung, nachts ebenso, bevor der gegenüberliegende Ozean erreicht ist. Für Besucher ist das Durchfahren des ganzen Kanals nur mit einem Kreuzfahrtenschiff, einem Touristenboot oder einer eigenen Yacht möglich. Jeder Kapitän muss sein Schiff anmelden, und jedes Schiff muss sich von einem panamaischen Begleiter an Bord als »Ersatzkapitän» durch die Schleusen begleiten lassen.

Nachdem wir auf dem Touristenschiff während vier Stunden die gebuchte Strecke und Schleusen abgefahren hatten, dauerte der Rückweg auf dem Landweg eine halbe Stunde bis zum Ausgangspunkt zurück. Die gesamte Durchfahrt des Kanals würde 12 Stunden dauern.

Wir haben in Panama Quellwasser in bester Qualität getrunken, was erstaunlich ist für eine solche Stadt. Es gibt Quartiere, die als gefährlich bezeichnet werden, vor welchen wir gewarnt wurden. Auf unseren Ausflügen fühlten wir uns jedoch sicher. Wie so oft, bemerkten wir auch hier Veränderungen an bestimmten Orten durch unsere Präsenz.

Der Heimflug ging über Madrid. Mit großer Verspätung erreichten wir Frankfurt und knapp unseren Zug nach Basel fünf Minuten vor Abfahrt. Das Timing war so perfekt, dass wir Zürcher genau um 24 Uhr im Hauptbahnhof Zürich eintrafen und die letzten Züge heimwärts erreichten.

Nach dieser Reise wirkte das starke Gefühl nach, als hätten sich Raum und Zeit für uns immer wieder aufgelöst. Diese Wahrnehmung wurde durch die Zeitverschiebungen verstärkt, an welche wir uns spielend anpassen konnten.

Wieder zu Hause ohne feste Termine, schlief ich von drei Uhr morgens bis mittags. Auch war mir, als sei ich in einer anderen Dimension gewesen, von welcher nun Energie in den Schweizer Alltag fließen würde.

17 NEUAUSRICHTUNG

EINMAL MEHR – LOSLASSEN

Wann es genau wieder begann, ist schwer zu sagen. Es war ein intensiver Prozess, doch diesmal mit mehr Klarheit, nun definitiv ein neues Kapitel zu beginnen. Die Loslösung von der Gruppe fand schrittweise nach dieser letzten Weltumrundung und innerhalb eines Jahres statt. Ich hatte mich all die Jahre sehr stark der Führung von Elfriede anvertraut und Tiefgänge wie Höhenflüge erlebt, unzählige sehr wertvolle Erfahrungen und Erkenntnisse über mich, das Menschsein, Gruppenenergien und Multidimensionalität gewonnen. Ebenso oft hatte ich Widerstand geleistet, mich mehr als einmal unverstanden gefühlt, und ebenso oft war ich überwältigt von der Liebe, die zwischen uns floss. Ich wusste, dass ich viel dazu beigetragen hatte, damit die Gruppe über Mails in einen intensiveren Austausch kam und mancher Input von mir wurde angenommen, was sehr befriedigend war. Wenn meine innere Stimme mir sagte, dass etwas nicht stimmte, vertraute ich meiner Wahrnehmung schon lange. Ich würde meinen Weg auch ohne die Gruppe weitergehen, wenn es sein musste. Etwas fehlte noch für den endgültigen Entschluss.

Facebook war für mich ein gutes Medium, um wahrzunehmen, wie Energien flossen und was meinen immer größer werdenden Freundeskreis bewegte. Ebenso, mich und meine Reaktionen zu überprüfen.

Außerdem war wieder eine Zeitspanne von 10 Jahren vergangen, und ganz offensichtlich spielt sich in meinem Leben einiges in diesem Rhythmus ab. Den definitiven Wendepunkt brachte eine von der Gruppe geplante Ägyptenreise, die nach Assuan führen sollte. Ich sehnte mich schon lange danach, diesen magischen Kraftort kennenzulernen. Elfriede war schon mehrfach dort gewesen und sagte uns, dass der Ort nach uns rufe. Ich freute mich riesig darauf und erfuhr bald, dass nur zwei Anmeldungen eingegangen waren und sie nicht hinreisen würde. Ich war wie vor den Kopf geschlagen, weil ich mich bereits mit Gruppenteilnehmerinnen dort gesehen und gefühlt hatte. Auch wenige von unserer Gruppe hätten ein starkes Energiefeld bilden können, das wusste ich. Ich empfand es als sehr inkonsequent, die Reise abzusagen, wo uns der Ort doch rufe und zum ersten Mal hatte ich den Gedanken, dass Elfriede sich vom Geld leiten ließ. Wenige Teilnehmer bedeutete, dass sie gewisse Kosten selbst tragen musste, weil sie weniger Workshop Einnahmen hatte. Alles was von ihr noch kam, klang für mich wie eine Ausrede. Ich beschloss, alleine nach Ägypten zu reisen, und wie zur Bestätigung flatterte mir in den folgenden Tagen ein Prospekt einer Nilfahrt auf den Tisch. Also buchte ich diese Reise, fast ein wenig trotzig, nach dem Motto: Jetzt erst recht. – Und plötzlich sagte Elfriede, es sei wichtig das ich hinginge.

NILFAHRT

Meine Mutter, die in Ägypten aufgewachsen war, hatte öfter erwähnt, dass die Nilfahrt, die sie als verheiratete Frau mit Vater unternommen hatte, eines der schönsten Erlebnisse ihres Lebens gewesen sei. Ich freute mich, erstens, dass ich trotzdem nach Assuan gehen würde und zweitens *in Memoriam* meiner Mutter würde sie mir nahe sein.

Luxor

Bereits am Flughafen von Luxor traf ich auf drei Schweizer, welche dieselbe Reise gebucht hatten. Unser Schiff, ein stolzes blau-goldenes Schiff mit dem Namen ATON, nahm uns auf. Bei der Einführung vernahmen wir, dass wir den Vorteil hatten, immer direkt am Ufer anzudocken, sodass wir nicht zuerst über fünf oder acht miteinander verbundene Kreuzfahrtenschiffe laufen mussten.

Meine Doppelkabine war sehr eng. Da standen zwei Betten mit einem schmalen Zwischenraum und einem sehr kleinen Schrank. Wie sich gegebenenfalls zwei Personen hier, außer im Bett, aufhalten können, ist mir ein Rätsel. Ich hatte ein großes Kabinenfenster, nahe der Wasseroberfläche. Die Badezimmerkabine war so winzig, dass man längs mit den Händen beide Wände berühren konnte. Ich hatte erst einmal eine so winzige Dusche, ein spielzeugähnliches Klo und ein klitzekleines Waschbecken gehabt. Die Luxuskabinen boten natürlich in allem mehr Raum.

Der Speisesaal war geräumig, trotzdem aßen wir in zwei Schichten, denn das Schiff war voll. Besonders schön war es, auf Deck zu verweilen. Die Nutzung des Swimmingpools bot sich nicht wirklich an, jedenfalls nicht für mich, weil es nicht warm genug war. Tagsüber, wenn die Sonne schien, war es von der Temperatur her sehr angenehm, nachts wurde es schnell kühl.

Wir waren eine Gruppe von fünf deutsch sprechenden Personen und bekamen einen jungen Guide namens Ahmed zugeteilt. Schon beim ersten Landgang schien der junge Guide ein Auge auf mich geworfen zu haben, umschmeichelte mich und machte mir Komplimente. Vielleicht versprach er sich einiges, rote Haare hatte ja nicht jede. Er war tatsächlich ein hübscher und sehr junger Mann. Er erzählte uns von seinen Kindern und seiner Frau, die jeweils zwei bis drei Wochen warten mussten, bis er wieder nach Hause kam. Als junger und heißblütiger Araber und dank interessierten Touristinnen ergab sich sicher des Öfteren ein Schäferstündchen. Wie konnte ich mich verhalten, um keine Unstimmigkeiten aufkommen zu lassen? Ich dankte ihm für die Komplimente und tat zuerst so, als würde mich das freuen. Nach der Besichtigung eines Tempels setzte er sich während der Kaffeepause zu mir an den Tisch und überschüttete mich wieder mit Komplimenten.

Der Schlaumeier: »Sie sind eine wunderschöne Frau, und die roten Haare gefallen mir sehr.«

Ich schluckte und hatte dann eine Idee: »Ich möchte dir etwas zeigen«, sagte ich und holte mein Handy hervor. »DAS ist eine sehr hübsche junge Frau, und weißt du, wer das ist?«

Ein wenig ungläubig schaute er zuerst mich an, dann das Foto, dann wieder mich, denn meine Tochter und ich sehen uns sehr ähnlich.

»Ja, es ist ein Bild meiner Tochter.« bestätigte ich. »die würde wohl altersmäßig besser zu dir passen.«

Sofort verstand er den Wink und meinte: »Also bringst du das nächste Mal deine Tochter mit, und du bist dann die Schwiegermutter.«

Lachend sagte ich, dass das eine Option sein könnte, falls er bis dann geschieden sei.

Somit war also alles geklärt, und ich konnte unbeschwert die restliche Zeit genießen und wurde nicht weiter von ihm angemacht.

Der Rest der Reise war ein Genuss und von einer Leichtigkeit, die wir, ein älteres Schweizer Ehepaar und wir drei Frauen, sehr genossen. Wir waren nicht darauf erpicht, ein Mammutprogramm zu absolvieren und entschieden sehr individuell, was wir sehen oder tun wollten. Wir besuchten einige der Monumente, die ich schon kannte, doch hier sei vor allem Assuan erwähnt.

Assuan

Assuan ist eine sehr schöne, luftige Stadt am Wasser. Auf dem Programm standen die Besichtigung einer Moschee, Rundfahrt bis zum Staudamm und dessen Denkmal. Alles war riesig und imposant. Wenige Kilometer außerhalb besuchten wir einen Marmorsteinbruch mit Rosenmarmor, wo uns gezeigt wurde, wie gewisse Monumente direkt aus dem

Stein gehauen wurden, also wie Obelisken in liegender Position entstehen, bevor sie ganz aus dem Stein gelöst werden.

Am nächsten Tag sollten wir nach Abu Simbel gefahren werden. Schon am Vorabend zog schlechtes Wetter auf. Es war bewölkt und sehr windig, und es blieb in der Nacht wechselhaft. Trotzdem unternahmen wir den Ausflug, und der begann um 4 Uhr morgens per Bus. Wir waren ein Konvoi von etwa 15 Bussen, wurden durch Sicherheitskontrollen geschleust und konnten dann losfahren.

Auf der Fahrt sahen wir einen sehr schönen Sonnenaufgang, was ich als gutes Omen betrachtete. Kaum geparkt, empfingen uns Souvenirstände in Massen, bevor wir zum Hauptbauwerk gelangten. Jahre zuvor war es mit einem enormen Aufwand versetzt und vom Versinken im Nassersee gerettet worden. Imposant sind die mächtigen Figuren — wie klein wirkt man selbst daneben. So stark und machtvoll habe ich so große Figuren selten empfunden. Beim Eingangstor konnte man sich mit einem sehr schönen Schlüssel von 50 cm Länge fotografieren lassen, der die Form des Zeichens für *ewiges Leben* hatte und sofort mit meinem Inneren in Resonanz ging. Ich weiß, dass es ewiges Leben gibt.

Das Kreuz unserer Kirchen, das Jesu symbolisiert, ist oberhalb des Querbalkens Richtung Himmel verkürzt. Beim Schlüssel für ewiges Leben ist es jedoch ein Oval, welches der Auferstehung gerecht wird. Tausende von Touristen haben ihn auch schon in den Händen gehalten, um sich davon verzaubern zu lassen.

Im Gebäude selbst war es dunkel und eher ruhig. Die Wirkung der Figuren im Inneren ist weniger stark als die der beiden Giganten links und rechts vom Eingang. Eine Faszination ging von einem hinteren, kleinen Raum aus, in welchem wohl Rituale stattgefunden haben. Später setzte ich mich mit Blick Richtung See in unmittelbarer Nähe zum Monument hin, um es auf mich wirken zu lassen. Es war jenseits von Worten, was mir zuteilwurde und ich stimmte mich auf den ursprünglichen Ort ein, der doch stärker wirkte als der neue. Die Energie, die sich in mir ausbreitete, war ein Gefühl, an einem Ziel meines Lebens angekommen zu sein. Ich war plötzlich auf der Götterebene und der Pharaonen. Von Abu Simbel scheint, wie von den Pyramiden auch, ein Strahlen in die Welt hinauszugehen. Möglicherweise hatte es auch damit zu tun, dass weltweit sehr viel unternommen wurde, um dieses Denkmal zu retten, was die Menschheit spürt und verbindet.

Es gibt ein Buch (Abu Simbel. »Wettlauf am Nil.« Horlemann Verlag 2006) von Rüdiger Heimlich und einen Film darüber.

»Abu Simbel – Ein Tempel bewegt die Welt.«

Zitat mit Erlaubnis der Autoren: »Am 10. Oktober 1965 hielt die Welt für einen Augenblick den Atem an: An einem Wüstenort an der Südgrenze Ägyptens verlor Ramses II. sein Gesicht. 3'300 Jahre, nachdem Steinmetze für den Tempel von Abu Simbel, den Pharao der Pharaonen, in kolossalen Figuren aus einem Berg modelliert hatten, hob ein Kran dessen Antlitz vorsichtig aus dem Fels. Er wäre sonst für immer im Assuan Stausee versunken. Jahrelang hatten Ingenieure diskutiert, wie sich der Tempel versetzen ließe, der 60 Meter tief in einen Berg geschlagen worden war.

Schließlich wurde er in mehr als 1'000 Blöcke zersägt und auf einem 65 Meter höher gelegenen Wüstenplateau wieder aufgebaut. Während die Welt die spannende Rettungsaktion in den Nachrichten verfolgte, nahm sie von den 120'000 Nubiern, die ihre Dörfer am Nil verlassen mussten, kaum Notiz.

Die Dokumentation »*Abu Simbel – Ein Tempel bewegt die Welt.* Er wirft einen Blick auf die Vergangenheit und die Zukunft von Abu Simbel, der zum UNESCO-Welt-Kulturerbe gehört, ebenso wie auf das Volk der Nubier, das über Jahrtausende in dessen Schatten lebte.« Zitat Ende

Hier war ich also und genoss jede Minute der vier Stunden, die uns in Abu Simbel vergönnt waren. Endlich, endlich war ich hier angekommen – irgendwie auch noch mehr in mir. Mit jeder Pore nahm ich die Energien auf und fühlte, dass ich hiermit die ägyptische Vergangenheit abgerundet, alte Verbindungen integriert hatte und nicht wieder herkommen würde. Es war ein klarer Abschluss, innen wie außen, bei welchem ich kein Bedauern fühle.

Viel zu schnell war die Zeit um. Auf dem Rückweg zum Bus bummelte ich flüssig durch die Souvenirstände und erstand innert Minuten eine Bluse als Erinnerung, ein paar Postkarten für Freunde und eine für mich, die mich noch lange über meinem Schreibtisch erfreute, wie eine der Osterinseln und eine andere der Göttin Pele aus Hawaii.

Es war Samstagabend, als wir beim Park vor dem Schiff eintrafen, und dort tummelten sich fröhlich viele Erwachsene und Kinder, bis ein gewaltiger Sturm aufkam. Der Himmel verdunkelte sich und färbte sich gelb. In der Ferne wurde Sand aufgewirbelt, und die Sicht wurde immer schlechter. Wir hatten genau den richtigen Zeitpunkt für unseren Ausflug erwischt. Am nächsten Tag wäre ein Ausflug nach Abu Simbel nicht denkbar gewesen. Es war also auch nichts mit einer schönen Sonnenuntergangsstimmung und somit reichlich Zeit, die Erlebnisse dieses Tages zu integrieren.

Das Abendessen verbrachte ich jeweils mit den Schweizer Bekannten am selben Tisch. Das Ehepaar trug denselben Namen wie ich, was ein lustiger Zufall war. Nach einem Schlummertrunk in der Bar zogen wir uns an diesem Abend früh in unsere Kabinen zurück. Einmal waren wir eingeladen in die Luxuskabine des älteren Ehepaars und erfuhren einiges über deren Leben und Reisen. Er musste sich immer wieder schonen, hätte jedoch nicht auf diese Reise verzichten wollen. Wir erfuhren, dass er am darauffolgenden Tag seinen 70. Geburtstag feiern würde, also beschlossen wir, das auch gebührend zu feiern.

Zum Anstoßen am nächsten Abend luden wir Ahmed zu einem Glas Champagner ein. Das war für ihn eine willkommene, stressfreie Abwechslung, und er beehrte uns, indem er seine beste Galabeya angezogen hatte. Als Moslem trank er Saft. Wir bewunderten die elegante Erscheinung unseres jungen Tischgenossen und stießen auf das Geburtstagskind an. Alsdann las ich eine Geschichte von Eckhart von Hirschhausen über das Liebesleben der Schnecken vor. Es war köstlich geschrieben, und wir amüsierten uns alle sehr. Darüber bekam unser Guide immer größere Augen. Er staunte, wie offen wir über alles sprachen. Einige weitere Witze folgten, denn das Geburtstagskind konnte super gut Witze erzählen.

Etwas veranlasste nun den jungen Ägypter, auch einen Witz beizutragen, und er erzählte uns einen arabischen. Es ging um einen jungen Mann, der immer ohne Unterwäsche seine Galabeya (dieses lange arabische Männerkleid) trug. Das war überhaupt nicht im Sinne seiner Eltern. Eines Tages suchte seine Mutter den schönsten Stoff, den sie finden konnte und kaufte viele Meter davon. Diesmal konnte er nicht nein sagen, und sie nähte ihm daraus eine richtig schicke Unterhose und behielt den Rest für weitere Unterwäsche. Er war nun doch sehr stolz darauf und zeigte diese bei jeder Gelegenheit seinen Freunden, indem er die Galabeya hochhob. Eines Tages saßen sie in einem Café, und er musste dringend zur Toilette. Da er starken Durchfall hatte, zog er die Unterwäsche aus und lief, wie er es früher gewohnt war, ohne aus dem Lokal. Draußen begegneten ihm andere Freunde, und es waren auch hübsche junge Frauen dabei. Ohne lange zu überlegen, wollte er angeben, hob seine Galabeya hoch und präsentierte sich stolz, im Glauben, er habe seine schöne Unterwäsche an. Als alle wie angewurzelt auf seinen Unterleib starrten, meinte er: »Na das ist noch nicht alles, wenn ich will, habe ich noch mindestens 15 Meter mehr …«.

Wir lachten nun alle und witzelten in den nächsten Tagen des Öfteren über die 15 Meter. Als wir in Luxor anlegten, konnte er es kaum erwarten, wieder zu seiner Familie zu gelangen. Gerne entließen wir ihn in den Feierabend und fragten am nächsten Tag neckisch, ob er nun die übrigen 15 Meter gut genutzt habe, und lachend meinte er, das sei doch klar.

Sobald sich der Sturm gelegt hatte, fuhr das Schiff zurück Richtung Luxor.

Luxor

Es war mein vierter Besuch in diesem Leben in Ägypten und der zweite in Luxor, doch diesmal kam ich viel näher an das Ursprüngliche heran. Oft leuchteten die Monumente schon von weitem. Wenn das Schiff an Feldern oder kleinen Dörfern vorbeifuhr, sahen wir Menschen, die wie zu biblischen Zeiten ihre Felder bearbeiteten oder am Fischen waren. Wir konnten unbehelligt Bauern auf ihrem Feld, Männer vor Moscheen oder Tee trinkend vor den eigenen Häusern betrachten. Einmal ausgestiegen, begegneten wir durchwegs freundlichen und meistens unaufdringlichen Menschen. Ganz anders war es bei den touristischen Zielen, wo man keinen Schritt gehen konnte, ohne von Verkäufern, oft noch Kindern, die Souvenirs verkaufen wollten, angesprochen zu werden.

In Luxor angekommen, hatten wir am Morgen eine Kutschenfahrt durch Luxor unternommen, den Basar besucht und waren zum Mittagessen zurück auf dem Schiff. Das ältere Ehepaar wollte sich ausruhen, die anderen zwei Frauen, die sich jeweils zu uns gesellten, hatten eigene Pläne. Ich entschied, mich ohne Führer an Land zu begeben. Ich spazierte an den Monumenten vorbei, betrat das sehr schöne Luxor Museum und habe es nicht bereut. Manchmal wundere ich mich schon, warum so viele Menschen nur die Monumente besuchen, wo doch viele Kleinode, die zu ihrem Schutz in Museen verschwinden, das Bild vervollständigen würden. Die herrlichen Kunstgegenstände haben nichts von ihrer Faszination verloren. Beeindruckend waren ein schöner Kopf der Göttin Hator und andere sitzende Originalfiguren. Alles war sehr schön ausgeleuchtet und mit viel Platz zwischen den einzelnen Objekten.

Danach spazierte ich am Quai entlang und schaute von der Straße zu den heiligen Stätten von Luxor und sah den Tempel von Karnak im Licht der untergehenden Sonne gebadet. Der Quai war schön gepflastert und mit dekorativen Töpfen und Bänken geschmückt. Es tummelten sich viele Touristen dort. Es war ein friedlicher und schöner letzter Abend. Am folgenden Tag hieß es Abschied nehmen, und wir umarmten uns alle wie Brüder und Schwestern, natürlich auch Ahmed, nicht ohne ihm ein gutes Trinkgeld zu geben. Innerlich fühlte ich, dass mit dieser Reise etwas abgerundet war, vielleicht etwas Karmisches, das mit meiner Mutter zu tun hatte. Obwohl die Wohnung in Kairo noch in Familienbesitz ist, werde ich vermutlich nie mehr hingehen. Nicht zuletzt wegen den untragbaren politischen Begebenheiten, wie sie mir meine Kusine schilderte, die regelmäßig hinging.

DEFINITIV

Wenig später folgte dann der endgültige Bruch mit der Gruppe. Es war nach einer speziellen Kursreihe, die sehr vielversprechend begonnen hatte. Wir vom festen Kern hatten diverse Aufgaben übernommen und da ich seit Jahren selbst Kurse gegeben hatte, bereitete es mir kein Problem, mich einzubringen. Ich übernahm, wie besprochen, einen Teil während der ersten zwei Wochenenden und beim dritten übernahm Elfriede das Zepter derart ausufernd, dass es mir Unbehagen bereitete. Ich hatte mir auf der Heimfahrt erlaubt, das Vorgehen zu thematisieren. Conny erklärte mir, ich hätte eben nicht das nötige Potenzial, sondern müsse es Elfriede überlassen. Nun, ich hatte mich oder uns immer als Ergänzung verstanden. In diesem Kurs erst recht, also erlaubte ich mir auch zu sagen, was ich dachte und anstatt mein Feedback zu überdenken, wurde es rigoros abgeschmettert. Es war sinnlos, es weiter besprechen zu wollen, denn was immer ich sagte, Elfriede glaubte, mich coachen zu müssen. Ich war zentriert und so gut bei mir, dass ich weder ein Coaching wünschte noch benötigte, und ein guter Lehrer weiß, wann es angebracht ist. Ich hätte höchstens gewollt, dass sie meine Ansicht auch in Betracht gezogen hätte, denn darunter verstehe ich Teamarbeit.

Es folgten kurz darauf weitere Vorfälle auf die ich nicht weiter eingehen möchte, die ich als klare Signale verstand, die Gruppe zu. Ich hatte mich mündlich schon von allen Kurswochenenden verabschiedet und wollte nur noch an einem letzten teilnehmen, was mir verwehrt wurde. Dann überraschte mich, wie konsequent ich bei allem was folgte ausgeschlossen wurde. Von jeglichem Mail-Austausch, von unkomplizierten Treffen ohne Kursinhalt und kleinen Feiern, niemand nahm mehr Kontakt mit mir auf – und das nach fast 10 Jahren, in denen wir so viel geteilt hatten. Es machte mich traurig, verschaffte mir auch anfänglich ein starkes Gefühl der Verlassenheit. Doch gab es kein Zurück. Ich hatte gedacht, die Seelenfamilienanteile und das lange Miteinander hätten uns über die Workshops hinaus verbunden. Leider musste ich entdecken, dass dem nicht so war, sondern dass niemand mehr mit mir Kontakt aufnahm. Am traurigsten war für mich, dass ich nicht einmal eine Benachrichtigung erhielt, als eine Kollegin aus diesem Kreis verstarb. Ich hätte mich gerne bei der Seebestattung von ihr verabschiedet.

Ich brauchte einige Zeit, um mir einen neuen Freundeskreis aufzubauen, und Facebook trug das Seine dazu bei, Gleichgesinnte zu finden, auch Menschen, die ich als Freunde im Ausland schon lange kannte. Sue in den USA, Emanuel, die eine Dualseele, Sonja, meine Freundin und Lektorin aus Stuttgart und viele Menschen aus der früheren Forentätigkeit. Die Liste wäre lang. Ich genieße diese Form von Kommunikation bis heute.

Ich war nun gänzlich frei von Gruppenvorgaben und erfüllt von einer neuen Energie. So begann mein Weg als Autorin. Es war so bereichernd aufzuschreiben, wie sich vieles und auch ich selbst mich entwickelt hatte. Manche Reise durchlebte ich bei der Beschreibung ein weiteres Mal. Wenn ich schrieb, verging die Zeit wie im Flug. Waren da auch geistige Helfer zu Gange? Bestimmt.

Ich lernte während dieser Zeit Bertrand bei Facebook kennen, der mir zum Freund wurde und mein erstes Manuskript las und mich beriet. Die nächste Leserin fand es durchaus spannend, und ich überarbeitete es noch einmal gründlich, bevor ich es der befreundeten Lektorin gab. Mein Leben musste nun diszipliniert ablaufen, denn ich brauchte eine Struktur für ein so umfassendes Werk und plante noch einiges darum herum wie Homepage und Lesungen. Voller Begeisterung lernte ich dazu, was es alles braucht.

Verschmelzung mit dem, was fremd scheint

Ich habe so viele verschiedene Qualitäten von Energie erlebt, solche, wo die Göttin in mir das Göttliche im Mann oder im Gegenüber berührte. Es ist die Vereinigung der höchsten Seelenpotentiale, wo es keine Trennung gibt. Die Energie kann ungehindert in und durch den Körper fließen und in ein größeres Feld. Es ist eine Ebene, wo man sich nicht mehr vom Aussehen oder Verhalten des oder der anderen leiten lässt. Es sind Felder, Auras, die zu einer einzigen verschmelzen. Die Erfüllung ist unbeschreiblich, dass sie an Bedingungslosigkeit grenzt. Darin sehe ich die tiefe Sehnsucht vieler Menschen, die dieses ansatzweise oder ganz klar erleben durften. Solange wir an die Polarität gebunden sind, ist es eine ständige Aufgabe, sich immer wieder in einen neutralen, urteilsfreien oder verständnisvollen Punkt zu begeben, von welchem aus wir Betrachter werden.

Meine Reisen haben viel zum Verständnis beigetragen, dass eine Begegnung auf der Herzebene keine Unterschiede macht. Das Zusammenleben, bei kulturellen Unterschieden, bedeuten eine Herausforderung. Meine Mutter hatte sie angenommen. Ich verstehe heute, wie schwierig es für sie war. Das alles hat mich veranlasst, ein tieferes Verständnis und eine Akzeptanz zu entwickeln für Menschen, die in unser Land oder nach Europa flüchten und sich nicht so schnell zurechtfinden. Natürlich braucht es Goodwill und Entgegenkommen von beiden Seiten. Die tiefsten Sehnsüchte der Menschen sind im Kern dieselben.

OM SHANTI

GLOSSAR

Ashram
Spirituelles Zentrum, meistens mit einem Yogi, der verstorben ist oder noch lebt.

Chakra
Das Wort »Chakra« stammt aus der indischen Sanskritsprache und bedeutet »Rad». Es sind feinstoffliche Energiezentren, die wir beim Menschen entlang der Wirbelsäule, in den Händen und Füssen finden. Auch Tiere haben Chakren. Es handelt sich um Energieräder, die sich drehen und ausdehnen.

Christus-Bewusstseinsgitternetz
Energienetz, das erfüllt ist vom Bewusstsein des Christus Weisheit, Mitgefühl, Heilung, Kreation.

Chaka-chaka
Bauchwackel beim Bauchtanz

Chanten
Indische Mantren, Silben, Worte wiederholend singen.

Fokussierter Lichtpunkt
Ein Punkt, in welchem sich Kräfte oder Licht bündeln, zum Beispiel im Bewusstseinsgitternetz.

Ghat
Nummerierte Einteilung der langgezogenen Flusstreppen/Quartiere inVaranasi

Galabeya
Ägyptisches langes Gewand, das wie ein Nachthemd aussieht

Gitternetz
Energielinien um die Erde, die ein Netz bilden.

Glückseeligkeit
mit zwei ee's geschrieben ist meine Wortschöpfung für glückliche Seele

Kronenchakra
Scheitelchakra oben am Kopf. Es gibt offiziell 7 große Chakren.

Katakomben
Unterirdische Gräber

Luau
Hawaiianisches Fest, bei welchem ein mit Bananenblättern umwickeltes Wildschwein in einem Erdloch in der Glut gebacken wird.

Merkaba
Zwei ineinandergehende Tetraeder oder Fünfstern

Paradigma
Erklärung für ein (Verhaltens-)Muster, eine grundsätzliche Denkweise

Pele
Die Göttin des großen Vulkans auf Hawaii

Plutonisch
Kommt vom Planeten Pluto, dem das »Stirb-und-Werde-
Prinzip» zu Grunde liegt

Puja
Segnung durch einen indischen Priester.

Tuareg
In der Wüste lebende Nomaden

Salzsee
Gewässer, das durch Hitze verdampftes Wasser, konzentrierte Salzlake enthält

Sirianisches Gitternetz
Meditationstechnik mit der göttlichen Geometrie

Varanasi
Heiligste Stadt in Indien, früher Benares.

DANKSAGUNG

Ich bin dankbar für den Weg, den meine Seele gewählt hat, und dass ich in der Schweiz leben darf und ich gleichzeitig in eine multikulturelle Familie hineingeboren wurde.

Meinem Vater danke ich für seine Aufgeschlossenheit für Yoga und Esoterik, meiner Mutter für ihre Klarsicht in vielen Belangen und ihren heilerischen Fähigkeiten. Obwohl beide verstorben sind, fühle ich sie nah, als große Unterstützung von der anderen Seite.

Ich bedanke mich bei allen Frauen und Männern, die in mein Leben kamen und sich mit mir auseinandersetzten. Diejenigen, die mit Pseudonymen im Buch vorkommen, waren mir gute Lehrer.

Meiner Tochter danke ich dafür, dass ich sie auch in diesem Buch mit einbeziehen durfte, und insbesondere danke ich ihr für zwei wunderbare Kinder der neuen Zeit.

Mein Dank geht an Sonja Göppert-Bethge, Bertrand Chollet, Rosemarie Zingg, Freunde die mich sprachlich unterstützten.

Den Kollegen und Kolleginnen, besonders Marco Ammann und Nicole de Virgiliis, danke ich für die Ermutigungen und wertvollen Tipps. Ihnen wünsche ich weiterhin viel Erfolg mit ihren Büchern.

Sina Merino und meine Freundin Doris Speich haben Korrekturgelesen und Steffi Baumann, die selbst Bücher schreibt, gab mir bei einer letzten Durchsicht wertvolle Hinweise.

Sehr dankbar bin ich für die Inspirationen die ich aus der geistigen Welt empfange, die mir Fülle und ständig neue Möglichkeiten der Kreativität schenkt.

ORTSVERZEICHNIS

Mangalore-Stadt , Mysore New Delhi ,
Varanasi/Benares , Taj Mahal

Kapitel 15
Südafrika: Kapstadt , Stellenbosh,
Kingdom of Lesotho, Königreich der Zulu
Königreich von Swaziland,
Bongani National Park.
Afrika-Rundreise: Johannesburg , Mapungubwe , Elim ,
Sherwood, Nata
Bottswana: Chobe National Park , Kasana, Etosha National
Park, Twyfontein,
Namibia: Khorixas , Swakopund, Sesriem

Kapitel 16
Weltumrundung: China , Japan ,
Neuseeland , Osterinseln , Chile, Panama

Kapitel 17
Nilfahrt: Luxor , Assuan .

WEITERE BÜCHER

Autobiografischer Roman

Veröffentlicht: Mai 2018

Nachdem ihr Mann ausgezogen und alle Kinder das Nest verlassen haben, beschließt Marietta, in ihrem Haus eine Wohngemeinschaft für Menschen in Not zu gründen. Die WG entwickelt sich sehr bald zu einer Insel für Gestrandete. Marietta sieht sich mit verschiedensten Schicksalen, Überreaktionen der Betroffenen und deren Sorgen konfrontiert. Diese erfordern ihr ganzes Einfühlungsvermögen, wenn sie ihren Mitbewohnern helfen will. Dabei lernt sie auch sich und ihre Grenzen noch besser kennen, reift an den Erfahrungen und findet unerwartetes Glück und eine große Liebe.

Autobiographie (Band1)
Befreit-Vereint

BoD –Books on Demand, Norderstedt
Erste Auflage: April 2015,
2. Auflage Oktober 2016

Der erste Teil der Autobiografie erzählt von vorgeburtlichen und karmischen Erfahrungen; von Beziehungsschulung auf dem Weg zu sich selbst in ein eigenständiges, ungewöhnliches Leben.
Es sind sehr unterschiedlich verlaufende Beziehungen, die ihr den Weg zu ihren Bedürfnissen und in eine befreite Sexualität weisen. Göttliche Sexualität wird thematisiert und lässt sie nicht mehr los.
Energie- und Lichtarbeit sowie bewusst gelebte Spiritualität im Alltag werden nützliche Werkzeuge.
Sie bietet ihren Leserinnen und Lesern Erkenntnisse, die zum Nachdenken anregen.
Autobiographie (Band 1)
Befreit-Vereint

GEDICHTBAND

Lichtvoll sei Dein Denken!
1. Lyrikband - Oktober 2016
ISBN 9783741273575

Die Gedichte sollen zur Ermunterung dienen und ab und zu ein Lächeln hervorzaubern. Sie dürfen auch zum Nachdenken anregen.

SEHNSUCHT (aus dem Gedichtband)

Erleben willst du Meer und Sonne,
mehr vom Glück, Liebe und Wonne.
Denkst für dich: »S'wär meine Welt,
genauso, wie sie mir gefällt.«

Sie lacht und strahlt und lockt,
es ist, als würd es nie verbockt.
Du glaubst daran und hoffst es so,
dass, wenn du weg bist, seist nur froh.

Was dein Ego sich ersehnt
ist schnell vom nächsten Wind verweht.
Was deine Sehnsucht wirklich will,
ruht wie ein Fels im Grundgefühl.

Sieh doch, wo sich deine Wurzeln bilden,
die kräftiger, stärker, tragend sind.
Es kommt hervor, was in der Tiefe
schon immer leise nach dir rief.

Nicht Sehnsucht nach dem anderen ist's,
es ist, was du in DIR vermisst.
Hast du's endlich dann gefunden,
drehst vielleicht noch ein paar Runden.

Das Göttliche atmet die Sehnsucht ein,
erst unsichtbar und nur ganz fein.
Schenkt neuen Glanz von innen heraus
und plötzlich bist du IN DIR Zuhaus.

Kannst kommen oder gehen, wie es gefällt,
jetzt ist in Ordnung deine Welt.
Stell dich drauf ein und SEI heut froh
Alles, was IST, ändert so oder so.

©Sofia Velin 16.8.16